비즈니스 모델의 혁신

TEN TYPES OF INNOVATION

성 공 기 업 을 위 한 1 0 가 지 혁 신 전 략

비즈니스 모델의 혁신

래리 킬리 라이언 피켈, 브라이언 퀸, 헬렌 월터스 **지음** | **유효상** 옮김

마로니에북스

추천사
PRAISE FOR TEN TYPES OF INNOVATION

"래리 킬리의 혁신에 대한 연구를 오랫동안 존경해왔다. 이 책을 통해 혁신에 대한 개념과 통찰력, 그리고 혁신과 관련된 경험을 독자들과 공유할 수 있게 되어 매우 기쁘다. 비즈니스 모델의 혁신은 완벽한 혁신의 개념만을 기다리며 아무런 행동도 하지 않았던 경영자가 아닌, 혁신적인 문화를 만들기 위해 지속적인 노력을 기울이고 있는 경영자를 위한 책이다."

– **로저 L. 마틴**, 학장, 로트만 경영대학
 (Roger L.Martin, Dean, Rotman School of Management)

"혁신은 아마추어를 위한 것이 아니며 획기적인 혁신은 우연히 이루어지지 않았다. 훌륭한 혁신가들은 과학적 근거가 있는 기술을 활용한다. 래리 킬리는 단순히 제품의 질을 높이는 혁신 방법을 넘어서 과학적 근거에 기초한 혁신 유형의 기틀을 마련하였다. 마즈(Mars: 미국의 식품업체)는 정교한 혁신 기술을 통해 시너지를 창출하고 다른 업체가 쉽게 모방할 수 없는 상품을 만든다. 마즈의 독특한 사업 방식은 고객을 만족시키고 관계를 지속적으로 유지시킨다. 이 책은 비즈니스에서 혁신의 역할이 무엇인지 다시 한 번 고민하게 한다. 뿐만 아니라 모호했던 혁신의 개념을 과학으로 재탄생시킴으로써 혁신의 질을 높인다."

– **랄프 제롬**, 부회장, Coprporate Innovation, Mars, Inc.
 (Ralph Jerome, VP of Corporate Innovation, Mars, Inc.)

"『비즈니스 모델의 혁신』은 파괴적 혁신을 어떻게 수행할 수 있는지에 관한 필수적인 교과서로 자리매김할 것이다. 이 책이 모든 산업 분야에 적용할 수 있는 로드맵을 제공하고 있기 때문이다."

– **니콜라스 F. 라루소 박사**, 메디컬 감독, 메이요 클리닉 혁신센터
 (Dr.Nicholas F. LaRusso, Medical Director, Mayo Clinic Center for innovation)

"혁신을 새로운 제품 또는 서비스로만 한정시킨다면 최상의 가치를 창조할 기회를 놓칠 것이다. 『비즈니스 모델의 혁신』은 본질적인 조직 구조와 프로세스에서부터 제품이나 서비스의 핵심까지 전체를 아우르는 혁신 생태계를 설명하고 있다. 또한 고객 경험에 영향을 끼치는 다양한 요소까지도 중요하게 다루고 있다. 이 책은 혁신에 관한 30년의 연구를 바탕으로 행동으로 옮길 수 있는 프레임워크를 만들어 냈으며, 창의적으로 새로운 영역을 개척할 수 있는 길잡이 역할을 한다."

– **디팍 C. 제인**, 학장, INSEAD[1] (Dipak C. Jain, Dean, INSEAD)

"도블린(Doblin, 비즈니스 모델 혁신 연구소)은 고객들에게 완전한 혁신 유형을 지속적으로 제공하여 성공으로 이끄는 데 도움을 준다. 이 책은 혁신을 시작하는 데 있어 필요한 통찰력을 제공할 것이다."

– **컬트 노노마퀴**, 회장, VHA
 (Curt Nonomaque, President and CEO, VHA)

1 역주_ INSEAD: 미국을 제외한 MBA가운데 세계최고의명성을 자랑하는 프랑스 소재의 MBA

역자의 글

비즈니스 모델(BM)이란 기업이 목표 고객을 대상으로 특정한 가치를 제공해 이익을 얻는 방식, 간단히 말해 기업이 돈 버는 방법을 정의한 것이다. 비즈니스 모델 혁신(BMI)은 비즈니스 자체의 창조나 재발견을 의미한다. 혁신이란 신제품이나 서비스의 제공의 형태로 이루어지는 것이 일반적이지만 BMI는 제품이나 서비스의 가치 제안뿐만 아니라 그 가치 제안을 제고하고 신시장에 진입하며 경쟁을 피할 수 있게 자원과 프로세스를 배치하는 것이다.

하버드 경영대학원(HBS)의 크라이슨센(Clayton Christensen) 교수는 『혁신가의 처방』(The Innovator's Prescription)이라는 저서에서 성공적인 시장 파괴의 핵심 요소로 BMI를 언급했다.

하이랜드 캐피털(Highland Capital)의 창업자이자 최고 경영자인 밥 히긴스(Bob Higgins)는 '역사적으로 벤처캐피털(Venture Capital)은 기술에 투자할 때 실패했다. 반면에 새로운 비즈니스 모델에 투자했을 때는 성공해 왔다'고 말했다.

매년 〈포춘〉 500대 기업에 새로 진입한 회사들은 기존 사업의 혁신이나 신규사업의 창출 등 BMI로 성공을 거두었다.

영국 〈이코노미스트〉지에 의하면 영국 내 최고 경영자의 50% 이상이 앞으로는 제품이나 서비스보다 비즈니스 모델의 혁신이 더욱 중요한 성공 요소가 될 것이라고 믿고 있었다. 또한 미국 CEO들을 대상으로 한 IBM의 설문조사에서도 거의 대부분의 CEO들이 비즈니스 모델의 혁신이 필요하다고 답했다.

보스턴컨설팅그룹(BCG)의 리포트 '게임을 바꿔라'(Change the Game)에서는 현재의 게임이 계속 잘 안 풀린다면 게임을 바꾸는 것이 가장 중요하다고 조언하고 있다. 최소의 자원과 비용의 투입으로 어떤 환경에서도 성장을 할 수 있는 방법을 찾아야 한다는 것이다. (When the Game Gets Tough, Change the Game)

『비즈니스 모델의 탄생』이 번역 출간된 지도 4년이 다 되어간다. 비즈니스 모델의 개념이 생소하던 때라 많은 사람들이 관심을 갖지 않을 거란 예상을 깨고, 전문서적임에도 불구하고 엄청나게 책이 팔려 나갔다.

2008년 미국의 금융위기 이후 우리나라도 심각한 경제침체에 빠지면서 대부분의 기업들과 예비 기업가들이 새로운 비즈니스를 고민하게 되었다. 그러나 새로운 비즈니스 모델을 구상하기 위한 특별한 플랫폼이나 프레임이 없던 상황에서 『비즈니스 모델의 탄생』에서 제시하고 있는 '9 Blocks' 개념은 시각적인 요소를 활용하여 일반사람들도 쉽게 이해할 수 있었기 때문에 여러 사람들에게 어필한 것으로 분석된다.

'비즈니스 모델의 탄생'을 통하여 비즈니스 모델의 개념과 구성요소들을 이해하고, 실제로 많은 기업들과 단체에서 워크숍을 통하여 새로운 비즈니스 모델을 만들기 위해 다양한 시도를 하였고, 성공적인 성과를 얻기도 하였다. 그러나 기존의 비즈니스 모델을 혁신한다던가, 지속가능하고 뛰어난 경쟁우위를 점하기 위한 새로운 비즈니스 모델을 구상하기에는 원론적인 개념만 제시되어 있는 『비즈니스 모델의 탄생』은 한계를 갖고 있어 아쉬움이 남아 있었다.

역자 소개

그러던 차에 출판사로부터 『비즈니스 모델의 혁신』에 대한 번역을 제안 받았다. 이 책은 미국의 다국적 컨설팅회사가 30년 동안 비즈니스 현장에서 경험한 성공과 실패사례를 연구하고 분석하여, 혁신에 성공한 비즈니스 모델은 일정한 패턴과 규칙이 존재한다는 사실을 파악하고, 자신들의 경험을 토대로 10가지 혁신의 유형을 체계적으로 정리한 책이었다.

비즈니스 모델의 개념과 구성요소를 이해하고, 혁신을 성공으로 이끌 수 있는 10가지 전략들을 잘 활용한다면, 새로운 시장으로의 성공적인 진입과 경쟁회사들과의 차별화된 비즈니스 모델을 구축할 수 있을 것이라 확신하여 이 책을 번역하게 되었다. 기존 『비즈니스 모델의 탄생』에서의 '9 Blocks'과 '비즈니스 모델의 혁신'의 10가지 혁신유형을 결합한다면, 어떠한 비즈니스 모델도 혁신으로 무장한 가장 경쟁력 있는 비즈니스 모델로 재탄생시킬 수 있을 것이다.

2015년 5월
유효상

유효상은 경제학 박사이며, 건국대 경영대학 교수를 역임하고, 현재는 숙명여대 경영전문대학원(MBA) 교수로 재직 중이다. 삼성그룹, 동양그룹 등 대기업에서 기획실장으로 근무하며 실물 경제에 대한 감각을 익혔고, 일진그룹 창업투자사 대표와 컨설팅 회사 대표를 지내면서 신규사업, 해외투자, M&A, 벤처투자 등의 업무를 진행했다. 또한 씨티은행, HSBC 등 세계적인 사모펀드의 국내 투자를 자문했다. 동국대 경영전문대학원 교수로 근무하던 당시 국내 최초로 앙트레프레너십(Entrepreneurship) MBA 과정을 개설해 경제 경영계의 주목을 끌었다. 동국대 기술지주회사 대표이사를 역임하면서 '베스트 티칭 교수'(Best Teaching Professor)에도 선정되는 등 실물과 이론에 두루 정통하다는 평가를 받는다. 비즈니스 모델 연구와 혁신사례 및 성공한 앙트레프레너(Entrepreneur) 발굴을 통한 기업가정신 확산에 노력하고 있다. 저서로는 『시몬느 스토리』, 『론스타, 그 불편한 진실』, 옮긴 책으로는 『비즈니스 모델의 탄생』 등이 있다.

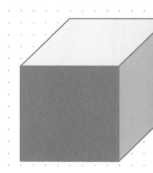

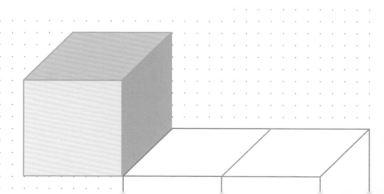

PREFACE

효과적으로 혁신하기 ON INNOVATING EFFECTIVELY

2012년 8월 중순 미국 의회의 법안 승인 비율은 역대 최저치를 기록했다. 이 비율은 과거의 역대 최저치 기록보다 더 낮다.[1] 하지만 미국 의회만 미온적인 지지를 보내는 것은 아니다. 미국 국민들도 더이상 이라크, 아프가니스탄에서 발발한 전쟁이나 테러, 약물, 가난, 교육과 관련된 전쟁이든 상관없이 전쟁에 대해 긍정적인 결과를 기대하지 않는다. 성공을 확신했던 '아랍의 봄' 역시 비관적인 상황이 되풀이 되고 있다. 요즘 건강과 관련된 문제들 당뇨에 걸린 환자는 미국 전체 인구 중 8%를 넘어섰다 이 세계를 들썩이게 하고 있다. 특히, 비만, 심장병, 암과 같은 선진국형 질병이 유행하고 있다. 교육비는 하늘 높은 줄 모르고 치솟지만 학생들이 투자한 비용을 회수할 가능성은 점점 더 줄어들고 있다. 경찰은 통계적 범죄 모델을 더 치밀하게 연구하고 있지만 그에 비해 범죄는 여전히 많이 발생한다. 전세계적으로 지구온난화로 인한 극단적인 상황과 위험한 사건이 계속해서 증가하고 있지만 대부분의 정치인들은 아직도 그들의 편의만을 생각하며 지구온난화는 이론일 뿐이라고 이야기한다.

컴퓨터, 스마트폰, 앱, 네트워크 게임에 대한 기대는 계속해서 커지고 있다. 사람들은 크라우드펀딩을 통해 자금을 투자 받은 새로운 벤처기업에 관한 놀라운 소식을 듣고 싶어한다. 또한 트위터, 칸아카데미 또는 의약 분야에서의 혁신적인 개발로 인해 전세계적으로 삶의 모습은 계속해서 변한다.

MIT 빈곤연구소 Poverty Action Lab 의 에스더 두플로 Esther Duflo 와 그녀의 연구팀은 입증된 방법을 통해 가난과 빈곤을 야기하는 문제들을 파헤친다. 그리고 게이츠 재단 Gates Foundation 이나 다른 자선단체들은 빈곤을 퇴치할 혁신적인 해결책을 위해 엄청난 규모의 자금을 기부한다.

전세계적으로 인기 있는 생방송 라디오 또는 새롭게 유행하는 TV프로그램 어디에서든지 스토리텔링은 전성기를 맞이하였다. 많은 전문가들이 존재하고 있어 언제 어디서나 쉽게 만날 수 있다. 과거에는 지식을 축적하기 위해 노력했다. 그러나 이제는 앱 또는 비즈니스, 과학 분야의 창의적인 아이디어를 극대화하기 위해 사용하는 크라우드펀딩 사이트 또는 크라우드 시스템을 통해 지식이 기하급수적으로 증폭되어 축적되고 아주 신속하게 조직화되어 접근과 수용이 용이해졌다.

이렇게 우리는 다양하고 빠르게 급변하는 시대에 살고 있다. 빠르게 성장하고 있는 수많은 신생기업들이 지금까지 오랜 기간 명성을 누려 온 거대 기업들을 위협하고 있는 것을 볼 수 있다.

역사적으로 이러한 변화는 급진적이지 않았다. 하지만 현재는 기업의 구조, 자원, 본질이 급격하게 변화하는 양상을 보인다.[2] 실제로 혁신 전문가들 또

1 이 통계는 갤럽의 조사 결과이다. 책의 뒤쪽에 더 많은 정보와 연구 데이터를 얻을 수 있는 링크가 있다.

2 이 같은 이론을 가정하여 최근에 출판된 책들 중 하나는 『The cluetrain Manifesto』의 공동저자인 데이비드 와인버거(David Weinberger)의『Too Gig to Know』이다.

3 이는 우리가 전임 사회과학 리서치 유닛을 가진 세계 최고의 컨설팅 회사가 되도록 했다. 우리가 보유한 리서치 유닛은 문화인류학자인 릭 E. 로빈슨(Rick E. Robinson) 박사가 지도했다. 그는 영향력 있는 리서치 회사인 e-랩(e-Lab)을 존 케인(John Cain)과 공동 설립했다.

4 이 선두적인 대학원은 미국 내에서 디자인 박사 학위를 최초로 교부했다.

한 이런 변화가 과거와는 전혀 다른 양상을 보인다고 말한다. 역사상 처음으로 획기적인 도구와 기술을 활용하여 어려운 문제를 해결해야 할 입장에 있는 것이다.

위험성은 크고 시간이 촉박한 상황에서 반드시 해결해야 할 문제를 앞 둔 우리는 과연 무엇을 해야 하는가?

이 책에서 주장하는 것은 바로 '어떻게 혁신을 효과적으로 할 수 있을까'이다. 당면한 과제가 크든 작든, 단기간에 해결할 수 있든 오래 걸리든 상관없이 미래가 불확실할 때 어떻게 목표에 도달할 수 있는지 혹은 마지막 기회만 남은 팀에게 어떻게 성공할 수 있는가에 대한 해결책을 제공하는 것이 이 책의 목표이다.

획기적 혁신은 뛰어난 지식에 기반한다. 어려운 문제를 풀 수 있는 더 나은 혁신 방법이 있지만, 대부분의 기업은 아직도 시대에 뒤쳐진 과거의 기술을 사용하고 있다. 이 책은 다음과 같은 사람들을 위한 것이다. 혁신은 지속가능 경영에 있어서 필수라고 판단하고 혁신교육에 열정을 보이는 리더, 혁신에도 다른 경영 과학처럼 엄격한 기준이 필요하다고 생각하는 사람들을 위한 책이다.

책이 만들어지기까지의 과정

『비즈니스 모델의 혁신』이 만들어지기까지 오랜 시간이 걸렸다. 이 책은 혁신과 관련된 내용을 광범위하게 다루며 간결하게 구조화하였다. 방법론 학자로 명성을 떨치고 있는 제이 도블린 Jay Doblin 과 시카고의 도블린이라는 컨설팅회사가 30년간의 연구 끝에 이 책을 완성했다.

처음 연구를 시작한 1980년부터 도블린은 간단하지만 핵심적인 질문을 던졌다. "어떻게 혁신을 실패하지 않고 성공시킬 수 있을까?"

지난 몇 년 동안 중심을 잃지 않기 위해 3가지 관점을 유지했다. 첫 번째는 이론적 관점이다. 이론적 관점은 혁신을 위한 질문의 진정한 답을 찾기 위해 계속 묻고 답하는 데 사용되었다. 단순하지만 중요했던 질문은 "브레인스토밍이 효과가 있는가"이다. 심오했던 질문으로는 "사용자가 아무것도 모를 때 그가 무엇을 진정으로 원하는지 어떻게 알 수 있는가"[3]이다. 두 번째는 학문적 관점이다. 연구원들은 시카고 디자인 교육기관 Chicago's institute of Design[4] 에서 연구를 하면서 학문적인 관점을 갖출 수 있었다. 독특하면서도 교육적인 방법을 활용하여 젊고 똑똑한 전문가들에게 아이디어를 설명해야 했기 때문이다. 세 번째는 실행적 관점이다. 수많은 유수의 글로벌 기업과 미래를 선도할 뛰어난 스타트업에게 이 혁신적인 방법들을 적용해볼 수 있었다.

혁신에 대한 연구를 시작하면서 도블린은 다양한 학문의 융복합을 시도하였다. 그래서 사회과학, 기술, 전략, 도서관학, 디자인을 접목시킨 새로운 분야를 만들었다. 이 새롭게 탄생한 융복합 분야에서 어려운 문제를 분석하고, 새로운 것을 만들며, 통합하는 방법을 사용했다. 포괄적으로 말하자면 효과적인 혁신을 위해서 모든 것들을 빈틈없이 연결하는 노력에 최선을 다하였다.

이 책의 핵심은 도블린의 뛰어난 발견이다. 도블린은 수많은 혁신을 연구한 결과, 10가지 혁신 유형을 적절히 조합하면 게임의 판도를 바꾸는 혁신을 이룰 수 있다는 것을 깨달았다. 이 10가지 유형의 활용방법은 이 책을 몰입해서 읽는다면 쉽게 파악할 수 있을 것이다. 그러나 명심해야 할 것은 이것은 단순한 발견이 아니라는 점이다. 이 책은 혁신 프레임워크와 함께 치밀한 계획과 프로세스를 활용하여 혁신을 실현하는 방법을 제시하고 있다.

저자소개

많은 작가가 공동 집필하는 경우, 작업을 망치기 쉽다는 글쓰기에 관한 격언이 있듯이 여러 명의 시나리오 작가가 공동 집필한 영화는 실패하기 쉽

다. 하지만 도블린에서는 대부분의 일들이 팀단위로 이루어진다. 이것은 혁신의 독특한 본질에서 비롯된다. 혁신에 관련된 어려운 문제를 혼자서 해결한다는 것은 거의 불가능한 일이며, 최고의 팀은 다양한 경험을 서로 공유하며 최상의 시너지를 낸다. 이 책 역시 혁신에 관한 것이기에 여러 사람이 함께 작업하였다. 이 책은 각각의 사람들이 어떠한 역할을 수행했는지에 대해 상세하게 설명하고 있다. 또한 집필팀 각 멤버가 어떤 역할을 수행했는지, 복잡한 통합작업을 위해 어떠한 노력을 기울였는지에 대해 이야기하고 있다.

도블린사의 회장인 저자는 혁신을 효과적으로 실행할 수 있는 핵심 방법과 아이디어, 그리고 혁신의 10가지 유형에 대해 선구자로서 연구를 해왔다. 지금까지 저자는 적절한 도구와 기술을 어떻게 개발할 것인지, 실제로 혁신 유형을 어떻게 유용하게 적용할 수 있을지에 대해 분석하였다. 혁신을 성공 혹은 실패로 이끄는것이 무엇인지에 대해 30년 이상 끊임없이 고민하고 탐구해왔다. 이 책의 대표작가로서 혁신에 관한 전반적인 개념과 성공이나 실패에 대한 이론적 체계에 관해 포괄적으로 정리하였다.

라이언 피켈Ryan Pikkel은 디자인 교육기관The Institute of Design에서 혁신 기술에 관한 석사학위를 받았다. 그는 현재 유능한 디자이너로 활동 중이

며, 펜타그램의 팀원들과 콜라보레이션 관련 분야를 정리하였다. 또한 이 책의 내용을 명확하고 이해하기 쉽게 만들어냈다. 개인적으로는 혁신 전략 카드라는 훌륭한 창작품을 만들었다. 이 카드는 모든 혁신을 문자화하고 분석하는 것을 가능케 했으며, 자신만의 혁신을 이룰 수 있도록 상세하고 체계적인 모듈을 제공하는 역할을 하였다.

브라이언 퀸Brian Quinn은 수년간 전략 컨설턴트로 활동하였다. 잠시 영화 작가로 전업하였다가 다시 전략 컨설턴트로 복귀했다. 복귀 후에는 고객의 혁신 문제를 해결하는 것에 몰입하였다. 그 결과 브라이언 퀸은 효과적인 혁신을 위해 필요한 요소들을 모두 통합할 수 있었다. 그리고 도블린의 주요 고객을 위해 괄목할 만한 혁신 프로젝트를 지속적으로 수행해 왔다. 또한 혁신이 반드시 필요한 기업이 혁신 방법을 쉽게 이해할 수 있도록 도움을 주었다.

헬렌 월터스 Helen Walters 는 〈블룸버그 비즈니스위크〉bloomberg Businessweek의 혁신 디자인 부문 에디터이다. 그녀는 전세계 각계 각층의 전문가들과 광범위한 네트워크를 쌓아 왔다. 물론 저널리스트로서 정확한 사실과 자세한 내용을 설명하는 능력도 뛰어나다. 월터스는 이 책의 모든 이야기를 일목요연하게 정리하였다.

마지막으로 반시 나기Bansi Nagji는 이 책의 출판에 큰 도움을 주었다. 그는 이 책의 작가는 아니지만 책을 더 생동감 있게 만드는 데 기여했다. 반시는 혁신 전략의 우선순위를 정하였으며 현재 모니터 딜로이트 Monitor Deloitte에서 일하고 있다. 그의 지원에 깊은 감사를 표한다.

이러한 이야기는 독자에게는 크게 중요하지 않을 수 있다. 그러나 책을 집필한 저자에게 이 책은 모두의 노력이 하나로 통합된 결과물이기에 큰 의미가 있다. 우리는 이 책을 통해 혁신의 전반적인 개념과 핵심 요소, 중요한 법칙을 담고자 노력했다. 갈수록 많은 사람들이 혁신의 필요성을 절실하게 느끼고 있기 때문이다. 더불어 무의미한 지식과 혁신의 걸림돌은 제거되어야 한다고 생각한다. 사람들은 새로운 미래가 멀리 있다고 생각하지만 사실은 우리 앞에 아주 가까이 와 있다.

우리는 그 미래에 조만간 다다를 것이다.

이 책을 읽는 순간 혁신은 시작된 것이다.

지금부터 구체적인 혁신을 위한 방법을 생각해보자.

래리 킬리
시카고, 2013년

혁신의 10가지 유형은 1998년에 처음 발견되었다.
이 책은 혁신 유형에 관한 모든 연구결과를 설명한다.

혁신은 대부분 실패한다. 하지만 모든 혁신이 실패하는 것은 아니다.
이 책을 읽고 나면 혁신에 실패하지 않을 것이다.

창의성이 부족해서 혁신이 실패하는 것이 아니다.
실패의 가장 큰 이유는 혁신과 관련된 교육이 없었기 때문이다.

단순히 제품의 혁신에만 집중하는 것은 실패로 가는 지름길이다.
성공하는 혁신가들은 가능한 한 많은 혁신요소들을 활용한다.

성공하는 혁신가는 산업의 혁신 패턴을 분석한다.
그후 혁신하기 위한 여러 방법 중에서 가장 탁월한 방법을 선택한다.

| 제품성능 | 제품시스템 | 서비스 | 채널 | 브랜드 | 고객참여 |

혁신은 분석할 수 있다.
혁신을 분석해보면 왜 대부분의 혁신이 실패하고 소수의 혁신만이 성공했는지 알 수 있을 것이다.

혁신은 시스템으로 구축될 수 있다.
혁신이 시스템으로 구축된다면 성공률이 기하급수적으로 높아질 것이다.

지금은 이 책에 대해 의구심을 가질 수 있다. 하지만 의심은 잠시 접어두기를 바란다. 이 책을 읽고 배운 개념을 비즈니스에 적용해 본다면 이 주장이 혁신과 관련된 새로운 법칙이란 사실을 깨닫게 될 것이다.

PART ONE

혁신 INNOVATION

새로운 법칙들이 실용화되고 있다
THE NEW DISCIPLINE IS LEAVING THE LAB

때때로 아주 커다란 변화를 초래할 새로운 과학이 등장한다.
최근의 혁신 사례에서 이러한 현상을 찾아볼 수 있다.
과학적 근거가 없는 속설이 많고 이러한 잘못된 믿음을 떨쳐버리는
것이 쉽지 않음을 명심하라.

CHAPTER 1

혁신에 대해 다시 생각하라 RETHINK INNOVATION
속설을 버리고 논리를 따르자

혁신을 해야 하는 때, 재무, 마케팅, 유통 등 경영학을 공부하고 이해하는 기업 임원들조차 혁신에 관한 터무니없는 의견을 수용하는 경우가 많다.

흔히 사람들은 혁신이라고 하면 쓸데없는 아이디어만 쏟아내는 브레인스토밍을 정리하는 정도로 생각한다. 혹은 말도 안 되는 발상이 기업 전체로 확산되지 못하도록 특정 연구소나 전담조직을 통해 혁신을 시도하기도 한다. 이는 창의성을 높이기에만 적절할 뿐이다. 우리는 사람들을 방 안에 들여보내고 장난감, 장난감 총, 포스트잇, 마커와 간식들로 테이블을 채웠다. 이렇게 한 이유는 혁신은 즐거운 것이어야 하기 때문이다. 포스트잇과 마커의 활용은 굉장한 호평을 받고 있고,[1] 사람들이 열광하는 많은 혁신 문화 중 하나가 되었다.

하지만 한 가지 문제점이 발견되었다. 이러한 혁신 기법들이 실제로는 더 나은 결과를 이끌어 내지 못한다는 증거가 있다. 몇 년 전 제조업과 서비스업에서 이루어진 혁신에 대해 조사한 결과, 95%가 실패한 것으로 밝혀졌다. 최근에 혁신이 수행되는 방법을 살펴보면 예전보다는 발전했다는 것을 알 수 있지만 여전히 객관적인 증거보다는 단순한 희망이나 습관에 기반을 둔 방법들이 많다. 이런 방법들은 결국 받아들여지지 못한다. 혁신이 진단되어 발전하고, 확산되도록 진작에 변혁을 이루었어야 했다.

혁신의 모호한 개념을 좀 더 정리된 과학으로 바꾸면서 시스템적으로 접근할 수 있도록 만드는 것이 목표다. 혁신의 10가지 유형은 이러한 목표에 기반한다. 인간 게놈 프로젝트처럼 근본적인 어떤 것, 혹은 주기율표처럼 경험적으로 증명된 무언가를 연구하는 것이 아님을 잘 알고 있다 주기율표에 의해 영감을 받긴 했지만 말이다. 마지막으로 할 일은 혁신을 다른 수단으로 가리는 것이다. 요구를 반영하기보다는 목표를 구체화하기 위해서 이 책은 전반적으로 과학적 분석을 사용했다.

수십 년에 걸친 이번 연구는 혁신의 10가지 유형을 사용했을 때 성공 확률이 증가하는 것을 보여준다. 이 책은 기업이 안정을 되찾고 경쟁자가 쉽게 따라 할 수 없는 혁신을 이루도록 돕는다. 물론 누구나 할 수 있는 것은 아니다. 혁신은 이 책에 다 담기에는 너무 많은 요인들에 달려 있다. 실제로 어떤 책이든 모든 것을 다 담을 수는 없다. 이 책은 어떤 고난도 겪지 않을 것이라고 약속할 수 없으며 성공도 보장할 수 없다. 장담하는 사람이 있다면 약장수이거나 사기꾼이다.

1 선반에 꽂혀 있는 혁신에 관한 책이나 기사를 훑어보고 이들 중 다양한 낙서가 쓰여진 포스트잇 이미지가 몇 번이나 사용되었는지 세어보라.

하지만 이 책을 연구하면서 혁신을 좀 더 시스템화하기 위해 고민을 했다. 따라서 이 책을 읽는다면 혁신의 질을 높여 돌파구를 만들 수 있을 것이다.

이 책을 읽으면 과거보다 현재에 더 많은 혁신이 필요하다는 것에 동의할 것이다. 지구는 이제껏 보지 못했던 가장 급격한 변화의 시기를 겪고 있다. 이런 변화의 시기에서 진화, 적응, 발전하는 혁신의 능력은 필수적이다. 실제로 문화적, 사회적 기준이 바뀌고 천연자원 고갈이 심화되는 비즈니스 세계화가 만연한 지금, 한 종으로서 인간의 지속적 성공은 혁신에 달려 있다.

기업에서 혁신은 경쟁에서 살아남고 사업을 번창시키기 위해 반드시 해야 하는 것을 의미한다. 한 가지 혁신만으로 성장할 수 있었던 기업은 오랜 기간 지속가능한 성공을 이루지 못한다. 1997년 12월, 제너럴 일렉트로닉General Electric 의 전 CEO 잭 웰치Jack Welch 는 유명한 말을 남겼다. "우리는 오늘날의 위치에 절대 안주하지 않는다."[2] 이 말은 다른 경쟁자보다 재빨리 움직이지 않는다면 단지 숨만 쉬고 있을 뿐 이미 죽은 것이나 다름 없다는 의미이다.

시장의 지배적인 위치에 있는 기업도 전혀 다른 분야의 기업에 의해 추월당할 수 있다. 한때 파란만장했던 코닥Kodak 역시, 2012년 파산을 선언하기 전에는 화려한 역사를 자랑했다. 주목할 점은 지금까지 들었던 이야기와는 달리 코닥이 디지털 기술의 등장으로 인해 무너진 것이 아니라는 점이다. 실제로 코닥은 디지털 사진 분야의 핵심 기업 중 하나였다. 하지만 사진과 영화 필름의 수익이 높았기 때문에 디지털 사진의 중요성을 간과했던 것이다.

이 책이 존재할 수 있었던 것은 효과적인 혁신에 대해 끊임없는 요구가 있기 때문이다. 혁신에 관한 필연적인 요구가 지난 30년 동안 혁신의 성공사례에 대해 분석하고 선구자와 그들의 노력의 패턴에 대해 연구할 수 있었던 원동력이다. 또한 이러한 요구들이 혁신가이자 작가로서, 혁신에 대한 연구와 그 결과를 분명하게 설명하게 하였다. 혁신의 모든 형태와 규칙을 섬세하고 정확하게 분류했다. 이 모든 것을 모든 사람들이 일반화하고 유용하게 활용할 수 있도록 공유한다. 이 책의 목적은 혁신을 성공으로 이끄는 요인을 연구 결과를 토대로 명백하게 표현하는 것이다.

혁신 정의하기 DEFINING INNOVATION

혁신이란 단어는 오용, 남용되고 과장되어 쓰이면서
근본적인 의미를 잃게 되었다.
일반적인 제품의 확장이든 시장을 창조하는 전략이든,
우리는 종종 결과와 과정을 혼동하고 모든 것을 과장되게 표현한다.
이 책에서 다루는 정의는 혁신의 정확한 개념을 확립하는 데
도움을 줄 것이다.

3 더 정확한 이해를 원한다면 기술
   자인 빌 벅스턴(Bill Buxton)이
   2008년 11월 〈비즈니스위크〉
   에 게재한 기사 "The Long
   Nose of Innovation"을 읽어
   보라.

혁신(INNOVATION)：
혁신은 발명이 아니다.

혁신과 발명이 연관성은 있지만 혁신을 위해서는 다른 요소들(고객의 니즈, 발명에 대한 깊은 이해, 혁신을 전달하기 위한 파트너와의 협력체계, 혁신의 이익을 창출 매커니즘)도 고려해야 한다.

실현가능한(VIABLE)：
지속적 수익을 창출할 수 있어야 한다.

혁신은 새로운 창조물을 통하여 반드시 수익을 내야 한다. 실현가능성은 2가지 기준으로 정의할 수 있다. 첫 번째 기준은 혁신은 반드시 스스로 지속할 수 있어야 한다는 것이고, 두 번째 기준은 투자한 비용을 다시 회수할 수 있어야 한다는 것이다.

새로운(NEW)：
혁신이 새로운 것을 의미하는 것은 아니다.

생물학자 프란시스코 레디(Francesco Redi)의 격언에는 "모든 생명체는 생명체로부터 유래된다"라는 말이 있다. 사람들은 혁신의 대부분이 이전 사례에 기초하고 있다는 것을 잊어버리곤 한다. 그러나 혁신은 이 세상에서 완전히 새로운 형태일 필요는 없지만 시장이나 산업에서만큼은 새로워야 한다.[3]

제품(OFFERING)：
제품을 넘어서 생각하라.

혁신은 제품에 그쳐서는 안 된다. 혁신이란 사업 방식, 수익을 내는 방법, 제품의 새로운 시스템과 서비스, 심지어는 기업과 고객의 관계, 교류까지 포함하는 것이다.

혁신[1]은 실현가능한[2] 새로운[3] 제안의 결과[4]이다.

INNOVATION IS THE CREATION OF
A VIABLE NEW OFFERING.

1 **혁신한다는 것은 정의하는 것이다** (INNOVATION REQUIRES IDENTIFYING)**:** 무엇을 혁신할지 아는 것은 어떻게 혁신할지 아는 것만큼 중요하다.

석유를 발견하고 리튬을 캐내기 위해서는 어디를 파야 하는지를 아는 것이 중요하다. 혁신을 하기 위한 적절한 기회를 찾아라. 그리고 프로젝트를 시작하기 전에 혁신의 본질을 명확하게 확립하라.

혁신한다는 것[1]은 명쾌한 해결책[5]을 제시하기 문제에 접근[3]하는 것이다.

2 중요한 문제
(THE PROBLEMS THAT MATTER)：
가장 어려운 문제를 먼저 해결하라.

낮은 곳에 달려 있는 과일을 찾지 마라. 가장 어려운 문제를 목표로 삼아라. 어떤 문제가 쉽게 풀릴 것인지가 중요한 게 아니라 고객에게 큰 문제가 되는 것이 중요하다. 혁신을 할 때 반드시 해결해야 하는 문제 중에서 가장 어려운 부분에 집중하라. 쉽게 풀리는 문제는 나중에 처리할 수 있기 때문이다.

3 문제에 접근하고
(MOVING THROUGH THEM)：
끝까지 답을 찾아내라.

어려운 문제를 해결하기 위해서 인내심을 가지고 종합적인 해결책을 구해야 한다. 다른 것을 희생해서 해결책을 만들어내기보다는 문제를 해결하기 위해서 노력해야 한다. 정확한 해결책이 보이지 않더라도 애매모호한 상황에 익숙해져 답을 찾을 수 있을 때까지 기다려라.

4 체계적으로 제시하는 것이다
(SYSTEMATICALLY TO DELIVER)：
혁신은 시장에 나오기 전까지는 의미가 없다.

혁신은 제품을 시장에 출시하고 수익을 내기 전까지는 끝난 것이 아니다. 혁신은 시간이 지나도 새롭고, 더 나은 방법으로 기업을 유지시켜 주주의 이익을 창출할 수 있어야 한다.

5 명쾌한 해결책
(ELEGANT SOLUTIONS)：
복잡한 것을 단순한 것으로 바꿔라.

단순한 것을 복잡하게 바꾸는 것은 쉽다. 정치인과 변호사는 살아남기 위해 종종 이렇게 하기도 한다. 하지만 복잡한 것을 단순하게 바꿀 수 있는 혁신가는 드물다. 대부분의 혁신가는 명쾌하고 단순한 문제를 복잡하게 만든다.

중요한 문제 [2] 를 정의하고 위해 체계적으로 [4]

INNOVATING REQUIRES IDENTIFYING THE PROBLEMS THAT MATTER AND MOVING THROUGH THEM SYSTEMATICALLY TO DELIVER ELEGANT SOLUTIONS.

이 책을 읽어야 하는 이유

WHY YOU NEED TO READ THIS BOOK. YES, YOU.

사람들은 토마스 에디슨이나 스티브 잡스처럼 탁월한 재능을 가진 혁신가들을 찬양한다. 그리고 혁신의 성공 여부는 탁월한 재능을 가진 개인에게 달려 있다고 생각한다. 하지만 연구 결과는 달랐다. 효과적인 혁신 방법을 사용하도록 교육받은 팀이 전세계 평균에 비해 약 10~20배 더 좋은 결과를 낳았다.

혁신은 '단체스포츠'이다. 그렇기 때문에 소수의 천재나 탁월한 재능을 가진 사람만 혁신할 수 있는 것이 아니다. 누구든지 혁신에 대해 배우고 노력한다면 잘할 수 있다. 요약하자면, 혁신을 할 수 없다는 변명은 용납되지 않는다.

임원들은 조직에 속한 사람이면 누구든지 혁신할 수 있다는 것을 알아야 한다. 직원 스스로도 혁신할 수 있으므로 혁신하지 않는 직원이 있다면 불이익을 주어야 한다. 가장 혁신적인 조직은 조직 내의 역할에 구애받지 않고 일하는 개인과 팀의 시스템에 달려 있다. 혁신은 과학자, 엔지니어, 마케터만의 일이 아니라 모든 비즈니스와 리더십과 관련 있다.

지난 1998년 혁신에 관한 프레임워크를 처음 개발한 이래, 크고 작은 기업들과 혁신의 10가지 유형을 사용했다. 혁신 프레임워크를 적용하면서 가장 힘들었던 프로젝트는 개발팀과 함께 워크샵을 진행했을 때였다. 당시 개발팀 직원들은 개발업무에 관해 무지한 혁신 컨설턴트들과 이야기해야 하는 것에 굉장히 화를 냈다. 개발팀이 굉장히 바빴기 때문에 일하는 시간을 뺏기면서 설명해줘야 했기 때문이다. 이 이야기를 들은 많은 사람들은 결국 워크샵은 어떻게 진행되었냐고 묻는다.

워크샵은 다음과 같이 진행되었다. 포스트잇과 함께 구조화, 규범화된 워크시트를 준비했다. 이 워크시트는 방 안에 있는 모든 사람들이 단 하나의 핵심 아이디어를 찾을 수 있도록 도와주었다. 방 안의 분위기 역시 바뀌었다. 사람들은 스마트폰을 내려놓았다. 목소리는 더욱 활기차졌다. 질문은 점점 더 요점과 팀이 직면한 문제와 가까워졌다. 토론 내용도 제품의 특징과 기능에서 비즈니스 시스템, 플랫폼, 경험으로 바뀌었다. 프레임워크는 다른 혁신 사례를 분석하고 새로운 돌파구를 찾는 데 이용되었다. 워크샵이 끝나고, 팀들은 자신들이 설계한 혁신이 성공할 것이라 믿었다. 그리고 실제 실행을 통해 이 믿음이 증명되었다.

10가지 유형은 만병통치약이 아니다. 그렇지만 더 활기차고 합리적인 혁신을 향한 커다란 디딤돌은 될 수 있다.

오늘날 혁신에 관한 새로운 법칙이 나타나는 이유:

기업은 살아남아 성장하기 위해 새로운 발견과 전략이 필요하다.

효율성만으로는 더 이상 살아남을 수 없다. 혁신적인 결과를 얻기 위해서는 자연스런 성장이 매우 중요하다.

변화의 속도가 빨라지는 만큼 더 유연하고 효과적인 혁신이 필요하다.

고객과 애널리스트는 혁신의 성공을 기대하고 요구한다.

혁신의 구성요소 :
속설을 구체적인 방법으로 교체하는 모듈 시스템
THE ELEMENTS OF INNOVATION:
A MODULAR SYSTEM THAT REPLACES MYTHS WITH METHODS

과학자는 발견과 발명을 반드시 구분한다. 간단하게 말하자면 발견은 사람들이 알고 모르고를 떠나 사실이다. 그러나 발명은 사람이나 팀이 구상하고 만들기 전까지는 존재하지 않는다.

두 개의 수소분자는 한 개의 산소분자와 결합하여 물이 된다. 미스테리한 것도 아니고 마술도 아니다. 아주 오래된 사실이다. 물이 0도에서 고체로 변하고 100도에서 기체로 바뀌는 것처럼 혁신의 구조, 매커니즘, 속성을 발견하는 것이 도전 과제이다.

19세기 러시아 과학자인 드미트리 멘델레예브 Dmitri Mendeleev 는 몇몇 분자가 원상태로 복귀하려는 속성이 있다는 것을 발견했다. 그리고 이 속성은 이상한 형태의 패턴과 관련이 있었다. 당시에는 화학 구성요소로서 65개의 분자가 알려져 있었으며 각각의 분자는 서로 다른 속성을 가지고 있었다. 멘델레예브는 장시간 기차를 탈 때, 원소의 이름이 적혀 있는 카드를 가지고 '화학 솔리테어' chemical solitaire 놀이를 하는 취미가 있었다. 그는 원자들이 서로 어떤 연관이 있는지 발견하는 데에 집착할 정도로 관심이 높았고 그 결과 1869년에 주기율표를 만들었다. 이것으로 원소들이 유기적으로 결합하여 구조화된다는 것과 상대적 질량과 활동 속성을 설명할 수 있는 계

기가 처음으로 마련되었다. 가로축과 세로축을 통해 구리는 나트륨, 황과는 전혀 다르고 은과 비슷하다는 것을 알 수 있다. 이 표는 자연이 어떻게 움직이는지에 대해서 설명하는 데 도움을 준다.

공교롭게도 멘델레예브는 현재 알려진 원소를 더 깊이 이해하는 데 도움이 될 만한 것을 많이 알지 못했다. 예를 들면 헬륨, 네온, 아르곤, 크립톤 같은 비활성 기체에 대해서는 알아내지 못했다. 하지만 멘델레예브는 논리적으로 존재해야 하는 원소들을 발견하지 못했다는 사실을 직감하고 이 원소들을 위한 공간을 남겨두었다. 그 결과 원래의 구조를 바꾸지 않고 세로축만 새롭게 추가하면 되었다.

이 이야기에서 주목할 점은 초기에 만들어진 주기율표가 150년이 지난 지금까지 화학의 발전을 이끌고 가속화할 만큼 통찰력이 있다는 것이다. 주기율표는 실용적인 발견을 위한 발판이 되었으며 기본적으로 무엇을 해야 하는지 구상할 수 있게 한다. 매우 잘 정리된 이론은 내용이 정리가 안 된 많은 사람들이 문제를 빠르게 해결할 수 있도록 돕는다. 멘델레예브의 주기율표 원소들은 영구적이다. 이 사례는 과학자들이 복잡한 주제를 명쾌하게 만드는 진수 중 하나이다.

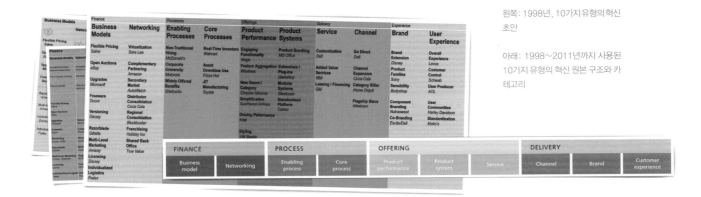

왼쪽: 1998년, 10가지 유형의 혁신 초안

아래: 1998~2011년까지 사용된 10가지 유형의 혁신 원본 구조와 카테고리

이 주기율표는 화학자가 직면한 문제를 명쾌하게 해결했다. 또한 혁신세계에서도 비슷한 사례를 시도하게끔 한다.

혁신의 10가지 유형 발견

1998년, 우리는 성공적인 혁신 사례에 어떤 공통점이 있는지 찾기로 결심했다. 이 연구의 목표는 혁신 요소에 관한 주기율표를 만드는 것이다.

훌륭한 혁신에 관한 사례를 거의 2,000개 가까이 수집했다. 델의 컴퓨터 사업, 도요타의 생산 시스템, 질레트의 면도기 사업, 프린스 Prince 의 오버사이즈 테니스 라켓, 헤츠 렌트카 Hertz rental car 의 차 출고 방식, 그리고 휴대용 영수증 단말기 등 많은 사례가 있다. 포드사의 모델 T와 미국의 고속도로 시스템 지금은 교통 체증을 일으키지만 한때는 혁신적이었다. 과 같이 역사적인 성공 사례도 포함했다.

수집한 모든 사례를 분석했다. 그리고 패턴 인식과 복잡한 관리 기술을 사용하여 혁신을 분해했다. 혁신을 이해하기 쉽게 설명했으며 사례와 그 결과를 문서로 작성했다. 2011년, 서로 다른 비즈니스 환경에서 여전히 이 연구가 유효한지 확인하기 위해 테스트하고 수정하는 노력을 기울였다.

모든 실증적 분석의 결과로 이 책의 핵심인 프레임워크가 탄생했다. 혁신의 10가지 유형 중 몇 가지를 조합해 혁신을 제안하는 것은 신뢰할 수 있는 방법이다. 그리고 프레임워크는 주기율표의 혁신 버전이다. 앞으로 이 책에서 다룰 전략들은 성공적인 혁신을 위해 서로 결합될 화학원소이다.

이 책을 쓴 이유는 상사부터 직원까지, 어떤 산업분야든지, 회사의 규모에 상관없이 누구나 혁신 프레임워크를 이용하기를 바라기 때문이다. 이 프레임워크는 현대 비즈니스의 복잡성을 이해할 수 있도록 도움을 주고 모든 사람들이 간단하고 직접적인 방법을 쉽게 찾도록 하는 희망을 담고 있다.

혁신의 돌파구를 만드는 규칙
THE DISCIPLINE OF BUILDING BREAKTHROUGHS

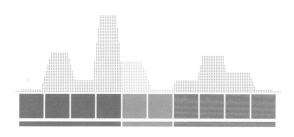

이 책의 핵심은 혁신에 대한 발견이다. 역사적으로 훌륭한 혁신은 10개의 기본적인 요소를 3가지 카테고리 안에서 몇 가지 조합을 통하여 만들어졌다. 이것이 혁신의 주기율표다.

혁신의 10가지 유형은 매우 유용하다. 각 유형들은 기업 내부의 혁신을 위한 '진단도구'가 될 수 있으며 경쟁 환경을 분석하는 데 도움이 된다. 또한 다른 사업을 하거나 시장의 판도를 바꾸려는 것과 관련하여 차이와 잠재적인 기회를 발견할 수 있도록 한다.

파트2에서는 혁신의 10가지 유형을 생생하게 느낄 수 있도록 설명하고 실제로 적용됐던 사례들을 그림이나 도형으로 보여줄 것이다. 파트3에서는 이 책의 핵심철학인 '혁신은 제품 그 이상의 것이며 다양한 유형의 혁신을 동시에 사용함으로써 더 강력하고 설득력 있는 결과를 만들어 낼 수 있다'는 것을 보여준다.

파트4는 혁신의 10가지 유형을 이용해서 변화에 대한 기회를 체계적으로 찾는 방법을 소개한다.

4 새로운 전략을 끊임없이 연구하고 있으며 이 연구가 마무리될 수 있도록 계속해서 작업하고 있다. 최신자료는 tentypesofinnovation.com 에서 확인할수 있다.

2013년 현재까지 100개 이상의 혁신 전략을 찾았다. 혁신의 10가지 유형은 가장 널리 알려진 혁신 전략이다.[4] 혁신의 10가지 유형은 마치 서로 결합하여 분자를 만들어내는 원소와 같다고 할 수 있다. 혁신의 10가지 유형을 활용한다면 산업에 영향을 끼칠 수 있는 획기적인 전기를 만들 수 있을 것이다.

혁신은 단체스포츠와 같다. 사실 혁신가 한 사람에게 의존하는 조직은 실패할 수밖에 없다. 어떻게 조직을 혁신할 것인가를 이해하는 것과 내부적으로 강력한 혁신 능력을 키우는 것은 급변하는 오늘날 반드시 필요하다.

파트5에서는 전략을 다룬다. 이 파트에서는 정교한 혁신을 만들기 위해서 혁신의 10가지 유형을 어떻게 믹스매치해야 하는지 설명한다.

파트6에서는 상상조차 하지 못했던 일을 성취하기 위해 리더가 반드시 해야 할 일을 자세하게 설명할 것이다. 단순한 희망이나 현상이 아니라 법칙으로서 혁신에 대해 마스터한다.

혁신의
10가지 유형 TEN TYPES OF INNOVATION

혁신의 구성요소
THE BUILDING BLOCKS OF BREAKTHOUGHS

단순한 조직시스템이 새로운 법칙의 핵심인 경우가 종종 있다.
이 시스템은 혁신의 성공과 실패를 관리하는 근본적인 구조와 체계다.
이것이 바로 혁신의 10가지 유형 프레임워크가 혁신에 가져다주는 것이다:
혁신의 10가지 유형을 이해한다면 혁신을 더 쉽고 효과적으로 이루어낼 수 있을 것이다.

CHAPTER 2

10가지 유형 THE TEN TYPES
개요

혁신의 10가지 유형은 단순하고 이해하기 쉽다. 진행 중인 혁신을 검토하거나 가치를 높이기 위해 혁신의 10가지 유형을 활용할 수도 있다. 또한 경쟁자의 사업구조를 분석하기 위해서도 유용하게 사용한다. 특히 혁신의 10가지 유형을 모르면 간과하기 쉬운 오류를 방지하고 혁신의 목적을 분명히 할 수 있다는 측면에서도 유용하다.

혁신의 10가지 유형은 3가지 색깔로 분류할 수 있다. 혁신 유형을 일렬로 나열했을 때, 왼쪽에 위치한 혁신은 기업 내부에 초점을 맞추어 실행하는 것으로 고객지향적이지 않다. 하지만 오른쪽 부분으로 갈수록 혁신이 누구를 위해 진행되는지 분명해진다. 연극에 비유하자면 왼쪽의 혁신 유형은 무대 뒤를 의미하고 오른쪽은 무대를 의미한다.

이 책에 나와 있는 혁신의 10가지 유형을 통해 몇 가지 교훈을 얻을 수 있다. 첫째는 혁신할 기회를 인식하기 위해 혁신의 10가지 유형을 어떻게 사용할 것인가이며, 둘째는 정교하고 논리적인 혁신을 하려면 혁신의 10가지 유형을 어떻게 이용할 것인가이다.

| 수익모델 | 네트워크 | 구조 | 프로세스 |

구성 CONFIGURATION

비즈니스 시스템과 내부 작업에 초점을 맞추고 있다.

혁신의 10가지 유형은 순서를 나타내는 타임라인이
아니며 연속적이지도 않다. 또한 혁신 유형 간의 계층을
의미하지도 않는다. 혁신의 10가지 유형을 다양하게
결합하여 새로운 조합을 만들 수 있다. 유형에 상관없이
혁신을 시작해도 좋다.

제품성능	제품시스템	서비스	채널	브랜드	고객참여

제품과 서비스OFFERING

경험EXPERIENCE

기업의 핵심 제품과 서비스, 혹은 이들의 결합에
초점을 맞추고 있다.

기업과 비즈니스 시스템에서 고객과의 접점에 더 많
은 초점을 두고 있다.

CHAPTER 3

수익모델 PROFIT MODEL
어떻게 돈을 벌 것인가

혁신적인 수익모델은 기업이 제공하는 제품과 서비스, 그 외 자원을 현금으로 전환할 수 있도록 새로운 방법을 찾는 것이다. 훌륭한 수익모델은 고객이 무엇을 중요하게 생각하는지 안다. 또한 어떻게 가격을 책정할지, 어떻게 돈을 버는지 이해한다. 기존 산업과 비교했을 때, 혁신적인 수익모델은 제공하는 가치는 물론이고 요금을 청구하는 방법, 수익을 창출하는 방법이 다르다. 대부분의 산업에서 지배적인 수익모델은 의심할 여지없이 수십 년 동안 지속되어 왔다. 이 사실은 수익모델을 혁신할 가장 큰 원동력이 된다.

수익모델의 일반적인 예로는 경쟁사와 다른 방식으로 제품과 서비스에 가격을 부과하는 프리미엄 가격과 시장이 제품의 가격을 정하는 옥션이 있다. 이상적인 수익모델은 비즈니스 상황과 산업에 따라 달라질 수 있다. 신규 사업을 하는 경우에는 고객이 새로 출시된 제품을 선택하고 사용할 수 있도록 수익모델을 고안할 것이다. 반면 기존 사업은 고객이 자사의 제품을 계속 사용하고 경쟁사 제품으로의 이탈을 방지하는 수익모델을 개발할 것이다. 한 가지 불변의 법칙은 수익모델 혁신을 성공시키기 위해서는 기업의 지배적인 전략과 혁신 의도를 충분히 고려해야 한다는 것이다.

비영리단체나 정부기관의 경우, 수익모델을 혁신하기가 어색할 수도 있지만 '수익모델'이라는 단어의 뜻을 다시 생각해볼 필요가 있다. 비영리단체나 정부기관은 영리기업과 다르게 이윤추구가 핵심 목적이 아니므로 '수익모델'을 '가치모델'로 사용하거나 '지속가능한 가치모델', '조직 구성요소 가치모델'로 재정의할 수 있다. 이는 이익을 극대화하는 것이 목적이 아닌 상황에서 수익모델을 적용하기에 유용한 방법이다.

수익모델 혁신의 전제조건

경쟁사나 산업 표준과는 다른 방법으로 돈을 벌 수 있는가? (예를 들어, 남들이 제품을 팔 때 서비스를 판매하는 방법이 있다.)

제품이나 서비스를 이용하는 사람과 구매하는 사람 간의 차이가 있는가?
서로 다른 고객층으로부터 다양한 매출원을 확보하고 있는가?

수익(특히 매출총이익)이 경쟁사보다 훨씬 높거나 낮은가? 아니면 변동비 또는 고정비에 상당한 차이가 있는가?

비즈니스를 통해 빠르게 현금을 창출하는가?
운전자본이 너무 적거나 혹은 마이너스인가?

수익모델 혁신 사례 PROFIT MODEL INNOVATION STORIES

질레트(GILLETTE)

'면도기와 면도날'을 이용한 수익모델 혁신은 매우 유명하다. 해당 수익모델 혁신은 프린터와 카트리지부터 캡슐커피까지 셀 수도 없이 많은 산업에서 활용되고 있다. 요점은 단순하다. 기본 상품은 손실이 나더라도 저렴하게 판매하고 소모품은 프리미엄 가격으로 판매하여 지속적으로 수익을 발생시키는 것이다.

랜달 C. 피커Randal C. Picker가 말했듯, 초기 질레트는 현재와는 정반대인 수익모델을 사용했다. 즉, 면도기에 프리미엄 가격을 부과하고 면도날을 싸게 팔았다.[1] 20세기 전환기에는 일반적으로 면도날을 갈아서 재사용했고, 이 수익모델은 면도날을 갈아서 재사용하기보다는 사용한 면도날은 버려야 하는 일회용이라고 인식시키는 효과가 있었다. 1921년 질레트의 특허가 만료되었을 때,[2] 질레트는 기본

면도기로 수익을 창출하기 위해 수익모델을 바꿨다. 변화된 수익모델은 제품 수명 주기를 연장하는 방법이다. 제품 수명 주기는 비즈니스 모델의 중요한 구성요소이며 또 다른 유형의 혁신을 이끌기도 한다.

최근 면도기 산업의 경쟁은 2중날 면도기를 3중날, 4중날, 5중날로 대체하는 것처럼 제품 혁신에 한정되어 있다. 아마도 10중날 면도기가 발명되면 모낭을 자르는 것을 면도라고 할지도 모른다. 하지만 현재 P&GProcter&Gamble[3] 산하의 질레트는 P&G가 인수한 아트오브쉐이빙Art of Shaving[4]을 질레트의 사업부로 흡수하였다. 제시카 우흘Jessica Wohl이 로이터 기사를 통해 밝혔듯이 아트오브쉐이빙에서 판매하는 면도기도 질레트의 면도날을 쓸 수 있다. 자세히 설명하자면 아트오브쉐이빙 면도기를 사용하는 소비자도 싸게는

100달러 이하, 비싸게는 500달러짜리 질레트 면도날을 구매해도 상관없다는 의미이다.[5] 즉, 면도날만 바꾸면 오래된 면도기가 새 것이 되는 것이다.

1 2010년 9월 13일, 시카고 법학대학원에서 랜달 C. 피커가 발표한 "The Razors-and-Blades Myth(s)"를 참고하라. http://tentyp.es/0am1IF.
2 킹 C. 질레트가 특허 출원한 "razors of the safety type"도 참고하면 좋다. http://tentyp.es/SBULnb.
3 CNN 머니와 같은 방송국이 보고한 바와 같이 2005년 P&G는 질레트를 570억 달러에 매수했다. http://tentyp.es/VQYYr5.
4 2009년 6월 3일, 에드 에이지(ad age)가 보고한 "P&G Buys Art of Shaving Retail Stores"에 따르면 2009년 P&G는 아트 오브 쉐이빙을 인수했다. http://tentyp.es/Z5Vcv6.
5 2009년 12월 24일, 제시카 우흘(Jessica Wohl)이 로이터에 기고한 "P&G in Upscale Retail Game with The Art of Shaving"을 읽어보라. http://tentyp.es/12S45Jw.

가이징거
(GEISINGER)

관상 동맥 우회술CABGs 치료 시스템인 프루 브ン케어ProvenCare는 대담한 수익모델을 사 용한다. 단일 가격을 지불한 CABG 환자는 진료 후 90일 동안 경과를 보장받을 수 있 다. 만약 90일 내에 합병증이 발병하면 가 이징거는 후속 관리로 발생하는 전체 비용 을 부담한다. 이는 쉽게 실행될 보장 시스템 이 아니다. 가이징거가 프루브ン케어를 실행 하기 이전에는 CABG 환자 중 합병증 발생 비율이 평균 38%였기 때문이다.

힐티
(HILTI)

리히텐슈타인에 본사를 두고 있는 힐티의 핵심 사업분야는 건설 사업에 사용되는 동 력장치이다. 힐티 툴 차량 관리Hilti Tool Fleet Management는 예상치 못한 고장시간동력장치 의 작동이 멈춘 시간이나 도난처럼 장비를 소유하 면서 발생하며 드러나지 않는 비용을 배상 하기 위해 개발되었다. 월 사용료에는 필요 시 교체장비를 대여해주는 비용, 업그레이 드를 제공하는 비용, 장비 수리비가 포함되 어 있다. 힐티 툴 차량 관리를 등록한 사용 자는 문제 발생시 문제 해결을 위해 사이트 에서 낭비하던 시간을 최소화할 수 있고 힐 티는 지속적으로 돈을 벌 수 있다.

넥스트 레스토랑
(NEXT RESTAURANT)

넥스트 레스토랑에서 식사를 하고 싶은 손 님은 그랜트 애킷츠Grant Achatz 셰프가 개 발한 사전 티켓을 구매해야 한다. 넥스트 레 스토랑은 고객이 식사를 위해 지불하는 돈 을 먼저 받고 이자로 운전자본을 벌어들인 다. 따라서 레스토랑을 운영할 때 손님이 없 거나 혹은 예약 손님이 나타나지 않는 등의 위험을 줄일 수 있다. 또 특이한 점은 티켓 가격은 고객이 얼마나 주문했는지가 아니 라 언제 방문하는지에 따라 다르게 책정되 는 것이다. 저녁처럼 바쁜 시간의 티켓 가격 은 프리미엄이 붙지만 그렇지 않은 경우에 는 저렴한 비용으로 식사를 할 수 있다.

쉽스테드 미디어 그룹
(SCHIBSTED MEDIA GROUP)

노르웨이의 온라인 광고 회사인 FINN.no 는 광고주가 어떤 광고든 무료로 게재할 수 있지만 원하는 위치에 광고를 하려면 프리 미엄 가격을 지불하도록 한다. 예를 들어, 돈만 지불하면 웹사이트 상에 눈에 띄는 위 치에 광고를 할 수 있고 쉽스테드 미디어 그 룹 내 다른 계열사에도 광고를 게재할 수 있 다.

CHAPTER 4

네트워크 NETWORK
가치를 창출하기 위해 다른 사람들과 어떻게 협력할 것인가

오늘날처럼 아주 밀접하게 서로 연결된 세상에서는 아무도 모든 것을 혼자 해낼 수 없고 그렇게 해서도 안 된다. 네트워크 혁신은 타사의 프로세스, 기술, 제품과 서비스, 채널과 브랜드 등 거의 모든 비즈니스 구성요소로부터 자사에 도움이 될 만한 자원을 발굴해 활용하는 방법이다. 네트워크 혁신을 통해 타사의 역량과 자산을 활용하면서 자사의 강점을 강화할 수 있다. 또한 경영진이 새로운 도전을 시도할 때 발생하는 위험을 타사와 공유할 수 있다. 타사와의 협력은 짧을 수도 있고 오랫동안 지속될 수도 있다. 협력은 협력사뿐만 아니라 경쟁사와도 이루어질 수 있다.

공모전 또는 크라우드소싱 같은 '오픈 이노베이션' 방식은 오늘날 세상이 얼마나 상호연결되어 있는지를 보여준다. 이 방식은 혼자서 해결하기 어려운 문제를 풀기 위해 몇몇 혹은 전세계의 기업들이 참여하도록 했다. 예를 들면 민간부문의 저궤도 우주 비행부터 '자동적으로' 영화를 추천해주는 방법 등이 있으며 그 외에도 다양한 사례를 찾아볼 수 있다.[1] 네트워크 혁신의 다른 예로는 소비자끼리 연결되는 유통시장을 창조하는 것과 기업의 조직체계, 업무 및 콘텐츠를 제공하고 비용을 받는 프랜차이즈들을 들 수 있다.

1 새로운 우주선을 설계한 사람에게 수여하기 위해 개발된 안사리 X 프라이즈(Ansari X Prize)와 개발자가 제안한 알고리즘을 바탕으로 영화를 추천해주는 엔진을 개선한 넷플릭스(Netflix)를 참고하라.

네트워크 혁신은 기업 내부를 연결하는 네트워크와 IT상 네트워크를 의미하는 것이 아니다. 여기서 네트워크란 외부와의 관계, 협력, 컨소시엄 및 협회 등의 관계를 의미한다.

네트워크 혁신 전제조건

일반적인 비즈니스로부터 획기적인 변화를 이끌 수 있는 제품과 서비스를 개발하기 위해 다른 기업이나 뛰어난 조력자와 함께 일하고 있는가?

독특한 협력관계를 형성해왔는가? 예를 들어, 현재 비즈니스와 관련이 없어 보이는 기업, 혹은 경쟁사와 협력관계를 구축했는가?

유통, 프로세스, 브랜드 혹은 고유 자산을 다른 기업에게 빌려줄 수 있고 동시에 그들의 제품과 서비스를 이용할 수 있는가?

개발, 테스트, 또는 신제품 시장을 위해 공급업체나 고객과 협력하고 있는가?

네트워크 혁신 사례 NETWORK INNOVATION STORIES

타겟(TARGET)

타겟은 1962년 미네소타 로즈빌에서 첫 번째 매장을 열었다. 타겟은 지역의 백화점이었던 데이튼Dayton사가 새롭게 선보인 할인 소매 전략의 일환이었다. 데이튼사의 초대 회장인 더글라스 데이튼Douglas Dayton은 타겟을 "최고의 패션과 최고의 할인의 결합, 할인된 가격으로 최상의 제품을 만나는 최고의 매장"이라고 설명했다. 설립 초기의 타겟은 쇼핑하기 편리한 진열방식으로 고객의 흥미를 끌었으며 온 가족이 즐길 수 있는 매장으로 만들어졌다.

1999년, 타겟은 마이클 그레이브스Michael Graves와 제휴를 맺고 타겟에서만 구매할 수 있는 주방용품 라인을 개발했다. 그 이후로 타겟은 매장 내 독점적인 제품을 발명하기

위해 노력했으며 75명 이상의 제품 디자이너, 12명 이상의 세계적으로 유명한 패션 디자이너들과 함께 일하며 명성을 높일 수 있었다.

그후, 리버티 오브 런던Liberty of London 등 다른 소매업과 파트너십을 맺어 네트워크 혁신을 확대했다. 또한 단기간만 운영되는 팝업 스토어를 열기도 했다. 이는 입소문이 나서 소비자의 관심을 높이고 판매를 창출하려는 의도적인 전략이었다. 그리고 이 팝업 스토어는 최종 결산에 영향을 미칠 정도로 효과적인 방법이었다. 타겟은 아이작 미즈라히Issac Mizrahi 디자이너와 5년간 협력하며 연간 3억 달러 이상을 벌어들였으며, 아냐 힌드마치Anya Hindmarch가 디자인한 핸

드백 라인은 온라인에서 2분 만에 매진되는 성과를 이루기도 했다. 다른 대형 소매업체와의 치열한 경쟁에도 불구하고 네트워크 혁신을 통해 타겟은 번창할 수 있었다.

글락소스미스클라인
(GLAXOSMITHKLINE)

GSK는 다양한 분야의 R&D를 수행하면서, 다른 기업이 문제에 직면했을 때 GSK가 개발한 R&D를 함께 이용할 수 있게 하는 '공동혁신' 관계를 구축했다. 2011년 GSK는 뎅기열과 광견병 등 소외된 열대 질병의 치료법을 개발하기 위해 오픈 이노베이션을 활성화하고 있는 개인 및 공공기관 협력기구인 세계지적재산권기구WIPO에 합류했다.

나뚜라
(NATURA)

2012년, 브라질의 화장품 대기업 나뚜라는 250명의 직원과 내부 R&D팀을 보유한 기업으로 연간 매출은 34억 달러를 기록했다. 하지만 전세계 25개 대학과의 긴밀한 네트워크를 통해 이전 수익을 훨씬 웃도는 이익을 창출했다. 연구원은 피부과학부터 지속가능한 기술에 이르기까지 모든 것에 도전하면서 기업에 기여했다. 2008년까지 나뚜라가 생산하는 제품의 50%는 오픈 이노베이션 프로그램을 통해 개발된 것이다.

UPS와 도시바
(UPS와 TOSHIBA)

UPS와 도시바는 다음과 같은 내용의 계약을 체결했다. 도시바는 UPS 기술자에게 고장난 노트북을 수리하는 교육을 제공한다. 해당 교육을 이수한 기술자는 택배 서비스 중심지에 근무하면서 UPS 물류장비인 UPS 공급사슬 솔루션을 통해 고장난 노트북을 수리한다. 두 회사 간 상호보완적인 제휴를 통해 도시바는 수리에 소요되는 서비스 시간을 줄일 수 있었고 UPS는 새로운 수익원을 개발할 수 있었다.

하워드 존슨스
(HOWARD JOHNSON'S)

레스토랑 프랜차이즈의 선구자인 하워드 존슨은 1941년까지 150개의 프랜차이즈를 개점했다. '독립운영자'Independent operator라고 불린 그의 시스템은 존슨의 브랜드, 음식, 공급장치 및 건물 설계에 라이센스 비용을 지불하도록 되어 있다. 식당 운영자들은 하워드 존슨이 혼자서 모든 것을 하려고 했을 때보다 시간과 비용을 덜 들이면서 레스토랑의 급속한 성장을 이끌었다.

CHAPTER 5

구조 STRUCTURE
역량과 자산을 어떻게 조직할 것인가

구조 혁신은 유형자산, 무형자산, 인적자원에 이르는 자산을 독특한 방법으로 조직하여 가치를 창출한다. 구조 혁신은 뛰어난 인재 관리 시스템부터 독창적인 자본설비 구성까지 모든 것을 포괄한다. 인적자원, R&D, IT 같은 부서를 포함하는 구조 혁신을 통해 기업의 비즈니스와 고정비용은 개선될 수 있다. 또한 구조 혁신은 생산적인 작업환경을 만들거나 경쟁자가 따라 할 수 없는 수준으로 제품의 성능을 개선하여 우수한 인재를 유치하는 데도 도움이 된다.

구조 혁신의 좋은 예로는 직원이 특정 목표를 위해 일하도록 격려하는 '인센티브 시스템'을 구축하는 것, 자산 표준을 설정하여 운영비용과 복잡성을 줄이는 것, 정교하고 지속적인 교육을 제공하기 위해 사내대학을 설립하는 것을 들 수 있다. 특히 구조 혁신은 경쟁자가 따라 하기 어렵다. 왜냐하면 조직적 변화와 자본투자를 수반하기 때문이다. 따라서 구조 혁신은 성공을 위한 기반을 제공하기도 한다.

구조 혁신과 프로세스 혁신을 혼동하지 않도록 주의하라.
이 두 혁신은 서로 긴밀하게 관련되어 있지만 구조 혁신은
자원과 자산에 초점을 맞추고 어떻게 조직할 것인지에 관한
것이다. 반면에 프로세스 혁신은 자원과 자산이 어떻게 활
용되는지 설명한다.

구조 혁신 전제조건

독특하고 특이한 조직 구조를 가지고 있는가?

마케팅이나 재료공학과 같은 특정 분야에서
우수한 인재를 유치한 회사로 알려져 있는가?

특별한 표준화나, 기계나 장비의 다양성
부분에서 경쟁사와는 다른 방식으로 유형 자산을
사용하는가?

구조 혁신 사례 STRUCTURE INNOVATION STORIES

홀푸드마켓(WHOLE FOODS MARKET)

홀푸드에서 각 팀은 기업 그 자체이다. 이 회사는 경영을 철저하게 분권화하는 것으로 알려져 있다. 각 매장은 전결권을 갖고 있는 자기주도적인 팀으로 구성되어 있다. 재고와 제품 진열과 관련된 마케팅 결정을 스스로 내리기도 한다. 중요한 점은 각 팀마다 고용에 대한 결정을 독자적으로 한다는 것이다. 따라서 새로운 사람을 고용하려면 팀의 2/3가 동의를 해야 한다. 각 매장은 독립적으로 손익계산서를 처리하고 매장 내 각 팀은 주어진 성과 목표를 달성해야 한다.

2010년, 존 맥키John Mackey CEO는 홀푸드의 구조를 "높은 신뢰 조직"으로 묘사하면서 "조직을 작은 팀으로 구성하는 것은 조직 내 모든 방향팀 내 위, 아래 그리고 팀에서 팀으로으로

신뢰가 흐르도록 도움을 준다"라고 설명했다.

신뢰는 각 팀과 매장이 서로 정보를 공유하도록 한다. 정보는 각 부서에 대한 정보, 제품 판매 및 수익성에 대한 자세한 내용을 포함한다. 모든 정보가 공유되는 홀푸드의 조직구조는 투명성을 높였고 증권거래위원회는 모든 직원을 '내부자'로 지정했다. 또한 정보는 실적에 영향을 미치기도 한다. 즉, 각 팀이 회사의 전반적인 업무를 배우기 위해 데이터를 사용하기도 하지만, 팀이 다양한 데이터를 검토함으로써 직원, 팀, 매장에 관한 벤치마커를 지정할 수도 있다. 정보 공유는 네트워크 활성화를 통해 각 팀이 서로 최고의 실적을 내기 위해 노력하게 한다. 따라서 많은 소매업체들과

는 다르게, 분산을 통한 혁신이 실행된다면 그 혁신은 아치를 그리며 천천히 증폭되는 대신에 빠르게 증폭된다.

맥키는 1980년 미국 텍사스 오스틴에 19명의 직원과 홀푸드를 공동 창립했다. 2012년까지 홀푸드는 미국, 캐나다, 영국에서 310개 이상의 매장을 열었으며 6만 5,000명의 직원을 고용했다. 2011년에 홀푸드는 100억 달러 이상의 수익을 기록했다.

W. L. 고어
(W. L. GORE)

1958년 회사 설립 이후, W. L. 고어는 '평면 격자'flat lattice 조직모델을 활용하고 있다. 노력과 혁신을 장려하기 위해 회사 내부 팀은 의도적으로 작게 유지되고, 업무는 지시보다 '약속'에 의해 관리된다. 또한 모든 직원은 1년 후 주주가 된다.

사우스웨스트 에어라인
(SOUTHWEST AIRLINES)

2011년에 에어트랜AirTran을 매입하기 전까지, 사우스웨스트는 보잉737 항공기 한 종류만 운행했다. 이 과정에서 사우스웨스트는 서비스 비용을 줄이고 운영을 간소화했으며 공항 게이트에서 수하물이 빠르게 처리되도록 하였다. 사우스웨스트의 이러한 특징은 저가 항공사의 전략으로 매우 중요하다. 항공사는 비행기에 승객을 태우고 운항하는 동안에만 돈을 벌 수 있기 때문이다.

트리니티 헬스
(TRINITY HEALTH)

트리니티 헬스 시스템의 병원은 표준화되어 있고 고도로 통합된 IT 인프라를 사용한다. 통합된 IT 인프라를 통해 실무자는 환자의 데이터에 접근할 수 있다. 또한 이 시스템은 다른 프로그램의 기초 역할을 하기도 한다. 예를 들어 더 나은 치료를 위해 데이터를 활용할 수도 있으며 지방 진료소를 이용하는 고객을 위해 원격 진료를 제공한다.

팹인디아
(FABINDIA)

인도의 직물, 의류, 가정용품 소매업체인 팹인디아는 "지역사회가 소유한 회사"Community Owned Companies 모델을 제시했다. 이 모델은 지역 상인이 회사를 소유하고 운영하며 아울러 이들이 팹인디아에 예술품과 공예품을 공급하고 있다.

CHAPTER 6

프로세스 PROCESS
업무를 수행하기 위해 차별화되고 우수한 방법을 어떻게 활용할 것인가

프로세스 혁신은 회사의 주력 제품 생산과 관련된 운영과 활동이 포함된다. 프로세스 혁신은 기업이 '일상적인 비즈니스'에서 벗어나 획기적인 변화를 통하여 시장을 창출하고 빠르게 적응하며 뛰어난 이익을 가능케 한다. 프로세스 혁신은 종종 기업의 핵심 역량으로 구성된다. 짧게는 몇 년, 길게는 몇 십 년 동안 지속되는 특허도 프로세스 혁신에 포함된다. 다시 말해, 프로세스 혁신은 경쟁사가 쉽게 모방할 수 없는 '특별한 비법'이다.

관리자가 시스템을 통해 낭비요소와 비용을 줄일 수 있는 '린 생산방식'은 프로세스 혁신의 유명한 사례 중 하나다. 또 다른 사례로는 공정 비용과 복잡성을 줄이기 위해 일반적인 절차를 사용하는 공정 표준화, 과거 실적 데이터로 미래의 결과를 예측할 수 있는 예측 분석 모델을 들 수 있다. 예측 분석의 경우 기업이 제공한 제품이나 서비스에 맞춰 디자인, 가격, 보증제도 등을 확립하는 것을 돕는다.

프로세스 혁신은 실질적으로 산업의 표준과는 다르며 우수한 방법론이나 역량을 포함해야 한다. 예를 들어 린 생산방식이 표준화되어 다른 산업에서 많이 사용된다면 린 생산방식은 더 이상 혁신으로 간주될 수 없다. 린 생산방식을 이용하되 효율성과 비용 면에서 타의 추종을 불허하는 이점을 얻지 못한다면 혁신이라 할 수 없을 것이다.

프로세스 혁신 전제조건

제품, 서비스, 플랫폼을 생산하거나 유통하는 데 있어서 자사만의 특별한 기술이 있는가?

특정 기술, 방법, 프로세스에 관한 특허를 보유하고 있는가?

다른 회사나 다른 산업의 표준과 비교했을 때 변동비나 운전자본이 현저히 낮은가?

프로세스 혁신 사례 PROCESS INNOVATION STORIES

자라(ZARA)

자라는 1975년 스페인 코루냐에 첫 매장을 열었다. 지금은 지주회사인 인디텍스Inditex에 의해 경영되지만, 자라는 의류와 액세서리 소매업체로서 패션 공급사슬을 재설계했다. 미구엘 헬프트Miguel Helft의 기사에 따르면, 자라는 스케치부터 매장 진열까지 의류 제조 및 유통의 전 과정에서 획기적으로 시간을 단축했다고 한다. 즉, 바르셀로나를 거쳐 베를린과 베이루트[1] 매장에 옷이 진열되기까지 채 3주도 걸리지 않는다. 한편 자라의 매장은 주요 쇼핑 지역에서 가장 비싼 장소에 위치해 있는데, 그 이유는 유행을 선도하는 모든 고객집단과 쉽게 교류하기 위해서다. 2011년 자라는 뉴욕 5번가에 매장 구매를 위해 3억 달러 이상을 지불했다.[2]

수지 한센Suzy Hansen이 〈뉴욕타임즈〉[2]에 기고한 바에 따르면, 자라는 디자인, 생산, 물류, 유통을 통합한 효율적인 생산시스템을 활용한다. 이 시스템은 회전기간을 아주 짧게 할 수 있으며 각 매장에 재고가 최소한으로 유지될 수 있도록 도와준다. 따라서 디자이너는 생산과 관련된 이슈를 빠르게 검토할 수 있고 패션 트렌드에 민감하게 반응할 수 있다. 한편, 공급업체와 유통업체는 효율성을 높이기 위해 전 세계에 위치해 있다. 국제 물류시스템은 주문이 유통센터에 전달되고 실제 제품이 각 자라 매장에 전달되는 데 드는 시간을 최소화한다.

자라의 직원은 매장으로부터 고객의 요구와 관련된 정보를 얻으며 200명으로 구성된 크리에이티브 팀에게 정보를 전달한다. 이에 대해 한센은 "관리자들은 중국부터 칠레에 이르기까지 무엇이 잘 팔리는지 파악하기 위해 연락하고, 그 나라의 트렌드가 무엇인지 알기 위해 디자이너들과 만난다"라고 설명했다. 새로운 스타일의 의류는 매주 두 번 매장에 도착한다. 이는 자라가 자사의 공급사슬을 최대의 강점으로 활용하고 있다는 증거이다. 왜냐하면 자라의 공급사슬이 재고 회전율을 극대화하고 새로운 트렌드에 적극적으로 대응하도록 돕기 때문이다.

1 2002년 5월에 〈비즈니스 2.0〉에서 미구엘 헬프트(Miguel Helft)가 발표한 "Fashion Fast Forward"를 참고하라. http://tentyp.es/XGKPsM.
2 2012년 11월 9일, 수지 한센이 〈뉴욕타임즈〉 매거진에 기고한 "How Zara Grew into the World's Largest Fashion Retailer"를 참고하라. http://tentyp.es/1bPkkU.

힌더스탄 유니레버
(HINDUSTAN UNILEVER)

전통적으로 큰 병이나 다회용기에 판매되던 제품을 작은 병이나 일회용 봉투에 판매하였다. 많은 양을 사지 않고 소량이라도 구매가 가능해지자 인도에서 커다란 소비층을 창조할 수 있었다.

집카
(ZIPCAR)

'패스트플릿'FastFleet은 종업원수를 줄일 수 있을 뿐만 아니라 차를 쉽게 자동적으로 이용할 수 있도록 하는 자동차 관리 시스템이다. 또한 패스트플릿은 자동차가 어떻게 사용되었는지 집카가 알 수 있게 하였다. 이는 카셰어링 기업이 재고의 균형을 맞추면서 자동차와 관련된 문제를 빠르게 파악할 수 있다는 것을 의미한다.

도요타
(TOYOTA)

도요타는 '린 생산방식'을 통해 낭비요소와 비용을 줄여 효율성을 높이면서 동시에 지속적인 제품 생산과 프로세스의 개선을 이끌었다.

이케아
(IKEA)

이케아는 플랫팩flat-pack 가구를 개발하면서 제품의 지역별, 국가별 차이를 없앴다. 이케아의 제품은 어디서 구매하든지 똑같은 유형의 제품과 지침서가 포함되어 있다. 이는 이케아 내부 생산 프로세스를 간소화하는 데 도움을 준다.

CHAPTER 7

제품성능 PRODUCT PERFORMANCE
고유한 특징과 기능을 어떻게 개발할 것인가

제품성능 혁신은 기업이 제공하는 제품의 가치, 기능, 품질에 대해 다룬다. 제품성능 혁신은 완전히 새로운 제품만을 의미하는 것이 아니라 기존 제품에서 업데이트되거나 확장된 라인의 제품을 모두 포함하는 개념이다. 사람들은 제품성능이 혁신의 전부라고 착각하기 쉽다. 물론 제품성능은 중요하다. 하지만 제품성능은 혁신의 10가지 유형 중 하나이며 경쟁사가 쉽게 모방할 수 있다는 사실을 기억해야 한다. 지금까지 목격했던 제품이나 성능에 관한 전쟁에 대해 생각해 보자. 트럭의 회전력 변환 장치와 견고함, 잡기 좋고 사용하기 쉬운 칫솔, 심지어 유모차까지 다양한 사례가 있다. 하지만 모든 제품이 빠른 속도로 서로 비슷해지기 위해 많은 비용을 들이고 있는 것 같다. 제품성능 혁신이 장기적으로 경쟁우위를 제공하는 경우는 극히 드물다.

그럼에도 불구하고, 제품성능 혁신은 고객에게 기쁨을 주고 기업의 성장을 이끌 수 있다. 제품성능 혁신의 일반적인 사례로는 제품과 서비스를 쉽게 사용할 수 있게 하는 '단순화', 환경에 해롭지 않은 제품을 제공하는 '지속가능성', 또는 개인의 스펙에 따라 제품을 제공하는 '맞춤형'을 들 수 있다.

'서비스'가 혁신의 10가지 유형 중 하나이긴 하지만, 서비스업 또한 제품성능을 이용하여 혁신을 할 수 있고, 혁신을 할 수 있어야만 한다. 어떻게 서비스의 기능과 특징을 바꿀 수 있을지 고려하며 제품성능 혁신을 추진해야 한다. 경쟁사가 쉽게 따라잡을 수 없는 품질을 제공하고, 타의 추종을 불허하는 속도로 문제를 해결하고, 특별한 선택지와 유연성을 제공하고, 또 다른 형태의 혜택을 제공하라.

제품성능 혁신 전제조건

시장을 지배하거나 상당한 프리미엄을 벌어들이는 제품을 생산하는가?

경쟁사의 제품보다 자사의 제품이 눈에 띄게 단순하고 사용하기 쉬운가?

고객의 마음을 사로잡는 독특한 특징과 기능을 가지고 있는가?

제품이 특이한 스타일을 가지고 있는가? 아니면 경쟁업체가 모방할 수 없는 방법으로 틈새시장과 고객에게 어필하고 있는가?

제품성능 혁신 사례 PRODUCT PERFORMANCE INNOVATION STORIES

옥소 굿 그립(OXO GOOD GRIPS)

샘 파버Sam Farber는 관절염을 앓는 아내, 벳시Betsey가 사과껍질을 깎으려고 고군분투하는 모습을 보고 옥소 굿 그립에 대한 영감을 얻었다. 파버는 가정용품 회사를 그만두고, 직접 회사를 설립하여 본인이 더 잘 할 수 있는 것을 하기로 결심했다. 그는 뉴욕시에 위치한 스마트 디자인과 함께 일하며 '유니버설 디자인'에 대한 원칙을 세웠고 1990년 4월, 사용자 친화적인 옥소 굿 그립 라인을 출시했다.

옥소 굿 그립의 가정용품은 고가였다. 감자껍질 제거칼은 금속으로 된 일반 감자칼보다 5배나 비쌌다. 하지만 제품이 매우 유명해졌고 옥소 굿 그립의 타겟 고객이었던 병약한 사람이나 거동이 불편한 고객 외의 일반 고객들도 관심

을 보였다. 단순히 집에서 요리를 하거나 요리를 잘 하고 싶었던 고객들에게 큰 사랑을 받았다.

현재 헬렌 오브 트로이Helen of Troy에 의해 운영되는 옥소 굿 그립은 집 안의 모든 방에 어울릴 만한 제품을 포함하여 850개 이상의 상품을 판매하고 있다. 한 손으로 사용할 수 있는 채소탈수기, 위에서 읽을 수 있는 액체 측정컵, 내용물을 붓기 위해 기울이면 자동으로 뚜껑이 열리는 주전자 등도 있다. 심지어 기술이전 계약을 통해 취급하는 옥소 굿 그립의 수술용 주사기도 있다.

다이슨
(DYSON)

다이슨은 진공 기술을 활용하는 듀얼 사이클론Dual Cyclone을 개발하기 위해 15년을 투자했다. 또한 출시를 위해 5,000개가 넘는 시제품을 만들었다. 듀얼 사이클론의 내부가 보이는 투명한 소재와 백-프리bag-free 디자인은 소비자로 하여금 얼마나 많은 양의 먼지가 빨아들여지는지 눈으로 확인할 수 있게 한다. 듀얼 사이클론은 출시된 지 22개월도 안 되어 영국에서 가장 잘 팔리는 진공청소기가 되었다.

마즈
(MARS)

마이 엠엔엠즈My M&M's는 캔디 위에 메시지, 로고, 그림을 새겨 넣을 수 있는 서비스를 말한다. 마즈는 마이 엠엔엠즈를 통해 초콜릿의 새로운 용도를 개척했으며 소비자는 엠엔엠즈를 특별하게 사용할 수 있게 되었다.

인튜이트
(INTUIT)

미국 납세자들은 툴보텍스 소프트웨어TurboTax software를 통해 컴퓨터 상으로 소득신고서를 프린트하거나 제출할 수 있게 되었다. 기존의 수동 계산 기능을 없애고 자동으로 결과를 내주는 서식을 개발했기 때문이다.

코닝
(CORNING)

코닝의 고릴라 글래스는 스마트폰, 태블릿, PC, TV에 사용하기 위해 개발되었다. 따라서 고릴라 글래스는 얇지만 단단하고 스크래치에 강하다는 특징을 가지고 있다. 2012년에는, 전세계 33개의 브랜드가 수십억 개 이상의 기기에 고릴라 글래스를 사용했다.

CHAPTER 8

제품시스템 PRODUCT SYSTEM
보완제품과 서비스를 어떻게 창조할 것인가

제품시스템 혁신은 개별 제품이나 서비스를 연결하는 방법, 제품과 서비스를 묶어 비즈니스 범위를 넓힐 수 있는 방법에 대한 고민이다. 제품시스템 혁신은 호환성, 모듈, 제품 통합을 통하여 활성화되며, 본질적인 것과 이질적인 것을 연결하여 새로운 가치를 창출할 수 있는 방법 중 하나이다. 제품시스템 혁신은 고객의 마음을 사로잡을 수 있는 생태계를 형성하며 경쟁사의 공격에도 적극적으로 대응할 수 있는 방어체제이다.

'제품 번들링'bundling이나 관련 제품을 한 패키지로 판매하는 것은 제품시스템 혁신의 예시이다. 21세기 기술 주도형 기업들은 앱스토어, 개발자 키트, 응용프로그램 프로그래밍 인터페이스 API를 활용하여 제품과 서비스를 개발하는 플랫폼을 구축했다. 다른 사례로는 '제품 확장', '제품과 서비스 결합', '보완제품' 사용을 들 수 있다.

제품시스템 혁신은 자사 제품에만 국한되지 않는다. 실제로
타사 제품의 가치를 높이는 제품과 서비스를 개발할 수 있
고, 그 일이 더 의미 있을 수도 있다.

제품시스템 혁신 전제조건

특징은 다르지만 같이 사용해도 무방한 제품을
만들 수 있는가?

패키지로 구매해도 되지만 따로 구매해도 상관없는
별개의 제품과 서비스가 있는가?

다른 기업들이 자사의 제품과 상호작용하는 제품을
개발하고 있는가? 혹은 타사의 제품이 제대로
작동하기 위해서는 자사의 제품이 반드시
필요한가?

제품시스템 혁신 사례 PRODUCT SYSTEM INNOVATION STORIES

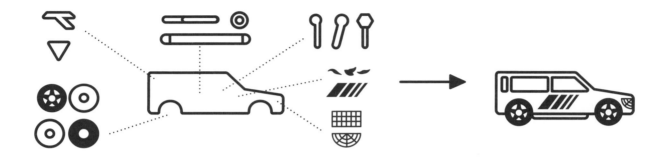

사이언(SCION)

사이언 매장에서는 "위원회가 아닌 열정에 의해 설립된 사이언"이라는 문구를 볼 수 있다. 이는 고객이 운전하고 싶은 자동차를 스스로 설계할 수 있음을 의미한다. 도요타 TOYOTA의 자회사인 사이언은 젊은 운전자를 타겟팅한 브랜드로서, 맞춤형 차량 개발에 필요한 정교한 시스템을 개발했다. 자동차를 구매하고 싶은 고객은 5개의 기본 차체 중 하나를 선택하고 추가기능을 선택하면 된다. 자동차 액세서리는 도요타로부터 알파인 오디오Alpine Audio까지 제품과 종류가 다양하다. 네온 조명, 과급기, 탄소섬유 B-필러, 그 외 부품은 별도의 웹사이트를 통해 구매할 수 있다. 자동차를 구매한 지 오래된 고객도 해당 웹사이트를 이용하여 제품을 구매하고 차량을 개조할 수 있다.

사이언은 통합된 시스템 역할을 하며 고객 맞춤형 자동차와 부품을 제공해 왔다. 이를 통해 사이언은 단순히 자동차를 제공하는 것 이상으로 고객의 라이프스타일에도 관여할 수 있었다. 부가 상품으로는 사이언이 추천하는 음악과 비디오, 디지털 앱, 사이언이 후원하는 레이싱 이벤트가 있다.

마이크로소프트
(MICROSOFT)

초기에는 개별적으로 제공되던 응용 프로그램이 현재는 MS오피스MS Office로 제공된다. 하나의 패키지가 된 마이크로소프트의 통합시스템은 비즈니스 세계에서 널리 사용되는 응용 프로그램이 되었다.

모질라
(MOZILLA)

파이어폭스Firefox와 함께 작업하면서 유명해진 비영리 조직이 있다. 웹브라우저인 파이어폭스는 오픈 소스 플랫폼을 통해 개인 개발자들이 다양한 플러그인을 개발할 수 있는 환경을 조성한다. 2012년에는 전세계적으로 4만 5,000만 명 이상의 사람들이 파이어폭스를 이용했다.

오스카 메이어
(OSCAR MAYER)

'런처블'Lunchables은 오스카 메이어가 개발한 제품으로 개별적으로 판매되는 크래커, 고기, 치즈, 디저트를 하나로 담은 팩이다. 런처블은 부모들이 아이의 점심 도시락을 쉽게 준비할 수 있도록 했고, 아이들은 이 도시락을 즐겁게 먹었다.

엘파
(ELFA)

1948년 스웨덴 출신의 디자이너 아르네 린드마르Arne Lydmar는 현명한 수납 해결책을 제공하기 위해 엘파를 시작했다. 엘파는 3가지 핵심요소서랍 시스템, 선반 시스템, 미닫이 문로 구성되어 있으며, 고객은 3가지 요소를 적절히 활용하여 목적에 맞게 가구를 개발할 수 있다.

CHAPTER 9

서비스 SERVICE
제품의 가치를 어떻게 지원하고 증대시킬 것인가

서비스 혁신은 제품의 유틸리티, 성능, 가치를 향상하고 보장한다. 서비스 혁신은 고객이 제품을 테스트하고, 사용하고, 즐기기 용이하게끔 한다. 즉, 서비스 혁신은 고객이 간과할 수 있는 제품의 특징과 기능을 드러내는 역할을 한다. 또한 제품에 문제가 발생할 경우에 그 문제를 해결하고 고객을 만족시킨다. 잘 다듬어진 서비스 혁신은 평범한 제품도 매력적으로 만들어서 고객의 재구매를 유도한다.

서비스 혁신의 일반적인 사례로는 '제품 사용 증대', '유지 관리 계획', '고객지원', '정보 및 교육', '제품 보증'을 들 수 있다. 여전히 사람들은 서비스의 중요성을 인식하고 있다. 그리고 점점 더 많은 서비스 혁신이 전자 접속기, 원격 통신, 자동화 기술과 같은 무인화된 방법에 의해 이루어진다. 서비스는 고객경험 부분에 있어 가장 두드러지고 중요한 사항이 될 수 있다. 또는 제품을 선택할 때 고객의 걱정을 덜어주는, 볼 수는 없지만 느낄 수는 있는 안전망이 될 수 있다.

서비스업의 경우, 서비스의 특징과 기능에 관련된 혁신은
제품성능 혁신으로 분류된다. (제품이라는 단어를 유형의
제품으로만 한정해서는 안 된다.) 서비스 혁신은 추가적인
지원, 제품 개선으로 구성된다.

?

서비스 혁신 전제조건

고객이 기업과의 상호작용에 대해 긍정적으로
생각하는가? 어떤 문제가 발생하여 기업이
사후관리를 하는 상황에도 해당 기업을 신뢰하고
있는가?

제품의 추가 기능을 강조하거나 서비스를 사용하기
에 편리한 웹사이트, 헬프라인, 혹은 그 외 방법을
시행하고 있는가?

제품과 관련하여 흥미로운 보장이나 보증 혹은
다른 형태의 확신을 제공하는가?

고객이 커뮤니티를 통해 서비스에 대한 정보를
얻거나, 다른 사용자와 교류하거나 경험을
강화하는가?

서비스 혁신 사례 SERVICE INNOVATION STORIES

자포스(ZAPPOS)

1999년에 설립된 온라인 소매업체 자포스는 고객 지원과 서비스에 대해 새로운 기준을 세웠다. 자포스의 10가지 핵심가치 중 첫 번째 가치는 서비스를 통해 고객에게 놀라움을 제공하는 것이다.

고객 서비스 담당자는 자포스를 이용하는 고객이 좋은 경험을 할 수 있도록 모든 수단을 동원한다. 고객에게 꽃을 보내거나 고객이 원하는 제품을 찾기 위해 몇 시간씩 통화하는 것도 가능하다. 만약 고객이 필요로 하는 제품의 재고가 없을 경우, 담당자는 경쟁업체에서 해당 제품을 주문하고 고객에게 약속된 시간에 도착할 수 있도록 선적하여야 한다.

2009년 아마존이 자포스를 인수할 당시, 아마존은 자포스의 서비스 가치가 11억 달러에 달한다고 생각했다. 현재 자포스의 총매출액은 매년 10억 달러가 넘는다. 또한 수천 가지의 의류와 신발 브랜드를 판매하고 있으며 고급 명품 의류부터 평상복에 이르기까지 제품 구색도 다양하다.

자포스의 성공으로 자포스 인사이트Zappos Insight가 분사되었다. 자포스 인사이트는 고객 중심 문화가 회사 내에 자리잡을 수 있도록 컨설팅을 제공한다.[1]

1 이는 온라인 소매업체에 있어서 훌륭한 수익모델 혁신 사례이다.

현대
(HYUNDAI)

경기가 침체된 2009년, 현대는 새로운 '보증' 프로그램을 출시했다. 이 보증 프로그램은 만약 현대 자동차를 구매했거나 임대를 한 고객이 자동차를 보유한 첫 해 실직을 한 경우, 구입한 자동차와 대금을 지불하지 않아도 된다는 내용이다.

맨즈 웨어하우스
(MEN'S WEARHOUSE)

남성 의류 회사인 맨즈 웨어하우스는 정장, 턱시도, 트위드 자켓, 슬랙스 등을 구입한 고객은 미국 내 어느 매장에서든지 평생 무료로 다림질을 받을 수 있다고 약속했다. 이것은 비즈니스 여행객과 다림질을 하기 싫어하는 고객을 위해 추가된 서비스이다.

세븐 일레븐
(7-ELEVEN)

일본에 있는 세븐 일레븐은 다양한 부가서비스를 제공한다. 예를 들면 편의점에서 신용카드와 휴대폰 사용 요금 지불이 가능하다. 우편 서비스도 제공하며 고객의 택배를 받아주거나 고객이 매장에 택배를 맡길 수 있는 공간을 만들기도 했다.

시스코
(SYSCO)

시스코는 북미에서 가장 큰 식품 유통업체 중 하나이며 연 매출은 430억 달러를 넘는다. 비교적 제품화가 잘 된 산업에서 가치를 올리기 위해, 시스코 경영진은 무료 컨설팅 서비스인 '비즈니스 리뷰'Business Review를 개발했다. 고객은 비즈니스 리뷰를 통해 메뉴를 개발하고 집 안의 재고를 계획할 수 있다.

CHAPTER 10

채널 CHANNEL
고객과 사용자에게 제품을 어떻게 전달할 것인가

채널 혁신은 고객과 사용자에게 제품을 전달하는 모든 방법을 아우른다. 최근 몇 년 동안 전자상거래가 지배적이었다. 하지만 오프라인 상점 같은 전통적인 채널도 여전히 중요하다. 특히 고객에게 진정한 경험을 제공하기 위해서는 전통적인 채널이 유용하다. 채널 혁신에 있어 숙련된 혁신자의 경우, 고객에게 제품을 전달하기 위해 여러 개의 상호보완적인 방법을 이용한다. 갈등과 비용을 최소화하고 고객의 기쁨을 최대화하면서 사용자가 원하는 것을 원하는 때에 구매할 수 있도록 보장하는 것이 목적이다.

채널 혁신은 산업의 환경과 고객의 습관에 가장 민감하다. '플래그십 스토어'는 채널 혁신의 사례 중 가치가 가장 높다고 할 수 있다. 회사의 브랜드와 제품을 진열하는 상징적인 장소이기 때문이다. '팝업 스토어'의 경우 특별한 날에 짧지만 강한 영향을 주고 싶을 때 유용하다. 반면, 인터넷 채널이나 다른 수단을 통한 '직접 판매'는 간접비는 줄이고 이익과 비용편익을 극대화한다. '간접 판매'와 '다단계 판매'를 사용할 수도 있다. 두 채널 모두 직원들을 고용하여 최종소비자에게 상품 전달과 판촉에 관련된 업무를 맡긴다.

채널 혁신과 네트워크 혁신이 비슷하다고 느낄 수 있다. 하지만 채널 혁신은 고객과의 접점을 통해 제품을 제공하는 방법에 관함 것이고, 네트워크 혁신은 제품을 생산하기 위해 누구와 일할지 결정하는 것이다.

채널 혁신 전제조건

해당 산업에서 새로운 방법으로 고객과 사용자에게 제품을 전달하는가?

상호보완적인 채널을 이용하는가? 예를 들어 제품을 소매점에 납품할 때, 직접 채널 혹은 가상 채널을 통해 제품을 전달하는가?

고객이 기업과의 긍정적인 상호작용에 대해 다른 사람들에게 이야기하는가?

파트너, 고객, 경쟁자를 포함한 다른 플레이어가 자사의 제품을 판매하거나 유통하는가?

채널 혁신 사례 CHANNEL INNOVATION STORIES

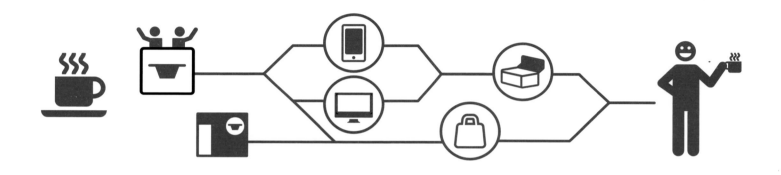

네스프레소(NESPRESSO)

스위스에 설립된 네스프레소는 커피 애호가들을 위한 브랜드이다. 네스프레소의 상징이라고 할 수 있는 캡슐 기술은 제품성능과 제품시스템 혁신을 통해 탄생했다. 네스프레소는 고객이 캡슐 커피를 최대한 쉽게 구매하도록 다양한 채널을 통합하고 활용한다. 네스프레소는 전세계에 270개가 넘는 커피숍과 소매점을 운영하고 있으며, 메이시Macy's와 블루밍데일Bloomingdale's에서 키오스크를 운영하기도 한다. 새로운 커피 제품을 효율적으로 주문할 수 있는 온라인 네스프레소 클럽도 있으며 제품이 곧 매진될 것 같으면 이메일을 발송하기도 한다.

1996년부터 네스프레소는 여러 기업과 파트너십을 맺고 B2B솔루션을 제공하고 있다. 리츠 칼튼The Ritz-Carlton, 하

야트 호텔&리조트Hyatt Hotels & Resorts 등의 호텔, 650명의 유명 호텔 요리사, 브리티시 에어웨이British Airway, 루프트한자Lufthansa, 콴타스 에어웨이Qantas Airway 등의 항공사를 예로 들 수 있다. 네스프레소 셰프 아카데미Nespresso Chef Academy는 최고의 요리사를 위한 프로그램으로서, 커피에 대한 모든 것을 연구할 수 있는 기회를 제공한다. 또한 음식, 와인, 커피의 조화에 대해 배우고 싶은 소믈리에를 위해 네스프레소 커피 소믈리에Nespresso Coffee Sommelier 프로그램도 운영하고 있다. 이러한 채널을 통해 캡슐 커피를 판매하며 신규 고객에게 커피 기술을 소개하는 기회를 제공한다.

나이키
(NIKE)

나이키타운은 고객에게 인상적인 경험을 제공하고자 고안된 매장이다. 예를 들어 러너runner들이 신발의 착용감과 보폭을 확인할 수 있도록 대부분의 매장에 러닝 머신을 구비하고 있다. 직원은 운동 능력에 따라 고용된다. 시카고에 위치한 매장에서는 프로 농구 선수를 직원으로 고용했다.

엠페사
(M-PESA)

휴대폰 거인 보다폰Vodafone과 사파리컴Safaricom은 2007년 합작투자를 통해 엠페사를 설립했다. 케냐에 설립된 엠페사는 휴대폰과 SMS메시지를 통해 쉽고 간편하게 예금, 송금, 인출할 수 있는 서비스를 제공한다. 2012년 9월 말, 해당 서비스는 아프리카 전역 8개 국가에서 1,600만 이상의 회원과 7,000명 이상의 에이전트를 보유했다.

아마존
(AMAZON)

킨들Kindle의 주문형 서비스인 위스퍼넷Whispernet은 폐쇄형 무선 네트워크 서비스이며 고객에게 무료로 제공된다. 책을 읽고 싶은 사용자는 위스퍼넷에 접속하여 전자책을 구매하고 다운로드하기만 하면 된다.

자이아미터
(XIAMETER)

특수화학약품 회사인 다우 코닝Dow Corning은 2002년 웹 기반 판매 채널을 시작했다. 웹 서비스의 주 목적은 고객에게 실리콘을 구입할 수 있는 새로운 방법을 소개하는 것이었다. 비용에 민감한 구매자는 수천 가지 상품 옵션에 상관없이 가격 수준을 정하고 제품의 수량을 선택하면 된다. 다우 코닝의 웹 서비스는 간단하지만 효과적이며 고객에게 실질적인 서비스를 제공한다. 지금은 모회사와 함께 운영되고 있다.

CHAPTER 11

브랜드 BRAND
제품과 비즈니스를 어떻게 표현할 것인가

브랜드 혁신은 고객과 사용자가 자사의 제품을 경쟁사의 제품이나 대체품보다 쉽게 인식하고, 기억하고, 선호할 수 있도록 도움을 준다. 훌륭한 브랜드 혁신은 소비자의 마음을 사로잡고 특별한 아이덴티티를 전달하는 '약속'이다. 브랜드 혁신은 통신, 광고, 서비스, 유통, 임직원, 비즈니스 파트너가 협력해야 구현할 수 있는 전략으로 기업과 고객이 만나는 접점을 통해 실현된다. 브랜드 혁신은 평범한 제품을 특별한 제품으로 만들고 의미를 부여한다. 제품뿐만 아니라 기업의 가치도 높일 수 있다.

브랜드 혁신의 예로는 '확장'을 들 수 있다. 확장은 이미 존재하는 브랜드에서 새로운 제품과 서비스를 출시하는 것을 말한다. 기업이 그러한 믿음을 지속적이고 투명하게 표현함으로써 기업이 '중요시하는 생각'과 '일련의 가치'를 소비자에게 각인시킬 수 있다. B2B 비즈니스에서 브랜드 혁신은 최종 제조사나 고객을 직접 응대하는 제품 생산자에게만 국한되지 않는다. 누구나 '제품을 브랜딩'하고 그 가치를 고객에게 알리는 활동을 통해 제품 선호도와 협상력을 높일 수 있다.

브랜드 혁신은 성공적으로 수행된 캠페인이나 마케팅 전략
이 아니다. 그리고 새로운 브랜드를 만드는 것보다 훨씬 복
잡하다. 브랜드 혁신은 경쟁사와 다른 방식으로 고객의 관
심을 끌 수 있는 계획으로 구현된다.

브랜드 혁신 전제조건

경쟁사와 구별되는 자사만의 특이하고 뚜렷한
정체성을 가지고 있는가?

자사의 고객이 스스로를 해당 브랜드 중심의
커뮤니티와 활동의 구성원으로 여기고 있는가?

공급업체, 고객, 경쟁사를 포함한 다른 비즈니스
파트너들이 자사의 브랜드를 활용하고 있는가?

다양한 비즈니스를 통해 브랜드를 확장했는가?
혹은 제품 간의 통합이나 연결을 활성화하기 위해
브랜드를 활용했는가?

브랜드 혁신 사례 BRAND INNOVATION STORIES

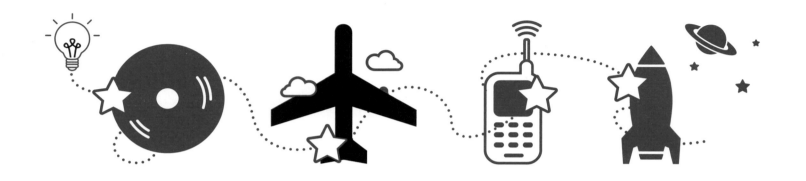

버진(VIRGIN)

1970년 리처드 브랜슨Richard Branson은 우편으로 저렴한 레코드를 판매하는 사업을 구상했다. 그리고 1971년, 그는 런던의 옥스포드가에서 버진 레코드샵을 열었다. 그 다음해인 1972년, 첫 주거형 녹음실을 열었다. 1973년 마이크 올드필드Mike Oldfield의 튜블라 벨Tubular Bells이 버진 음악레코드 라벨을 달고 발매되고, 1977년에 섹스 피스톨SEX Pistols과 계약을 맺으면서 리처드 브랜슨은 음악과 떼려야 뗄 수 없는 관계가 되었다.

오늘날 버진은 스스로를 선도적인 '국제적 투자 그룹'으로 묘사하고 있다. 현재 버진은 버진 애틀랜틱 에어웨이Virgin Atlantic Airways와 버진 액티브Virgin Active를 포함해 전세계 34개국에 약 5만 명의 직원이 근무하고 있다. 2011년 글로벌 브랜드 수익은 약 210억 달러였다. 버진의 자회사들은 버진의 글로벌 파워를 적극적으로 활용하고 있지만 독립 체제로 운영된다. 즉, 비교적 사업이 좋지 않은 버진 콜라Virgin Cola 같은 벤처기업이 모회사인 버진에 영향을 끼치지 않는다는 것이다.

버진의 비즈니스 포트폴리오는 이동전화, 운송, 금융, 미디어, 피트니스를 포함한 아주 다양한 분야를 포괄한다. 일반적으로 기업의 리더는 힘들고 지루할지라도 성공을 거둘 중요한 사업을 찾는다. 최근 몇 년 동안 버진 그룹 내에서 높은 관심을 받고 있는 사업 분야는 버진 갤러틱Virgin Galactic으로, 우주여행을 상업적으로 가능하게 하려는 브랜슨의 혼신의 노력이 담겨 있다.

트레이더 조스
(TRADER JOE'S)

슈퍼마켓 체인인 트레이더 조스는 제조업자 상표national brands를 거의 취급하지 않는다. 대신에 '데스티네이션'destination이라는 자사 브랜드private labels를 만들어 중간상을 배제하고 제조업자와 직접 거래한다. 이렇게 함으로써 독특한 식품, 음료, 가정용품을 판매할 수 있게 되었다.

인텔
(INTEL)

컴퓨터에서 가장 중요한 구성 요소 중 하나는 컴퓨터 프로세서이다. 그리고 인텔이 생산하는 프로세서, 인텔 인사이드의 브랜드 가치는 매우 높다. 고객은 인텔의 브랜드를 밝히지 않은 제품에 비해, 인텔의 브랜드를 밝힌 제품의 가치를 높게 평가한다.

미국심장협회
(AMERICAN HEART ASSOCIATION)

특정 영양 성분을 충족하는 식품은 심장 체크 마크The Heart Check Mark 인증을 받는다. 제조사는 인증 스탬프를 받기 위해 돈을 지불해야 한다.

메소드
(METHOD)

메소드가 생산하는 친환경 홈케어 제품은 유해 화학물질을 방지하는 기능도 탁월하지만 디자인도 우수하다. 한편, 메소드는 캠페인을 통해 고객이 자사의 커뮤니티인 '더러움에 맞서는 사람들'People Against Dirty에 가입하도록 권한다.

CHAPTER 12

고객참여 CUSTOMER ENGAGEMENT
어떻게 상호작용을 촉진할 것인가

고객참여 혁신은 고객의 마음속에 자리잡은 열망에 대한 이해이다. 이러한 통찰력을 이용해서 기업은 고객과 의미 있는 관계를 맺으려고 한다. 훌륭한 고객참여 혁신은 고객 이해에 대한 폭넓은 수단을 제공한다. 또한 고객이 삶에서 뜻깊고 즐거운 순간을 즐기고 혹은 마법과 같은 경험을 하도록 방법을 알려준다.

많은 기업들이 방송을 통한 일방적인 커뮤니케이션에서 탈피하여 점차 유기적이고 진정성 있는 상호작용이 활발한 소통방식을 추구하고 있다. 이에 따라 '소셜미디어 영역'에서 고객참여 혁신 사례를 점점 더 많이 접할 수 있게 되었다. 또한 매우 복잡한 분야에서 '우아한 단순함'graceful simplicity을 전달하기 위해 기술을 활용하기도 한다. 우아한 단순함은 고객의 삶을 더 편리하게 하고 그 과정에서 기업은 '신뢰할 수 있는 파트너'가 된다. 하지만 여전히 기술은 도구일 뿐이다. 우아하고 직관적인 '포장'과 같은 간단한 행동만으로도 고객과 기업 간의 경험을 향상하고 확장할 수 있다.

고객참여 혁신은 종종 다른 종류의 혁신(특히 브랜드 혁신이나 서비스 혁신)과 함께 수행되어서 발견하기 어려울 수도 있다. 고객과 상호작용하는 부분에 집중하라. 고객과 어떻게 관계를 맺고 고객에게 어떻게 즐거움을 줄 수 있을지에 대해 집중한다면 고객참여 혁신을 이룰 수 있다.

고객참여 혁신 전제조건

고객이 모호하거나 어려운 것을 잘 사용하고 쉽게 익힐 수 있도록 만들었는가?

제품이 특별한 정체성, 사회적 위치, 혹은 제품에 대한 고객의 인식을 잘 나타내는가?

제품이 기업의 정체성과 역사를 담고 있는가?

고객이 제품이나 서비스를 자신의 삶의 일부분으로 받아들이고 이에 대해 이야기하는가?

고객참여 혁신 사례 CUSTOMER ENGAGEMENT INNOVATION STORIES

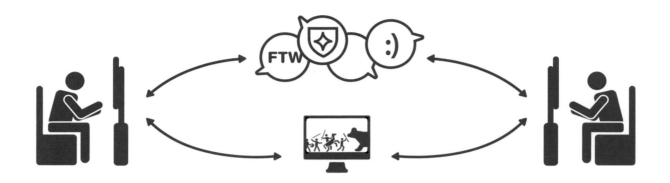

블리자드 엔터테인먼트(BLIZZARD ENTERTAINMENT)

엄청난 멀티플레이를 자랑하는 온라인 롤플레잉 게임, 월드 오브워크래프트World of Warcraft, WoW는 수백만 명의 유저들이 게임에 이미 깊이 빠져 있는 상황에서도 이들에게 도전할 거리를 제공한다. 대부분의 월드오브워크래프트의 콘텐츠는 교활하고 위험한 적을 정복해서 다음 단계로 진출하도록 만들어져 있다. 또한 이를 위해 사람들이 가상으로 팀을 이루어 협업하도록 권한다.

설립 초기부터 블리자드의 창업자는 게임 유저들이 서로 연합할 수밖에 없도록 했다. 회사의 사명에는 이런 말이 있다. "블리자드 엔터테인먼트에서 하는 모든 것은 성공적인 게임 경험에 기반을 두고 있다." 플레이어들은 온라인 포럼부터 게임 내 음성 채팅 기능에 이르기까지 다양한 방법으로 의사소통을 할 수 있다.

이렇게 간단한 방식을 이용해서, 블리자드 엔터테인먼트는 수십억 달러를 벌어들이는 성공을 만끽하고 있다. 월드오브워크래프트는 전세계적으로 1,100만 명 이상의 가입자를 보유하고 있으며 온라인 홈 '배틀넷'은 수백만 명의 게이머들을 위해 날마다 게임을 주최하고 있다. 네 번째 확장판인 '월드오브워크래프트: 판다리아의 안개'는 2012년 9월에 출시되어 판매 첫 주에 270만 개가 판매되었다.

참고: 플레이어들이 무조건 팀을 이루어 게임을 할 의무는 없다. 하지만 게임 유저들이 가장 갖고 싶어하는 아이템 중 몇 가지는 협업을 해야만 얻을 수 있다. 게임 상에서 길드 Guild는 매우 신중하게 길드원을 모집하며 플레이어는 기술, 업적, 게임 스타일에 따라 팀을 조직할 수 있다. 심지어 길드 스스로 로고와 게임 전략을 개발할 수 있다. 또한 상위 길드는 수천 가지의 아이디어와 게임 전략을 체계적으로 정리하고, 개발하고, 익히기 위해 대시보드를 디자인한다.

민트닷컴
(MIN.COM)

민트닷컴의 온라인 재무관리 시스템은 사용 방법이 간단하다. 시스템이 자동적으로 고객의 계좌 정보를 업데이트하고, 구매 목록을 분류하고, 돈을 절약할 기회를 인식하여 자동으로 예산을 설정한다.

펩
(FAB)

뛰어난 디자인 전문가가 펩 웹사이트의 판매 제품을 관리한다. 디자인 중심의 독특한 관점을 제공하며 고객의 신뢰를 이끌어낸다. 이렇게 함으로써 펩은 유행을 선두하는 제품을 판매하는 장소로 여겨진다.

포스퀘어
(FOURSQUARE)

'메이어쉽스'Mayorships는 정보 기반 서비스를 바탕으로 특정한 지역을 정기적으로 방문하고 '체크인'하는 사용자에게 부여된다. 따라서 사용자들은 자신의 등급을 높이기 위해 치열한 경쟁을 벌이고 기업들도 이러한 고객을 유치하기 위해 노력한다.

애플
(APPLE)

거대 컴퓨터 기업인 애플은 세계 개발자 컨퍼런스WWDC에서 개발자와 계열사에게 새로운 하드웨어와 소프트웨어를 선보였다. WWDC에서 애플의 파트너들은 애플의 새로운 기술을 사용해 볼 수 있고 이에 대한 피드백을 할 수 있다. 2012년 WWDC 티켓은 장당 1,599달러였는데 2시간도 안 돼서 매진되었다.

PART TWO: IN SUMMARY

측정 MEASURE UP

혁신의 10가지 유형을 사용할 때,
다음 2가지 사항을 명심하라.

1. 비즈니스 전체를 혁신하려고 하지 마라.

조직 전체를 분석하기 위해 혁신의 10가지 유형을 모두
사용하는 것은 골치가 아플 뿐이다. 대신 비즈니스 내에
서 특정한 플랫폼에 초점을 맞추는 것이 훨씬 더 쉽다.
예를 들어, 구글이라는 기업 전체를 파헤치는 대신 검색
이나 지메일에 초점을 두고 혁신의 10가지 유형을 사용
한다면 통찰력을 얻을 수 있을 것이다. 물론 집카Zipcar
나 넷플릭스Netflix같이 비즈니스 자체가 플랫폼인 경우
에는 비즈니스 자체를 분석하면 된다.

**2. 성공적인 혁신을 원한다면 적당한 수준의 혁신을 수행
하라.**

프레임워크가 비즈니스 전체 스펙트럼을 다룬다는 것을
감안할 때, 혁신의 10가지 유형 중 '어느 것'이라도 시
도했다는 이유로 자만하려는 유혹을 느낄 수 있다. 하지
만 이는 옳지 못한 행동이다. 진행 중인 활동을 신중하
게 분석하고 실수를 하지 말아야 한다. 현실적으로 실현
가능한 혁신 목표를 설정하라. 진정한 차별화는 쉽게 오
지 않는다는 것을 기억해야 한다. 한편, 시장 전체를 타
겟으로 혁신을 진행할 필요가 없다는 것을 아는 것도 중
요하다. 특정 시장만을 위한 혁신으로도 충분하다.

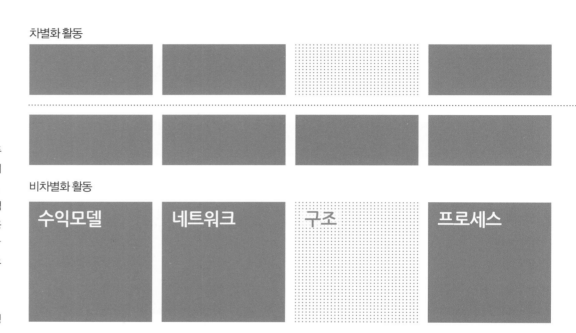

차별화 활동

비차별화 활동

수익모델　　네트워크　　구조　　프로세스

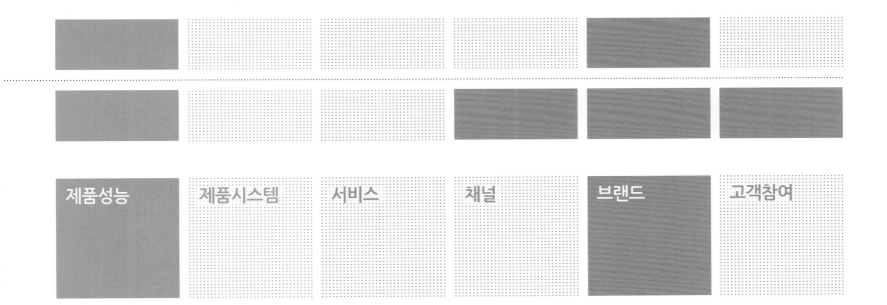

제품성능 제품시스템 서비스 채널 브랜드 고객참여

PART THREE

다다익선 MORE IS MIGHTIER

더욱 강력한 효과를 원한다면 혁신의 유형을 믹스매치하라

MIX AND MATCH INNOVATION TYPES FOR GREATER IMPACT

다양한 혁신의 유형을 복합적으로 사용할 때 더욱 큰 성과를 얻을 수
있으며 경쟁자들이 쉽게 모방할 수 없다.

CHAPTER 13

제품에 그치지 마라 GO BEYOND PRODUCTS

타사의 모방을 피하는 방법

대형마트의 씨리얼 코너에는 오즈, 팝스 등 130종 이상의 제품이 진열되어 있다. 세제 코너도 가루타입, 액상타입, 표백제, 연화제, 얼룩 제거제 등 온갖 종류의 세제가 수 미터씩 늘어서 있다. 구강청결 제품 코너 또한 크레스트 치약 하나만 해도 42가지 종류를 자랑한다. 칫솔 하나를 고를 때도 수백 개의 제품 중에서 고민해야 한다.

세계적인 소비재 제조사는 제품 종류를 다양화하고 확장한다. '망고 맛으로 만든다면 더 많이 팔 수 있겠지? 감자칩에 핑크 하와이안 바다 소금을 감미하는 건 어떨까?' 공장 설비를 교체할 필요가 없기 때문에 대기업에서는 이런 식의 변화가 이뤄지기 쉽다.

하지만 단순한 제품 확장과 세분화만으로는 혁신에 이를 수 없다는 것이 문제이다.

제품성능으로는 충분하지 않은 이유

제품성능 혁신 자체에는 문제가 없다. 산업 및 상황에 따른 제품성능 혁신은 기존 제품의 한계를 헤쳐 나가기 위해 필요한 과정이다. PC에 최초로 그래픽을 위한 특별 칩을 내장하거나 지문 인식 같은 생체 인식 기능을 추가한다면 사용자들은 처음에는 매우 가치 있다고 여길 것이다. 하지만 이러한 기능이 곧 보편화될 것을 생각해본다면, 지속적인 성공과 차별화를 위해서는 점진적 성능 개선만으로는 불충분하다는 것을 알 수 있다. 오늘날에는 대부분의 분야에서 경쟁이 과열되어 있다. 또한 공급자들은 해당 생태계에서 약간의 차별성 있는 제품을 단지 한 사람이 아니라 관련 시장 참여자 모두에게 판매할 수 있어야만 성공할 수 있다. 즉, 어떠한 독특한 효과라도 빠르게 사라진다는 의미이다.

불필요한 복잡함 때문에 '복잡성 비용'이 초래되며 복잡성 비용에 의해 기업의 전반적인 성과가 무너지기 쉽다. 소형트럭 전쟁이 이러한 양상을 잘 보여준다.[1] 수십 년 동안 소형트럭 마케팅의 핵심은 다른 소형 트럭보다 남자답고 강하다는 것을 보여주는 것이었다. 거친 매력과 회전력을 키 포인트로 잡고, '남자다운 낮은 목소리'로 매력과 예항력을 강조한다. 트럭 광고는 제품이 얼마나 터프한지를 극대화하여 보여주기 위해 트럭이 불길이 치솟는 터널을 빠져나와 절벽으로 떨어지거나 지하 벙커에서 로봇에게 공격을 당하

는 장면을 담고 있다. 이 트럭들이 극한의 시련에도 살아남을 수 있다는 사실은 다행이지만, 이런 상황은 실제 현실에서는 거의 일어나지 않는다. 모든 소형트럭 공급자들이 불필요할 정도로 강한 마초 이미지로 승부하지만 진정으로 소비자에게 도움이 되는 것은 혁신을 통해서 제공할 수 있다.

오늘날 대부분의 제품 디자인은 산업 분야와 상관없이 빠르게 추월 당한다. 새로운 장비를 출시하면 그 즉시 제품에 사용된 부품의 공급업체와 비용에 대해 명확하게 설명하는 정보가 온라인에 올라온다.[2] 2013년에 열린 국제 소비자 가전제품 쇼에서 울트라 북, OLED TV, 차세대 스마트폰, 3D 프린터를 포함해서 2만 개의 신제품이 공개됐다. 훌륭한 디자인은 항상 환영받지만 이 제품 중 어느 정도가 시장에서 살아남을지는 누구도 확신할 수 없다. 이들 제품의 대다수가 반짝 흥행한 후 시련을 겪게 되리라 예측하는 것이 현명할 것이다.

애플은 작고 유용한 제품을 갈망했던 소비자 욕구의 결정체이다. 애플은 아름답게 디자인된 첨단 제품들을 지속적으로 발전시켜왔다. 이는 IT제품 마니아들을 열광케 했다. 하지만 애플의 제품 디자인은 처음부터 끝까지 매우 신중하게 기획된 혁신의 아주 작은 부분일 뿐이다.

1 다른 예로 큰 식료품점이나 드러그 스토어 체인을 들 수 있다. 이 가게들은 컴퓨터 시스템에 모든 제품을 등록하고 가게에 진열하는 대가로 일정 요금(slot fees)을 청구한다. 노루발풀(winter-green)향치약을 제품 라인에 추가하고 3가지 사이즈로 출시한다면 3개의 요금을 지불해야 한다. 이러한 관행을 채택하고 있는 수많은 체인 수까지 계산해본다면 한해에 수백 개의 새로운 라인을 확장한다는 것은 물살을 거슬러 오르는 일임을 알 수 있다.

2 아이픽스(iFixit)는 애플 제품 해체와 분석을 일상적으로 행하는 수많은 웹사이트 중의 하나이다.

플라기아리우스 상(The Plagiarius Award)은 검정색 꼬깔 모자를 쓴 작은 남자 요정의 형상을 하고, "제품 표절을 통해 얻은 불법 수익"을 상징하는 황금색 코를 가지고 있다.

애플의 CEO인 팀 쿡Tim Cook은 CEO가 되기 전부터 공급사슬의 모든 부분에서 효율성을 이끌어내는 방식으로 찬사를 받았다. 많은 분석가들은 애플이 공급사슬을 잘 관리했기 때문에 플래시 메모리에서 실질적인 원가우위를 점할 수 있었다고 말한다. 애플의 아이튠즈와 앱스토어 플랫폼은 애플의 사용자와 개발자, 음반사를 연결시키는 생태계를 구축하여 엄청난 가치를 창조했다. 플랫폼은 생태계에 연결된 모든 제품을 훨씬 가치 있고 매력적으로 변화시킨다. 2013년 2월까지 250억 개의 노래가 다운로드되었다. 애플의 플랫폼은 어떤 기준으로 평가해도 수익성이 매우 뛰어난 좋은 비즈니스 모델의 표상이다.

애플은 아름다운 제품 디자인으로 유명하지만 애플의 성공에는 단순히 제품 성능이나 디자인 외에 훨씬 더 많은 요인들이 숨어 있다.

제품성능이 중요하지 않다는 것이 아니다. 거기에 또 다른 유형의 혁신을 추가하여 확고한 경쟁력을 갖추라는 것이다.

표절 방지를 위한 행동 단체(Aktion Plagiarius)는 독일 졸링겐에 위치한 작은 조직이다. 이 단체는 가짜와 표절이 경제에 끼치는 부정적인 영향뿐 아니라 표절을 행한 중소기업과 개인 디자이너에 대한 정보를 제공한다. 해마다 이 조직은 가장 괘씸한 표절자를 호명하여 부끄럽게 하는 대회를 개최한다. 수상자들은 많으며 가끔은 뻔뻔한 사람들도 있다. 제임스 다이슨(James Dyson)사의 '팬 없는 선풍기'(Air Multiplier)의 짝퉁제품은 중국에 있는 한 기업에서 만들어졌고 2012년에 플라기아리우스 상을 수상했다. 그 모조품은 영국인 발명가의 독창적인 O링 디자인 위에 둥글 납작한 토대와 어울리지 않는 제어버튼이 덧붙여져 있었다.

표절은 자존심이나 돈 이상의 문제가 되기도 한다. 의료장비는 전문가에 의해 불법적으로 카피되어 왔다. 하지만 이러한 표절 제품의 품질은 누구도 보장할 수 없다. 실제로 돈브라치(Dornbracht)사가 디자인한 수도꼭지를 표절하여 2008년에 플라기아리우스 상을 수상한 복제품은 독일 법률에서 규정한 것보다 200% 초과한 납 성분이 함유된 것으로 밝혀졌다.

**성공적인 혁신은 제품의
성능에만 그치지 않는다**

WINNING INNOVATIONS GO BEYOND PRODUCTS

성공적인 혁신의 대다수는

제품성능과 기능을 바탕으로 한다.

하지만 그들의 성과를

자세히 살펴보면 다양한 종류의

혁신이 함께 섞여 있음을 알 수 있다.

1   "스타벅스는 고객을 위한 제3의
     공간이 되고자 함을 항상 표방해
     왔다. 2012년 5월 29일 〈포브
     즈〉 기사 "Alice G. Walton
     "Starucks' Power Over Us
     is Bigger Than Coffee: It's
     Personal" 을 참고하라.
     http://tentyp.es/X5PcB6

마이크로소프트 PC
MICROSOFT

빌 게이츠와 동업자들이 마이크로소프트를 설립할 수 있었던 이유 중 하나는 라이센싱의 힘을 일찍이 이해했다는 것이다. 라이센싱의 활용은 마이크로소프트 오피스와 같은 시스템 개발을 가능케 했고, 이러한 통합된 소프트웨어 플랫폼은 1989년 8월부터 계속해서 변화하며 지속되어 왔다.

아마존 > 도서
AMAZON

오늘날 아마존은 시애틀의 거대한 전자소매업체로 유명하다. 초기의 아마존은 책 판매 사업을 하는 업체였지만 여기에 안주하지 않았다. "사람들이 온라인에서 사고 싶은 것이라면 지구상의 어떤 것이든 찾을 수 있는, 가장 고객중심적인 회사가 되자"라는 회사 강령에 따라 사업을 빠르게 변신시키고 있다. 2012년 아마존은 200만 명 이상의 제3의 판매상과 함께 일했다.

스타벅스  커피
STARBUCKS

스타벅스는 거대한 규모2012년 7월 기준으로 60개의 국가에서 17,651개의 점포를 운영를 가지고 있다. 앨리스 왈튼Alice G. Walton이 〈포브즈〉에 기고했듯이, 스타벅스는 처음부터 평범한 카페 그 이상이 되고자 하는 목적으로 설립되었다.[1] 집과 일터 사이의 제3의 공간을 제공함으로써 스타벅스는 단골 고객 집단을 확보할 수 있었다.

버진 > 미디어
VIRGIN

리처드 브랜슨Richard Branson의 버진은 사업 초기부터 독립적인 음반사로서 신중히 사업을 다각화해왔다. 현재 버진그룹은 휴대폰 사업에서 수송업, 미디어 사업, 음반업까지 다양한 영역에서 세계적으로 유명한 기업들을 보유하고 있다.

이어서 엄선된 혁신의 사례 분석을 통해 기업에서 일어나는 혁신의 구체적인 형태를 살펴보도록 하겠다.

포드 FORD

새로운 산업을 개척하다

모델 T는 20세기 초 포드 자동차Ford Motor Company가 막 성장하기 시작하던 때의 초창기 제품이다. 모델 T는 포드를 오늘날의 애플로, 헨리 포드Henry Ford는 스티브 잡스Steve Jobs와 동급으로 만들어 주었다. 역사책에서는 모델 T의 단순한 디자인과 이동식 조립 라인을 비중 있게 다루고 있다. 또 매우 중요한 점은 노동자가 자신이 만들고 있는 자동차를 구입할 수 있다는 희망을 가지게 했다는 것이다. 이 점은 미국 중산층을 형성하는 데도 일조했다.

역사책에서 자주 간과하는 부분은 당시 포드 외에도 87개의 다른 자동차 기업이 공존했다는 점이다. 여러 유형의 혁신이 아니었다면 포드는 살아남기 어려웠을 것이다. 사실 포드는 급진적인 혁신 아이디어자동차를 고객에게 직접 파는 대신, 딜러들에게 팔아서 새로운 비즈니스 모델과 더 나은 현금 흐름 패턴을 만들어냈다.를 도입했기에 성공할 수 있었다. 딜러들은 지역 내에서 수요를 촉진하고 계약을 성사시키는 역할을 했다. 또 딜러 자신의 신용과 현금을 이용해서 도매로 차를 구입해 포드의 자금수요capital requirements와 리스크를 낮췄다.

첫 번째 모델 T는 1908년에 도입되었다. 출시된 지 1년 만에 1만 대가 판매되었으며 900만 달러 이상의 판매고를 올렸다.

수익모델	네트워크	구조	프로세스

고품질의 저가 차량을 생산하기 위해, 포드는 850달러짜리 모델 T를 가장 안정적이고 저렴한 자동차로 만들었다. 한편, 당시의 다른 제조업자들과 다르게 헨리 포드는 대금의 50%를 선불로 요구했다.	헨리 포드는 훗날 수직적 통합이라 불리는 전체 공급사슬 통제를 목표로 삼았다. 1927년에는 200만 대의 자동차를 생산하기에 충분한 타이어를 만들 수 있는 남아메리카 고무 농장에 투자했다. 동시에 디트로이트의 조립생산 라인에 인접한 리버루지(River Rouge) 철강 공장을 즉각 설립했다.	1914년에 포드는 일당으로 5달러를 지급했고, 이는 22세 노동자에게 지급되던 최저임금의 2배에 달하는 금액이었다. 또한 근무 시간을 9시간에서 8시간으로 단축시켰다. 이는 직원들의 이직을 줄였을 뿐만 아니라 노동자들이 자신이 생산하는 제품을 살 수 있도록 했다.	포드는 1913년 이동식 조립 라인을 도입했다. 모델 T 생산 시간은 12시간 8분에서 93분으로 줄었다. 1923년까지 매년 200만 대의 자동차가 컨베이어 벨트 위에서 생산되었다.

1913년 오클라호마의 포드 생산 조립라인을
보여주는 사진

1931년 포드 대리점 사진

5달러의 일당지불이 공표된 후 1914년 포드 공장
밖이 지원자들로 북적이는 사진

| 제품성능 | 제품시스템 | 서비스 | 채널 | 브랜드 | 고객참여 |

모델 T는 본질에 충실한 모델로 누구든지 기본 장비만 있으면 수리할 수 있도록 디자인되었다. 엔진 부품의 절반 이상이 기존의 부품보다 10% 이상 저렴했고 쉽게 구할 수 있었다. 모델 T는 유지비가 적게 들도록 고안된 제품이었다.

포드는 농장에서 자란 경험을 바탕으로, 소유주가 차량을 트랙터, 제재소, 제설차량 등 다용도로 개조할 수 있는 변형키트를 판매했다. 농부들은 포드 차량에 장비를 덧붙이기만 하면 나무를 절단하고 사과주를 짜고 물을 펌핑할 수 있었다.

포드는 지역기반의 독립적인 딜러 네트워크를 만들어 모델 T를 북아메리카 어느 도시에서든 구매할 수 있도록 하였다. 이러한 프랜차이즈는 차량 광고효과가 있었다. 지역 내 자동차 클럽을 만들어 차량의 인기를 확산했고 판매를 증진시켰다.

당시 포드는 '미국식 노하우'와 일맥상통했다. 헨리 포드는 1914년에 영화 사업부를 설립해 많은 영화에서 자사 차량을 등장시켜 홍보효과를 높였다. 1920년대 중반에는 200만 명 이상이 포드 자동차가 등장하는 영화를 매달 관람하였다.

구글 GOOGLE
새로운 마케팅 시스템을 발명하다

구글의 CEO인 래리 페이지Larry Page는 "완벽한 검색 엔진" 은 "유저가 뜻한 바를 정확히 이해하고 원하는 결과를 가져다 주는 것"이라 설명한 적이 있다. 이는 1998년 페이지와 세르게이 브린Sergey Brin이 구글을 창립하던 날부터 추구해 온 목표였다. 초기 구글은 치열한 검색 엔진 경쟁 속에서 또 하나의 검색 엔진으로 시작했지만, 광대한 검색 결과와 정확성을 핵심으로 인기를 끌었다.

구글은 가장 정확한 콘텐츠를 제공하는 사이트를 검색 결과 상단에 위치시킨다. 이것은 구글의 사업을 유지하는 핵심이다. 구글의 미션mission statement에 나와 있듯이 새로운 사이트는 또 다른 정보로 연결되는 포인트가 되며 양질의 콘텐츠를 선별하는 데 사용된다. 그렇기 때문에 웹이 커질수록 해당 접근 방식은 더욱 개선된다. 하지만 이는 구글이 10억 달러 규모의 사업을 구축해 나가기로 한 2000년도 전까지 해당하는 이야기다. 이때 구글은 새로운 광고 프로그램인 애드워즈AdWords를 도입했다. 이 광고 프로그램은 검색어를 애드워즈로 활용해서 온라인 캠페인과 연결했다. 애드워즈는 줄곧 구글 수익의 중추가 되었다.

Google™

[Google Search] [I'm Feeling Lucky]

수익모델	네트워크	구조	프로세스

수익모델
"do-it-yourself"로 알려진 애드워즈는 간단한 글귀타입의 광고로 시작했다. 사용자들은 입찰을 통해 애드워즈 광고 문구를 구매할 수 있었다. 구글은 사용자가 광고를 클릭할 때마다 수익이 생기는 '페이-퍼-클릭'(pay-per-click)모델을 도입했다. 광고료는 구글의 수익 중 96%를 차지하며 2011년에만 약 380억 달러의 수익을 냈다.

구조
구글은 훌륭한 과학자와 기술자를 유치하기 위해 노력해 오고 있다. 또한 건강한 식사를 무료로 제공하고 직원들이 효과적으로 활동할 수 있도록 다양한 시설과 서비스를 제공한다. 직원들은 근무시간의 20%를 새로운 프로젝트나 활동에 할애할 수 있다.

프로세스
구글의 창업자인 래리 페이지와 세르게이 브린은 스탠포드 대학 재학 시절에 '페이지랭크'(PageRank)라는 링크 분석 알고리즘을 개발했다. 이 알고리즘은 연결된 링크의 수에 따라 웹페이지를 분류했다.

아래: 애드워드는 간결한 텍스트 광고로서 검색결과 창의 상단이나 양 측면에 위치한다. 광고주에게는 효과적인 광고효과를 제공하는 동시에 사용자에게는 간단하고 깔끔한 웹 검색 경험을 제공한다.

왼쪽: 검색엔진 상단에 위치한 구글 두들스는 역사적인날, 사건, 축제를 기발하고 재치 있게 표현하며 사용자들은 최신버전을 보기 위해 구글 사이트를 자주 방문한다. 좌측 그림의 위에서 아래의순서대로 두들스는 모네의 생일, 월드컵, DNA의 이중나선 구조 발견, 추수감사절을 기념한다. 두들스는 점점 더 구글의 진출 지역과 국가에 맞춰 고객화되고 있다.

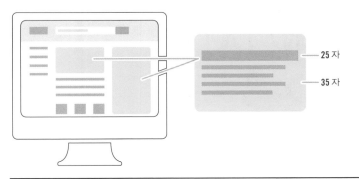

25 자
35 자

제품성능

제품시스템

서비스

채널

브랜드

고객참여

페이지랭크 외에도 광고 제목에는 오직 25자만을, 본문에는 35자만을 실을 수 있는 규정을 만들어 검색을 도왔다. 이는 사용자에게는 간결한 검색 결과를 제공했고 광고주에게는 광고 효과를 증대하는 역할을 했다.

2003년에 구글은 또 다른 광고 형태로 애드센스(AdSense)를 출시했다. 규모에 상관없이 모든 광고주가 자신의 웹사이트에 게시된 구글 맞춤 광고(targeted Google ads)로 부터 수익을 얻을 수 있다.

구글은 애드센스 광고주가 타겟 소비자와 효과적으로 소통할 수 있도록 통합적인 광고 서비스를 제공한다. 구글 직원은 광고주와 직접적으로 소통하며 최대의 판매고를 달성할 수 있는 애드센스를 실을 수 있도록 돕는다.

최근 들어 구글의 검색 서비스는 지역에 특화된 정보를 제공하고 다양한 모바일 장비에서도 사용할 수 있도록 변화하고 있다. 기존의 검색 서비스에 대한 근본적인 생각은 보다 스마트한 검색 서비스를 제공하고 다양한 기기에서 사용될 수 있도록 자갓(Zagat)과 모토로라(Motorola Mobility) 같은 기업을 인수했다.

구글은 충분한 여백을 가진 깔끔한 홈페이지를 고수해 왔다. 그러나 로고에 있어서는 구글의 기발함을 보여주는 구글 두들스Google Doodles를 고집했고, 이를 통해 즐거움을 지향하는 기업의 의지를 표현하고 있다.

마이크로소프트 MICROSOFT
통합적인 오피스 도구를 발명하다

"소프트웨어 애호가hobbyiests라면 반드시 알고 있어야 하듯, 여러분 중 대다수도 본인이 소프트웨어를 훔쳐 쓰고 있다는 것을 알아야 합니다. 하드웨어는 당연히 사서 써야 하지만 소프트웨어는 무료로 공유되는 것으로 착각하고 있습니다. 소프트웨어 개발자들이 대가를 지불 받았는지 누가 신경 쓰겠습니까?"라고 1976년에 열정에 가득 찬 빌 게이츠는 기술했다. 당시 빌 게이츠는 GPGeneral Partner로서 새로운 기술 스타트업인 마이크로소프트Micro-Soft(sic)를 시작할 때였고, 무료공유의 문제를 인지하고 있었다. 위의 편지는 이후 마이크로소프트가 소프트웨어에 라이센스를 청구하는 방법을 통해 회사를 이끈 전략의 시초를 보여준다.

몇 년 후, 마이크로소프트는 자사 제품을 결합하는 시스템을 개발했다. 1989년 8월, 인기 어플리케이션인 워드, 엑셀, 파워포인트를 통합한 마이크로소프트 오피스를 도입했다. 마이크로소프트 오피스는 수백만 대의 데스크탑에 설치되었고 많은 전문가들이 비즈니스 소프트웨어로 선택해왔다.

수익모델

네트워크

구조

프로세스

마이크로소프트는 인기 어플리케이션을 함께 묶어 판매함으로써 각각의 제품을 따로 구입할 때보다 싼 값에 제공했다.

마이크로소프트의 사용자 연구 스튜디오는 등록된 고객으로부터 매일 데이터를 수집한다. 이러한 자료는 자주 발생하는 에러와 문제점을 확인하고 수정할 수 있도록 하여 저비용으로 점진적인 발전을 이끌어내는 데 도움이 된다.

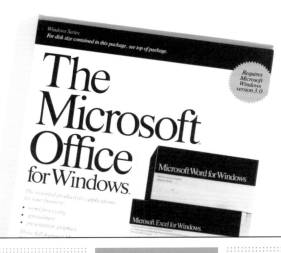 

제품성능	제품시스템	서비스	채널	브랜드	고객참여

워드, 엑셀, 파워포인트를 포함한
마이크로소프트 오피스는 윈도우
와 매킨토시 두 운영체제에서 호
환될 수 있도록 만들어진 데스크
탑 어플리케이션이다.

1990년대에 들어 마이크로소프
트는 인터넷 부흥에 발맞춰 변화
를 모색했다. 예를 들어, 오피스
는 웹에 호환이 되도록 디자인되
었으며 자동 업그레이드와 제3자
추가 기능이 포함되었다.

맥도날드 MCDONALD'S
편의식품 시스템을 발명하다

레이 크록Ray Kroc은 믹서를 팔기 위해 샌 버너디노San Bernardino에 위치한 레스토랑을 방문했다. 이 레스토랑은 형제가 운영하고 있었으며 이 날 크록은 처음으로 딕Dick과 맥 맥도날드Mc McDonald 형제를 만났다. 제조비용이 파격적으로 줄어든 버거 음식점의 효율성과 이를 전국으로 프랜차이즈를 확장시킨다는 아이디어에 강한 인상을 받은 크록은 1959년 4월에 일리노이주 데스플레인즈Des Plaines에 첫 번째 맥도날드를 열었다. 그후 1959년에 100번째 식당을 위스콘신에 오픈했다.

크록은 맥도날드의 가맹점과 공급자의 관계를 갑을관계가 아니라 파트너 시스템으로 만들었다. 회사의 모토는 "나를 위한 사업이지만 혼자서 하는 사업은 아니다"In business for yourself, but not by yourself이다. 오늘날까지도 맥도날드는 모든 부동산을 사서 매장을 건설하여, 이를 매일같이 책임지고 레스토랑을 운영할 개인에게 임대한다. 이와 같은 방법으로 각 지역에서 성공하고자 하는 직원들의 헌신적 태도를 유지시킬 수 있었다. 2010년 말에는 기업의 80%에 해당하는 33,500개의 레스토랑이 프랜차이즈로 운영되었고 본사는 소수의 지점만 직접 운영하였다.

수익모델	**네트워크**	**구조**	**프로세스**

맥도날드는 땅을 사고 건물을 지어서 매달 기본 임대료나 매출액의 일정 비율을 임대료로 지불하는 가맹점주에게 레스토랑을 운영할 수 있게 한다. 또한 프랜차이즈는 그 달의 판매 성과에 따라 매달 로열티를 지불한다.

맥도날드는 음료부문에서 코카콜라와 글로벌 파트너십을 맺고 있다. 독자적 유통망으로는 마틴 브로워(Martin-Brower)와 골든 스테이트 푸드(Golen State Foods)와 같은 대기업과 파트너십을 맺었다. 이 기업들은 맥도날드의 모든 레스토랑에 테이블부터 일회용 케첩까지 일상적으로 필요한 제품을 제공한다.

1961년, 맥도날드는 레스토랑 경영을 가르치기 위해 햄버거 대학을 설립했다. 이후로 햄버거 대학은 8만 명 이상의 레스토랑 매니저, 중간 관리자, 가맹점주, 운영자를 배출했다.

맥도날드는 가맹점이 신메뉴를 개발하도록 격려한다. 만약 가맹점에서 개발한 메뉴가 인기를 끌면 다른 지점에서도 판매하게 된다. 허브 피터슨(Herb Peterson)이라는 가맹점주는 1971년 에그 맥머핀을 고안했고, 오늘날 맥도날드의 매출의 15%를 차지하는 아침 메뉴를 런칭하는 데 기여했다.

왼쪽: 햄버거 대학의 첫 번째 졸업장
아래: 첫 번째 햄버거 대학의 구조물이
세워진 일리노이주 엘크 그로브(Elk
Grove)의 외부 간판.

아래: 마틴브로워(Martin-brower)
는 맥도날드와 1956년에 사업을 시
작한 가장 큰 제품 배급사이다.

아래: 해피밀 박스 모양을 한 맥도날드 지점 사진.
텍사스 주 델라스에 위치해 있다.

제품성능	제품시스템	서비스	채널	브랜드	고객참여

맥도날드는 처음부터 통합적 혁신
의 일부로 브랜딩을 활용했다. 독
특한 건물의 디자인에서부터 황금
색 아치, 로날드 캐릭터, 햄버거
까지 맥도날드는 끊임없이 가족친
화적인 브랜드로 인식되도록 노력
했다.

렉서스 LEXUS
최고급 자동차의 경험을 발명하다

"최고에 도전하는 최고급 자동차를 만들 수 있는가?" 도요타의 회장인 이지 도요타EiJi Toyoda가 1983년에 회사의 간부들이 비밀리에 모인 이사회에서 던진 질문이다. "그렇습니다." 대답이 돌아왔다. 6년의 시간과 5억 달러가 투자된 후 고급 브랜드 렉서스가 출시됐고, 첫 모델로 LS400과 ES250을 선보였다.

새로운 최고급 자동차사업부는 복잡한 경쟁시장 속에서 돋보이기 위해 고객경험을 통한 차별화를 목표로 했다. 렉서스 서약Lexus Covenant은 "렉서스는 시작부터 올바르게 할 것이다"Lexus will do it right from the start라고 밝히면서 모든 자동차 딜러들이 이에 전념할 것을 약속했다. "렉서스는 산업 내에서 가장 좋은 딜러 네트워크를 가질 것이다. 렉서스는 모든 고객을 내 집을 방문한 손님처럼 대할 것이다." 이렇듯 렉서스는 고객 맞춤 서비스를 표방하며 설립되었다. 끈질긴 집중전략으로 1991년에 들어서 미국에서 벤츠와 BMW를 앞질러 최고로 잘 팔리는 수입 자동차가 되었다. 2000년부터 2010년까지 10년 동안 렉서스는 미국에서 가장 잘 팔리는 고급 자동차였다.

수익모델	네트워크	구조	프로세스

사업 첫 해, 수천 명이 렉서스 프랜차이즈에 관심을 보였지만 오직 121명의 딜러만이 선택되었다. 2012년까지도 허가 받은 딜러는 231명에 불과했다. 이로써 도요타는 딜러를 적절하게 지원하고 모든 딜러가 수익을 창출할 수 있도록 도울 수 있다.

왼쪽: 판매와 서비스, 본사 지원 부문에 있어 뛰어난 성과를 보인 딜러에게 주어지는 특별상인 렉서스 엘리트 트로피 (The Elite of Lexus Trophy)이다.

아래: 브리티시 콜롬비아주 리치몬드에 위치한 오픈로드 렉서스 카페이다. 카푸치노 바와 무선 인터넷, 위성 TV서비스를 갖추고 있다.

아래: 사우스 캐롤라이나 주에 위치한 짐 허드슨 (Jim Hudson) 렉서스 대리점의 방문객은 쇼룸에 제공된 공간을 집과 사무실처럼 사용할 수 있다.

제품성능	제품시스템	서비스	채널	브랜드	고객참여

엔진의 조용함이 성능요소로 강조되었다. 엔진이 최대로 가동될 때 렉서스 자동차의 후드 위에 놓은 샴페인잔 피라미드가 여전히 균형을 이루고 있는 모습을 보여주는 1990년 광고는 이를 잘 나타냈다.

자동차 수리가 고객의 주요 불만 사항임을 인식한 렉서스는 '진단 전문가'들이 고객에게 차량 상태를 설명하도록 했다. 자동차가 수리되는 동안 지급되는 대체차도 중형 자동차 이상의 렉서스였다. 수리된 차량은 주인에게 돌아가기 전에 깨끗하게 세차되었다.

"모든 고객을 내 집에 방문한 손님같이"라는 회사 슬로건에 따라 렉서스 대리점은 기본적으로 카푸치노 바, 부티크, 미디어 센터를 갖추고 있다.

CHAPTER 14

숫자의 힘 STRENGTH IN NUMBERS
다양한 유형이 조합된 혁신이 더 나은 수익을 창출한다

어린 아이들은 단순한 음악을 좋아한다. *생일 축하합니다. 반짝 반짝 작은 별. 저어라 저어라 저어라 네 조각배를.* 한 번에 한 음계를 치는 일정한 운율의 멜로디의 곡이다.

이것은 **단순한 혁신**과 같다. 단순한 혁신은 1~2개의 혁신 유형을 사용하는데, 모든 기업들은 단순한 혁신을 하고자 한다. 이미 알려진 것에 대해 지속적으로 개선을 하지 못하는 것은 실패로 향하는 가장 확실한 방법 중 하나다. 불행히도 많은 기업들이 단순한 혁신만 한다. 오늘날의 경쟁 시장에서 단순한 혁신으로 장기적인 성공을 하기 위해서는 부족한 점이 아주 많다. 단순한 혁신으로는 경쟁자보다 앞설 수 있을지는 몰라도 고객을 열광시키는 회사, 브랜드, 플랫폼을 창조할 수는 없다.

나이를 먹을수록 사람들은 정교한 음악을 좋아한다. 어느 순간부터 코드와 하모니, 복잡한 리듬, 당김음, 테마, 변주곡을 즐기는 방법을 배우게 된다. 이와 같이 시장이 성장하고 복잡해질수록 다양한 유형이 우아하게 결합된 **정교한 혁신**이 필요하다. 이러한 혁신은 기업 내부 경계와 부서를 뛰어 넘어 일할 것을 요구한다. 추가적인 복잡함을 초래하는 도전과제인 셈이다. 이를 헤쳐 나가기 위해서는 2가지 요소가 필요하다. 첫 번째는 문제해결에 필요한 재능과 지식을 갖춘 전문 분야 협력팀이고 두 번째는 직원들에게 호기심, 자신감, 용기를 가지고 문제를 해결하는 방법을 알려주는 시스템이다.

물론 정교한 혁신은 성공하기가 훨씬 어렵다. 정교한 혁신이 단순한 혁신보다 장기적으로 넓은 범위를 개발해야 하기 때문이다. 하지만 이러한 혁신을 한번 시작하면 고객을 기쁘게 하기 쉽고 동시에 경쟁자들을 혼란에 빠뜨릴 수 있다. 이러한 혁신으로 경쟁자들이 따라 오기 전까지 몇 년 동안 성공을 누릴 수 있다. 혁신의 선도기업으로 추앙받는 대부분의 기업들은 일상적으로 복합적인 혁신 유형을 사용하여 평범한 기업들을 쉽게 앞지른다. 다음 페이지에서 더 자세히 살펴보자.

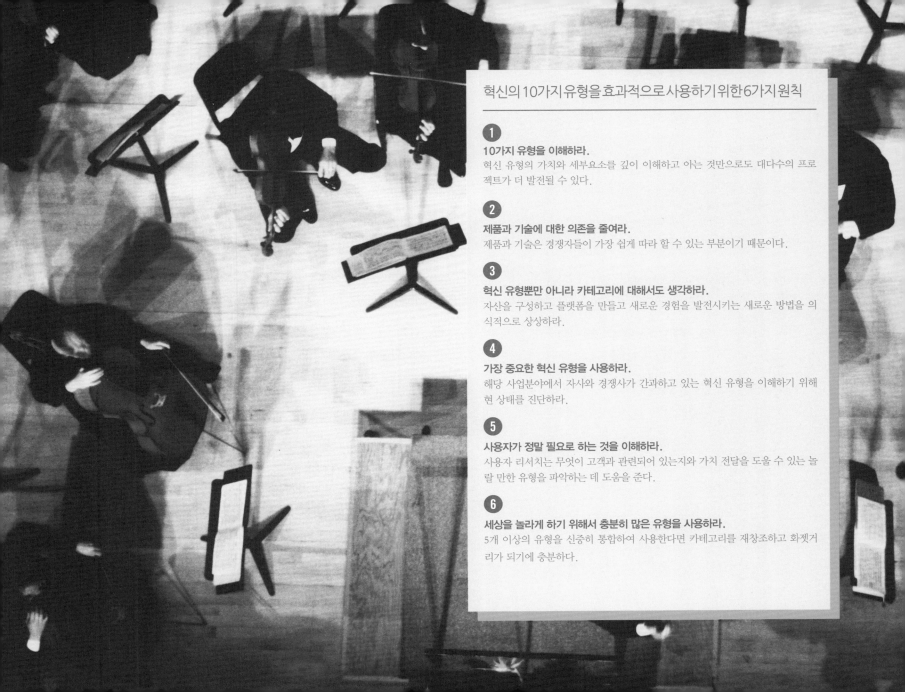

혁신의 10가지 유형을 효과적으로 사용하기 위한 6가지 원칙

1

10가지 유형을 이해하라.

혁신 유형의 가치와 세부요소를 깊이 이해하고 아는 것만으로도 대다수의 프로젝트가 더 발전될 수 있다.

2

제품과 기술에 대한 의존을 줄여라.

제품과 기술은 경쟁자들이 가장 쉽게 따라 할 수 있는 부분이기 때문이다.

3

혁신 유형뿐만 아니라 카테고리에 대해서도 생각하라.

자산을 구성하고 플랫폼을 만들고 새로운 경험을 발전시키는 새로운 방법을 의식적으로 상상하라.

4

가장 중요한 혁신 유형을 사용하라.

해당 사업분야에서 자사와 경쟁사가 간과하고 있는 혁신 유형을 이해하기 위해 현 상태를 진단하라.

5

사용자가 정말 필요로 하는 것을 이해하라.

사용자 리서치는 무엇이 고객과 관련되어 있는지와 가치 전달을 도울 수 있는 놀랄 만한 유형을 파악하는 데 도움을 준다.

6

세상을 놀라게 하기 위해서 충분히 많은 유형을 사용하라.

5개 이상의 유형을 신중히 통합하여 사용한다면 카테고리를 재창조하고 화젯거리가 되기에 충분하다.

숫자로 보는 혁신가 분석
INNOVATOR ANALYSIS BY THE NUMBERS

2011년에 두 기업을 통해 10가지 유형에 대한 상세한 분석을 진행했다. '일반적인 혁신가'들로 구성되어 있는 첫 번째 기업과 '최상위 혁신가'로 구성된 두 번째 기업을 비교했다.[1] 각 기업에서 특정한 제품과 서비스를 선택했다.[2] 그리고 제품과 서비스의 생산 및 배송에 사용된 모든 혁신 유형을 평가하면서 10 가지 유형 프레임워크에 따라 분석했다.

각 기업이 사용한 혁신 유형 개수의 평균을 구하기 위해 각 기업의 분석 결과를 종합해 보았다.

먼저 일반적인 혁신가를 보라. 아래의 차트에서 볼 수 있듯이 이 기업은 적은 수의 유형을 사용하는 경향이 있으며 단순한 혁신을 제공하는 쪽에 몰려 있다.

일반적인 혁신가가 사용한 혁신 유형의 개수

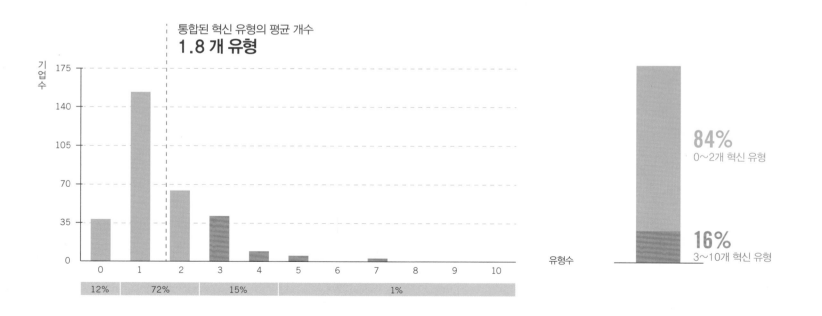

성공적인 제품을 꾸준히 선보인 최상위 혁신가의 데이터와 위 결과를 비교해 보라. 최상위 혁신가는 일반적인 혁신가보다 혁신 유형을 2배 더 많이 통합했다. 그렇게 함으로써 이 기업은 더 튼튼하고 모방하기 어려운 가치를 창조해 냈다.

1 '일반적인 혁신가'는 2009~2011년 사이에 혁신을 발표한 기업으로 저널과 소셜미디어로부터 추출된 자료로 선정되었다. '최상위 혁신가'는 〈비즈니스위크〉, 〈패스트컴퍼니〉, 〈포브즈〉, 〈테크놀로지리뷰〉에서 선정한 세계에서 가장 혁신적인 기업 리스트에 따라 선정되었다.
2 애플 같은 기업에서는 얼마나 많은 수의 혁신을 사용했는지를 묻는 것 자체가 실수이다. 분석은 반드시 핵심을 담고 있어야 의미가 있다. 핵심 제품을 전체적으로 충분히 분석한다면 성공적인 플랫폼은 몇 개의 혁신 유형을 활용했는지 일반화할 수 있을 것이다.

최상위 혁신가가 사용한 혁신 유형의 개수

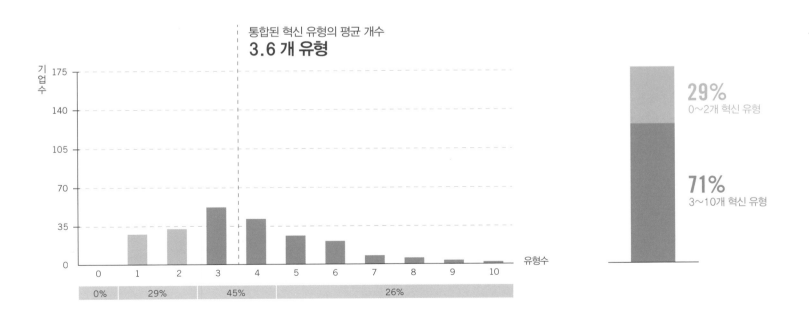

최상위 혁신가 그룹은 S&P 500에 상장된 일반 기업에 비해 눈에 띄게 탁월한 성과를 보여준다.

더 많은 유형의 혁신을 통합하면 보다 뛰어난 재무적 성과를 거둘 수 있다.

숫자로 보는 최상위 혁신가 그룹의 성과 TOP INNOVATOR PERFORMANCE BY THE NUMBERS

이 차트는 혁신 유형을 1~2개, 2~3개, 5개 이상 사용한 최상위 혁신가 기업과 상장사에 대한 자세한 분석을 나타낸다. S&P 500을 기준으로 이 기업들의 5년 이상에 걸친 성과를 차트화하였다.

물론 혁신만이 이 기업들의 높은 성과에 기여했다고 할 수는 없다. 하지만 혁신이 기업의 미래가치를 높임으로써 기업 가치를 제고했다는 점은 확실하다.

15년 이상 분석하고 사용해 본 결과에 따르면,
기업이 계속해서 안정적으로 혁신하기 위해서는 제품
그 이상을 봐야 한다. 혁신의 10가지 유형이 복합적으로
활용될 때 더 크고 안정적인 성공이 보장된다.

'혁신의 발견'(Spot the Innovation) 게임을 통해 직접
혁신을 찾는 연습을 해 보자. 다양한 지역과 산업에서
발췌한 여러 사례를 살펴보고 어떤 유형의 혁신이
사용되었는지를 찾는 것이다. 그럼 이제 하나 하나
분석하기 위해 다음 페이지로 넘어 가자.

혁신을 발견하라
진저 호텔 GINGER HOTELS

진저 호텔은 인도계 호텔 기업인 리미티드Limited의 자회사로 호화 호텔의 비싼 요금이 부담스러운 하루 약 3,400만 명의 인도인 관광객을 타겟으로 만들어진 호텔 체인이다. 진저는 고인이 된 전략 컨설턴트 프라할라드C. K. Prahalad에 의해 '스마트 베이직'Smart Basics이라는 컨셉으로 개발되었다.[3] 예산이 한정된 비즈니스 여행객에게 다양한 종류의 서비스를 제공하도록 특별히 고안된 것이다. 서비스에는 인터넷 예약과 온라인 서비스인 '라이브 레이트'live rates가 있다. 라이브 레이트는 이용가능한 요금을 당일에 조회할 수 있는 서비스이다.

진저 호텔은 호화 서비스보다는 기본적인 편안함과 합리적인 가격에 신경을 더 쓰는 비즈니스 여행객을 타겟으로 한다. 카우시크 무커지Kaushik Mukerjee가 발표했듯 진저의 자산은 동급의 다른 호텔보다 훨씬 적은 인력

을 활용해서 객실당 관리비를 낮춘 것이다.[4] 또한 숙박객에게 꼭 필요한 물품은 포함하되, 불필요한 서비스는 제외되어 있다.

무커지는 "자판기, 체크인 키오스크, ATM, 와이파이 연결 등이 고객에게 좋은 가치를 제공하면서도 서비스 비용을 낮추는 데 도움이 된다"라고 말한다. 또 세탁이나 음식과 같은 추가적인 편의시설은 져시 페브릭케어Jyothy Fabricare나 카페 커피 데이Cafe Coffee Day 같은 파트너에게 아웃소싱한다. 무커지는 "이는 가격–성능 비율price-performance ratio을 더 강화하는 요소이다"라고 덧붙여 설명한다. 자동 결제 기기나 웹을 통한 체크인, 혹은 '중앙 예약 시스템'은 현장에서 필요한 직원의 수를 줄여준다. 현장에 있는 소수의 직원들은 효과적으로 브랜드를 대표할 수 있도록 훈련된다.

3 이 주제에 대해 더 알고 싶다면 프라할라드의 선구적인 저서, 「The Fortune at the Bottom of the Pyramid」를 보라.

4 무커지의 "Innovation Holds the Key"는 2009년 9월에 인디언 메니지먼트(Indian Management)사에서 출판되었다. Http://tentyp.es/tas6qB

어떻게 했을까?
진저 호텔 GINGER HOTELS

구성과 경험 카테고리를 모두 혁신함으로써 진저는 기존의 대부분 호텔 산업에서 간과했던 새로운 고객층에게 어필할 수 있었다. 진저가 사용한 혁신 유형을 모두 발견했는가?

수익모델	네트워크	구조	프로세스	제품성능	제품시스템	서비스	채널	브랜드	고객참여

구성 · 제품과 서비스 · 경험

네트워크

진저 호텔과 카페 커피 데이의 파트너십은 호텔 내의 소매업이 가능하도록 했다. 진저는 지역 내 레스토랑의 배달 메뉴를 가지고 있어 고객이 배달음식을 주문할 수도 있다.

구조

무커지가 밝혔듯이(이전 페이지의 링크를 확인하라.) 일반적인 비즈니스 호텔에서 객실수와 인력의 비율은 1:3인 반면, 진저는 1:0.360이다. 이는 설비 관리와 세탁, 식음료 제공과 같은 서비스를 아웃소싱하고 최소한의 직원으로 관리하기 때문이다.

제품성능

진저는 '스마트 베이직' 개념을 지지한다. 전략가 프라할라드의 '저소득층'(Bottom of the Pyramid) 조언에 따라 합리적인 가격을 중시하는 고객을 위한 호텔을 만들었다.

서비스

자판기와 체크인 키오스크 같은 셀프 서비스 시설은 고객이 직원의 도움 없이 스스로 서비스할 수 있도록 도왔다.

브랜드

진저의 브랜드는 좋은 장소에 합리적인 가격으로 묵을 수 있다는 간결하고 일관성 있는 이미지를 가지고 있다.

혁신을 발견하라

델 DELL

1990년대 중반, 델은 현명한 행보로 개인 컴퓨터 산업계의 총아이자 업계 전체의 영웅이 되었다. 특히 PC가 조립되거나 선적되기 전에 돈을 받고 자체 재고를 대폭 줄여서 PC 산업계의 대혁명을 일으켰다.

델은 비즈니스 모델을 효과적으로 만들기 위해, 예측가능한 구매 패턴과 낮은 서비스 비용을 보이는 장기적인 기업고객을 목표로 삼았다. 델은 고객별로 세분화된 인트라넷 웹사이트를 개발했다. 또 최신 제품의 경우 첫 구매 고객보다 기술적 지원을 덜 필요로 하는 두 번째 구매 고객이나 신용카드로 구매하는 고객을 목표로 하여 판매하였다. 이러한 채널은 전통적인 오프라인 매장을 운영하는 것보다 현저히 적은 관리비용으로 운영되었다.

매주 진행되는 '리드 타임 미팅'Lead-Time Meeting을 통하여 임원들은 제품 수요와 공급을 예측하고 팔리지 않는 재고상품을 없애도록 하였다. 반면에 영업직원들은 어떤 컴퓨터 부품과 구성요소가 당장 사용가능한지 확인할 수 있었고, "가진 것을 판매하라"Sell what you have라는 새로운 내부 지침에 의해 자율권을 부여 받았다.

온라인 판매와 주문 후 조립되는 방식을 활용하여 델은 공급자에 대한 대금 결재와 소비자의 구매대금 결재의 기간인 '현금 전환 사이클'Cash conversion cycle을 획기적으로 줄였다. 델의 초창기인 1994년 회계연도의 경우 28억 달러의 매출을, 1998년에는 123억 달러의 매출을 기록했다.

어떻게 했을까?
델 DELL

델은 프레임워크의 구성 카테고리 내에서 광범위하게 혁신하였고, 신선한 아이디어를 제공하여 새로운 방식의 채널과 서비스에서 혁신하였다. 여기 델의 혁신 유형에 대한 분석 자료가 있다. 모두 이해하였는가?

수익모델	네트워크	구조	프로세스	제품성능	제품시스템	서비스	채널	브랜드	고객참여

| 구성 | 제품과 서비스 | 경험 |

수익모델

델의 짧은 '현금 전환 사이클'은 공급업체에 대금을 지불하기 전에 고객으로부터 빨리 현금을 회수하는 것을 뜻한다 (이자 수익도 빠르게 얻을 수 있다). 이러한 새로운 아이디어는 운전자본을 극적으로 줄였고 PC 산업의 역학을 뒤바꿨다.

프로세스

델은 수요와 공급이 일별, 주별, 월별로 일치되도록 노력했다. 모든 PC가 스펙에 따라 조립되었기 때문에 델은 판매되지 않은 재고품이 문제가 되는 상황을 피할 수 있었다.

서비스

델은 24시간 연중무휴 전화 주문 및 기술지원을 최초로 도입했다. 주요 서비스의 대부분은 주요 기업 거래처에 맞춰져 있었다. 덕분에 대기업은 신입사원을 고용한 후 델로부터 필요한 기술을 지원받았다.

채널

델은 오프라인 매장보다 온라인 위주로 컴퓨터를 판매하면서 중간상을 줄이고 잉여현금을 활용할 수 있었다. 또한 고객별로 세분화된 인트라넷 웹사이트는 기업고객에게 도움을 주었다.

네트워크

델은 구매의 80%를 차지하는 100개 이하의 공급업체에 집중했다. 공급업체 선택에 있어서 가장 중요한 요소는 품질, 서비스 그리고 유연성이었다.

혁신을 발견하라
페덱스 FEDEX

프레데릭 스미스Frederick W. Smith는 기존의 항공 화물선적 시스템이 운송을 빨리 해야 하는 화물에는 비효율적이라는 것을 발견하고 페덱스를 창립했다. 프레데릭은 이 문제를 해결할 수 있기를 바라며 1971년 회사 운영을 시작했다. 1973년 4월 17일, 페덱스가 서비스를 시작한 첫 밤에 14대의 항공기가 멤피스 국제 공항에서 이륙했고 186개의 수화물을 미국 전역의 25개 도시에 하룻밤 만에 운반했다. 페덱스는 1975년 7월 전까지는 수익을 내지 못했다. 그렇지만 배송이 시급한 제품을 위한 운송수단이 되었다. 기업들과 몇몇 고객들은 빠른 배송을 보장받기 위해 기꺼이 고가의 요금을 지불했다.

그 이후로 페덱스는 빠른 화물 운송의 동의어가 되었다. 프로세스와 서비스에 대한 투자는 고객이 매 순간 수화물의 배송 단계와 수단을 추적할 수 있

도록 코스모스COSMOS; Customer Operations Service Master Online System로 알려진 중앙 컴퓨터 시스템의 개발로 이어졌다.

페덱스의 타겟은 안정성을 중시하는 비즈니스 고객이었다. 고객들은 페덱스의 화물 항공기 함대세계에서 가장 크다. 덕분에 수화물이 원하는 시간에 좋은 상태로 도착할 거라는 확신이 있었다. 또한 페덱스는 수화물 상세 정보를 파악하기 위해 핸드 스캐너를 사용하는 직원과 수화물의 상황을 온라인으로 추적하는 고객 모두를 위해 각기 다른 서비스를 개발했다. 최근에는 고객들이 온도, 지역, 햇빛 노출 정도에 관한 정보까지 실시간으로 추적할 수 있도록 하는 서비스인 센스어웨어SenseAware를 개발했다.

어떻게 했을까?
페덱스 FEDEX

페덱스는 다양한 유형의 혁신을 비즈니스 전반에 걸쳐 통합하면서 프레임워크를 넘나들며 혁신했다. 이를 통해 페덱스의 수화물 운송 서비스는 고객이 인식하는 가치의 질을 높이고 서비스를 신속히 처리하는 방향으로 기술을 활용할 수 있었다.

수익모델	네트워크	구조	프로세스	제품성능	제품시스템	서비스	채널	브랜드	고객참여
		구성			제품과 서비스			경험	

수익모델
페덱스의 창립자이자 CEO인 프레데릭 스미스는 시간에 민감한 수화물을 효율적으로 운송하는 서비스에 고가의 비용을 기꺼이 지불하는 고객이 있을 것이라 확신했다.

프로세스
1978년 페덱스는 자동화된 고객 서비스를 최초로 시작했고, 자사의 'JIT'(just in time) 글로벌 비즈니스를 지속해 나갔다. 휴대용 스캐너는 1986년에 표준화되었으며 1994년에는 온라인 선박관리 시스템이 도입되었다.

제품성능
페덱스는 어떤 고객 행동이 배송 실패나 지연으로 이어지는지 학습했다. 페덱스는 이렇게 학습한 데이터를 통해 포장, 온라인 인터페이스를 단순화하여 고객들이 서비스를 쉽게 이용할 수 있도록 하였다.

서비스
페덱스는 최고 수준의 추적 서비스를 만들어서 "반드시, 확실히 하룻밤 사이에 도착해야 한다"[4]는 말을 지키고자 했다. 또한 수화물이 잘 배송되고 있는지 고객이 모니터링할 수 있게 했다. 한편 센스어웨어 시스템은 웹 기반의 응용프로그램과 다중 센서 장치를 이용하여 고객이 실시간으로 선적상태를 확인할 수 있도록 했다.

채널
2004년 초반에 페덱스는 킨코스(Kinkos)를 인수했다. 이러한 채널 확장으로 고객들이 소포를 준비하고 포장하고 부칠 수 있는 소매점의 수가 획기적으로 늘어났다.

4 페덱스의 경영진은 대다수의 고객이 자신의 수화물 상태를 확인하고자 콜센터에 연락한다는 것을 깨달았다. 그래서 추적 서비스에 투자 비중을 높이기로 결정했다. 거의 모든 경우에 운송이 잘 완료되었고, 그렇지 않은 경우 수화물이 우편실이나 복도 어딘가에서 놓여 있었다. 페덱스는 고객이 이 사실을 스스로 확인할 수 있게 함으로써 콜센터 확장에 써야 했을 수 억만 달러를 아낄 수 있었다.

혁신을 발견하라
레고 LEGO

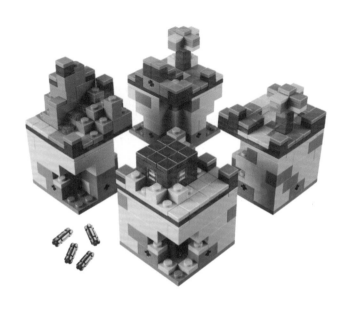

올레 키르크 크리스티안센Ole Kirk Kristiansen은 1932년에 레고 그룹을 창립했다. 덴마크 단어 '레그'leg와 '고트'godt를 조합해 "즐겁게 논다"는 뜻을 지닌 레고LEGO라고 이름지었다. 레고의 독특한 플라스틱 블록은 1958년에 특허를 취득했다. 오늘날 레고는 4,200개에 달하는 종류와 58개의 색상을 자랑하며, 9,000개 이상의 조합을 만들 수 있다. 2011년에는 360억 개 이상의 레고가 만들어졌다.

이제 레고는 블록 그 이상이다. 지난 수 년 동안 40억 개가량의 '미니 피규어'가 생산되었다. 또한 경영진은 아이패드나 비디오 게임 같은 기술 제품과 새롭게 경쟁하기 위해 〈인디아나 존스〉나 〈반지의 제왕〉과 같은 유명 프랜차이즈와 라이센싱 계약을 맺었다. 레고는 매출에 대해 구체적으로 밝히지 않았다. 하지만 2011년 최고경영자Chief executive의 발표에 따르면 〈스타워즈〉나 〈해리포터〉 같은 라이센스 계약을 맺은 제품의 판매량은 '상당히 기대 이상'이라고 했다.

레고는 성인을 겨냥한 제품으로 프랭크 로이드 라이트Frank Lloyd Wright의 건축물인 낙수장Falliing Water과 뉴욕 시의 구겐하임 미술관Guggenheim museum 같은 정교한 버전을 포함한 고가 레고 세트를 추가로 출시했다. 레고는 메사추세츠 공대 미디어랩MIT Meia Lab의 기술진들과 오랜 시간 협력한 결과, 레고 마인드스톰LEGO MINDSTORMS이라는 새로운 로봇 조립 키트를 발매하여 기술 게임에 진출하였다. 또한 비디오 게임과 DVD 제품 발매를 시작하였다. 이 중 일부는 베스트셀러가 되어 결과적으로는 이미 성공한 것으로 보인다. 2011년 레고의 수익은 17%가량 증가하여 덴마크 화폐로 187억 크로너약 30억 달러를 기록했다.

어떻게 했을까?
레고 LEGO

레고 그룹이 자사제품을 이용하여 어떻게 플랫폼을 형성하는지 살펴보자. 대형 영화사와의 협업을 통해 어린이와 성인 모두를 위한 비즈니스로 확장할 수 있는 방법을 창의적으로 고안해왔다.

수익모델	네트워크	구조	프로세스	제품성능	제품시스템	서비스	채널	브랜드	고객참여
	구성			제품과 서비스		경험			

네트워크

레고 그룹은 대형 영화사와 라이센싱 계약을 맺었다. 이로써 〈스타워즈〉나 〈반지의 제왕〉에 등장하는 상징적인 캐릭터를 장난감 세트로 만들 수 있었다.

제품시스템

오늘날 판매되는 레고 블록은 1958년에 처음 특허를 받고 발매된 플라스틱 블록과도 호환성이 있다. 이는 독특하게 오랫동안 지속적인 제품시스템을 의미한다. 레고사는 레고 마인드스톰이라는 브랜드로 상당히 높은 평가를 받고 있는 로봇공학 조립 키트를 스페셜 라인으로 생산하고 있다.

채널

온라인 사이트에서는 고가의 레고 세트인 르 코르뷔지에(Le Corbusier)가 디자인한 발라 사보아(Vila Savoye)나 스타워즈의 죽음의 별(the Death Star)을 300달러에 판매하고 있다. 토이저러스(Toys"R"Us)와 타겟(Target) 같은 대형 소매업체가 레고의 조립식 완구 핵심 라인을 유통하고 있는 한편, 특수 아이템은 레고의 전문 소매업체와 소비자 직판 채널을 통해서만 제공된다.

고객참여

레고랜드 빌룬드(Billund)는 1968년에 개장된 후 곧 덴마크의 관광명소가 되었다. 2012년에 말레이시아에 여섯 번째 레고파크가 개장되었다. 말레이시아 레고파크는 현재 레고 그룹의 라이센스를 취득한 멀린 엔터테인먼트(Merlin Entertainments) 그룹이 소유하여 운영하고 있다.

혁신을 발견하라
메소드 METHOD

메소드는 두 룸메이트가 공동 창업한 기업으로, 2000년에 샌프란시스코에서 설립되었다. 브랜딩 전문가인 에릭 라이언Eric Ryan은 기후 과학자였던 애덤 로리Adam Lowry와 함께 무독성 친환경 가정용품을 만들기 위한 팀을 구성했다. 메소드의 다양한 제품은 전세계에 걸쳐 타겟Target, 홀푸드Whole Foods, 크로거Kroger를 포함한 4만 개 이상의 소매상에서 판매되고 있다. 2012년 메소드는 '세계에서 가장 큰 친환경 청소용품green cleaning 기업'을 만들고자 하는 유럽 친환경 세제의 선두주자인 에코버Ecover에 인수되었다.

지속가능성과 환경보호를 강조하고 있는 메소드는 사용되는 병 용기의 대부분을 100% 소비자 재활용 플라스틱으로 만든다. 메소드 자체적으로도 '요람에서 요람까지'Cradle to Cradle를 표방하면서 60개 이상의 제품이 C2C 친환경 인증을 받았다.

메소드는 내부적으로도 환경보호를 실천하고 있다. 탄소 배출을 최소화하고, 친환경 매장 인증LEED을 받은 사무실에서 일하며 동물에게도 제품 테스트를 하지 않는다.

또한 메소드는 세척 기능뿐 아니라 더 많은 것을 상징하는 기업으로 브랜드를 혁신했다. 메소드의 패키징은 환경친화적일 뿐 아니라 색감도 화려하고 주방과도 조화를 이루었다. 또한 메소드는 선두적인 홈데코 제품과 디자인 블로그를 통해 인기를 끌고 있으며 '더러움에 맞서는 사람들'People Against Dirty로 알려진 자체 커뮤니티 사이트를 운영한다.

어떻게 했을까?
메소드 METHOD

메소드는 혁신의 10가지 유형 중 오른쪽 유형의 혁신을 중심으로 설립되었다. 고객참여 혁신과 브랜드 혁신을 통해 기발하고 재치 있지만, 신뢰성 높은 제품의 이미지로 자리매김했다. 아래는 메소드의 혁신 유형 분석이다.

수익모델	네트워크	구조	프로세스	제품성능	제품시스템	서비스	채널	브랜드	고객참여
	구성			제품과 서비스			경험		

구조

메소드는 신속하고 유연한 생산 프로세스를 위해 50개 이상의 별도의 하청업체에 생산을 의뢰한다.

프로세스

메소드는 '그린소싱'(greensourcing) 프로세스를 통해 제조업체와 공급업체들과 협력하며 제품공정이 환경에 미치는 영향을 추적한다. 이 과정을 통하여 물, 에너지, 제조 프로세스의 자재 효율을 개선하는 최선의 방법을 찾는다.

제품성능

메소드의 제품은 세균과 때를 제거한다. 또한 인체에 무해한 화학물질과 제조 방법으로 안전하게 만들어진다. 회사에서 만든 '사전예방 규칙'에 따라, 재료의 성분이 조금이라도 안전에 문제가 생길 가능성이 있으면 절대로 그 재료는 사용하지 않는다.

브랜드

메소드의 패키징은 산업 디자이너 카림 라시드(Karim Rahid)가 최초로 디자인하였으며 눈에 띄기 쉽게 밝고 화려한 색상을 사용했다. 메소드는 홈데코와 디자인 블로그 운영을 하면서 거대한 팬 집단을 만들었다. 그리고 자사의 병 제품은 홈데코에도 활용할 수 있다고 홍보했다.

고객참여

메소드사의 '더러움에 맞서는 사람들' 커뮤니티는 고객에 대한 혜택, 거래혜택, 신제품 초기 체험을 제공한다. 환경에 관심 있는 사람이면 누구든지 참여할 수 있으며 이를 통해 브랜드를 홍보했다. 이 전략은 메소드의 다른 브랜드 서약과 일치하며 잠재적 소비자와도 긴밀한 관계를 형성할 수 있게 한다.

더 크게 생각하고 더 과감해져라 THINK BIGGER. BE BOLDER

대부분의 기업들은 지속적으로 단지 제품을 꾸준히 개선하는 정도의 단순한 혁신에 의존한다. 하지만 새로운 시장을 개척하고 성장할 기회를 만들기 위해서는 좀 더 대담하고 획기적인 혁신에 도전해야 한다.

비즈니스와 혁신을 위해 항상 미래의 커다란 흐름과 프레임에 관심을 기울여라. 경쟁심을 유발하고 기업의 변화를 이끌어낼 수 있는 혁신을 디자인하기 위해서는 관련 산업, 현재는 물론 미래의 잠재적 고객과 사용자, 사회까지 넘나들 수 있는 커다란 패턴을 파악하고 비즈니스의 전환을 시도하라.

혁신의 개념을 정립하고 수행할 때는 획기적인 성공을 위해 필요한 최소한의 혁신 유형의 수를 생각하라. 한번에 모든 것을 하기가 어렵다면 계속해서 또 다른 유형을 추가하여 혁신하면 된다. 조기에 성공을 하기 위한 일에 집중하라. 이를 위해서 필요한 유형이 어떤 것인지를 알아내고 그 혁신을 어떻게 성장시키고 확장해나갈 것인지 고민하라.

PART THREE: IN SUMMARY

유형을 통합하라 WORK ACROSS

프레임워크로부터 최상의 결과를 얻기 위해서 10가지
유형을 현명하게 활용하는 2가지 방법을 기억하라.

1. 훌륭한 혁신은 제품에 그치지 않는다.
    프레임워크의 중심부분에 집중한 혁신은 효율적이지만
지속적인 성공을 하기에는 충분치 않다. 신제품은 쉽게
복제되어 경쟁자들에 의해 따라 잡힐 수 있다. 이때 '구
성'이나 '경험' 카테고리에서 혁신의 다른 유형을 함께 사
용한다면 타사가 쉽게 모방하지 못할 것이다.

2. 가장 강력한 혁신을 이루기 위해 다양한 유형을 통합하라.
    1~2가지 유형을 사용해서 혁신을 이루는 것도 가능하
다. 하지만 더 많은 유형을 통합한 혁신은 모방을 방지
하면서 더 나은 결과를 낳을 수 있다. 이미 실행 중인 유
형에 어떻게 2~3개의 유형을 추가할 수 있을지 생각해
본다면 새로운 가능성이 열리고 혁신 컨셉을 더욱 강화
할 것이다.

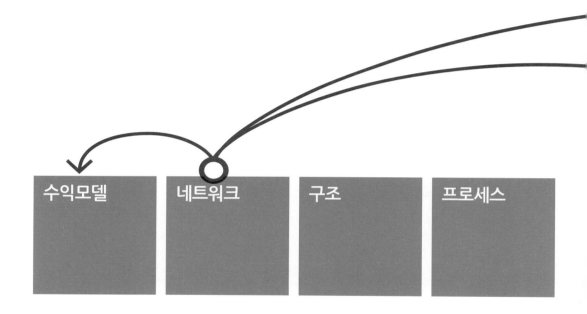

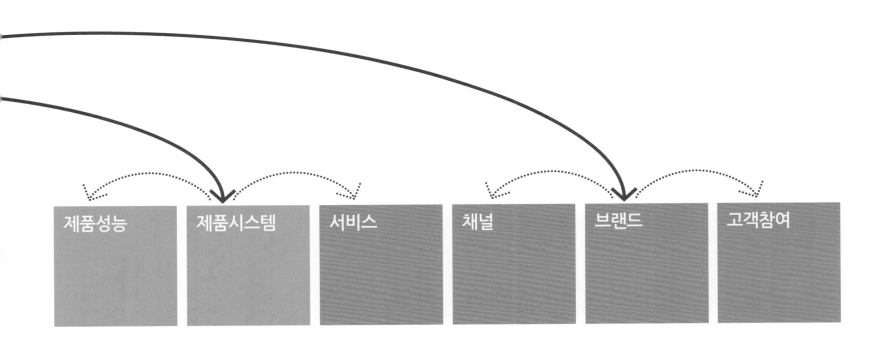

변화를
감지하라 SPOT THE SHIFTS

혁신을 하기 위해 필요한 조건들을 살펴보라
SEE THE CONDITIONS THAT BIRTH BREAKTHROUGHS

게임의 판도를 한번에 바꾸는 혁신은 갑자기 나타난 것처럼 느껴진다.
하지만 실제로는 큰 변화의 필요성을 알리는 조기 경보를 눈치채고
그 기회를 붙잡아 혁신을 이루는 것이다.

CHAPTER 15

놓치고 있는 것을 주목하라 MIND THE GAP
간과하고 있는 점을 발견하라

혁신을 위해 아무리 많은 노력을 기울인다 해도 대부분 좋은 성과를 얻기 힘들다. 개발팀이 아무리 좋은 아이디어를 제시해도 대부분의 기업은 이를 실행하지 못한다. 적절한 의도와 최선의 노력에도 불구하고 프로젝트는 실행되지 않는다. 결국 프로젝트와 연관된 직원은 난처한 상황에 처하게 되고, 이를 만회하기 위해 노력한다.

규칙으로서의 혁신은 평소와 정반대로 행동하는 것이다. 프로젝트가 실행되지 못했을 때 '실패의 원인이 무엇인가? 어딘가 성공할 수 있는 부분은 없었을까? 다음 번에는 어느 부분을 바꿔야 할까?' 등을 과학적으로 검증하라. 그리고 프로젝트가 성공했을 때 자신이 성공을 이끌었다는 자아도취에 빠지지 않도록 주의하라. 오히려 외적 요인이 작용했을 가능성이 크기 때문이다.

또한 과거에 프로젝트를 성공시켰던 방법이 미래의 작업에 영향을 미칠 수 있다. 과거 프로젝트를 살펴봄으로써 혁신 패턴을 이해할 수 있기 때문이다. 따라서 무엇을, 어떤 방법으로 행했는지 아는 것은 혁신을 규칙으로 만들기 위한 중요한 단계 중 하나이다.

혁신의 10가지 유형은 프로젝트를 실행할 때 놓칠 수 있는 잠재적 기회를 발견하는 데 도움이 된다.

모든 활동이 혁신은 아니다.

혁신의 10가지 유형은 모든 비즈니스에서 활용될 수 있다. 따라서 기업이나 조직이 혁신의 유형과 관련된 어떤 활동을 하고 있을 가능성이 높다. 하지만 '어떤 활동'이 반드시 혁신을 의미하는 것은 아니라는 점을 명심하라. 그 '어떤 활동'이란 지속적인 개선 혹은 단순한 일상 업무일지도 모른다. 따라서 활동의 목적을 정확히 파악하려면 모든 활동을 '활동 안 함'No activity, '모방me-too 활동', '차별화 활동' 등 세 종류로 분류해야 한다. 그리고 차별화 활동만이 혁신 활동이라고 할 수 있다.

분석은 플랫폼 수준에서 실행되어야 한다.

별개의 통합된 프로그램들을 분석하라. 기업 전체를 평가하는 것은 무의미하다. 따라서 애플의 혁신을 분석할 때 애플 전체를 이해하려 하지 말고, 아이튠즈에 초점을 맞춰 분석하라. 구글 전체를 검토하는 것이 아니라 구글서치 또는 구글독스에 집중하라. BMW그룹의 모든 전략을 검토하는 것보다 미니쿠퍼 전략에 대해 분석할 때 더 많은 것을 배울 수 있다.

산업의 관점에서 생각하라.

경쟁과 관련된 환경 분석을 하라. 경쟁 정도를 가늠할 때 기업의 위치를 파악할 필요가 있다. 혁신은 단순히 경쟁자와 다르게 활동하는 것을 의미하는 것이 아니다. 자사가 몇 년째 시장 선도기업을 뒤쫓는 후발기업이라고 생각해보라. 후발기업이 선도기업을 따라잡는 것은 좋지만 그것만으로는 의미 있는 성과를 낼 수 없다. 혁신이란, 전혀 새로운 가치를 창출하는 것을 의미한다.

분석은 제대로 되어야 한다.

분석을 할 때 다른 시간대를 사용해서는 안 된다. 예를 들어 한 기업이 몇 년 전에 새로운 혁신을 도입했다고 하더라도 경쟁업체가 따라 하거나 더 나은 방법을 사용하는 경우에는 그 혁신이 더 이상 가치가 없을 가능성이 높다. 오래된 혁신이 현재까지 진정한 차이나 경쟁우위를 가지고 있는 경우는 당연히 예외지만, 그런 경우는 드물다.

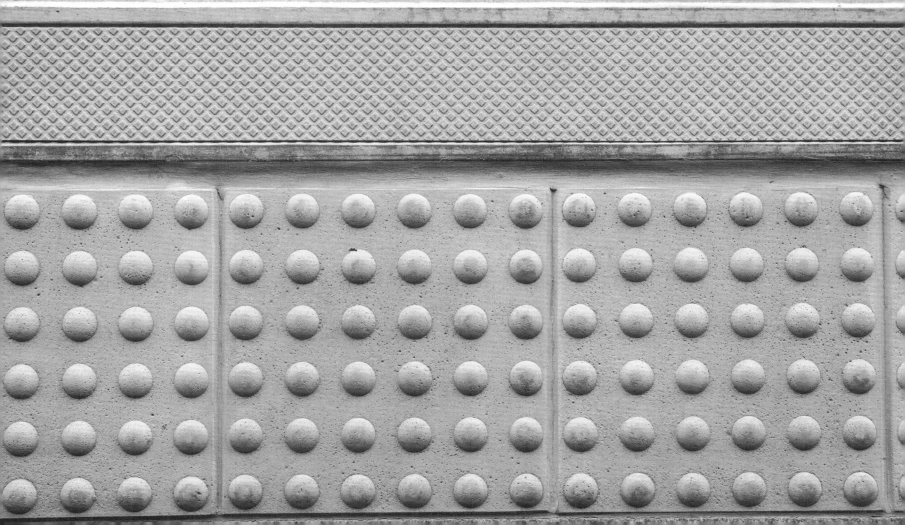

과거로부터 배워라 LEARN FROM THE PAST

혁신의 10가지 유형은 다양한 상황과 산업에 응용되어 왔다. 이론적으로 혁신 프레임워크를 활용하면 성공 또는 실패를 규명할 때 도움이 될 것이다. 혁신의 10가지 유형을 활용하여 무엇이 성공했고 무엇이 실패했는지를 검토함으로써 현재 일어나고 있는 일과 미래에 일어나서는 안 될 일 사이의 차이를 알 수 있다. 그리고 혁신의 10가지 유형은 개별 혁신 프로젝트에 직접적인 도움을 주기도 하고 비즈니스를 바라보는 리더의 접근방식에 변화를 일으킬 수도 있다.

가장 최근에 시도한 혁신 프로젝트를 생각해 보라. 어느 부분에 새로운 혁신 유형을 추가하면 유익할 것 같은가?

혁신이 성공한 사례는 어떤 패턴이 있는가? 실패한 사례는 어떤 패턴이 있는가?

조직에서 어떤 유형의 혁신을 잘 활용하고 있는가? 다른 유형의 혁신을 어떻게 도입하면 긍정적인 효과를 얻을 수 있는가?

다음에 소개할 내용은 한 기업의 제품라인 중에서 12가지를 실제로 분석한 사례이다. 투자 비용을 회수했는지 여부로 프로젝트 성패를 판정하고, 경영진이 그 패턴을 인식할 수 있도록 정리했다. 해당 기업은 어느 부분에서 성공했는가아니면 어느 부분에서 나쁜 성과를 내고 끝났는가를 숨기지 않고 나타냄으로써 자사가 어디에 집중적으로 몰두하고 있는지 확실히 인식했다. 2~3가지 혁신 유형만 사용하더라도 충분히 성공할 수 있다는 점도 눈여겨보기를 바란다. 하지만 여러 가지 혁신 유형을 조합할수록 성공할 가능성이 높아진다.

조직 내 10가지 혁신 유형

	수익모델	네트워크	구조	프로세스	제품성능	제품시스템	서비스	채널	브랜드	고객참여
성공한 계획										
이지안 Aegean					■					
마우 Mau		■	■	■	■	■				
링크스포인트 Lynxpoint		■		■	■	■			■	
봄베이 Bombay		■					■	■		■
렉스 Rex	■	■		■	■	■		■	■	■
샤르트르 Chartreux	■	■		■	■	■		■	■	■
실패한 계획										
자바니스 Javanese				■	■					
하이랜더 Highlander				■	■					
맹크스 Manx				■						
나폴레옹 Napoleon			■	■	■					
서배너 Savannah		■	■	■	■					
밥테일 Bobtail		■		■	■			■		

프레임워크 카테고리에서 여러 개의 혁신 유형을 선택하여 통합한 제품(고객에게 제공하는 제품 또는 서비스)은 그렇지 않은 제품에 비해 확실히 성공했다. 실패로 끝난 프로젝트에 활용된 유형은 프레임워크의 중앙에 집중되어 있다. 혁신 유형을 조합하고자 시도한 점은 훌륭하지만, 넓은 범위에 걸쳐 혁신 유형을 조합하지는 않았다. 10가지 혁신 유형은 성공을 보장하는 수단이 아니다. 그렇지만 여러 가지 사례를 통해 넓은 범위에 걸쳐 혁신 유형을 사용하는 것이 긍정적인 결과를 가져온다는 것을 알 수 있다.

CHAPTER 16

관습에 맞서라 CHALLENGE CONVENTION
경쟁자가 집중하고 있는 부분에서 차이점을 만들어라

"블록버스터는 레드박스Redbox나 넷플릭스Netflix를 경쟁상대라고 생각조차 하지 않는다." _ 블록버스터Blockbuster의 짐 키이스Jim Keyes CEO, 2008

모든 일을 항상 정확하게 예측하는 사람은 없다. 그리고 정확하게 예측하지 못한 사람을 비난하는 것도 옳지 않다. 예측은 종종 빗나가기도 하고, 세부 사항에서 틀리기 마련이다. 먼 미래에 관한 예측일 경우 불완전할 수밖에 없다. 하지만 혁신이나 통찰력은 꽤 놀라운 결과를 가져온 경우가 많이 있다. 블록버스터의 짐 키이스 CEO가 위와 같은 이야기를 한 후 겨우 3년 만인 2011년에 블록버스터는 파산하여 약 3억 2,000만 달러에 DISH 네트워크DISH Network에 매각되었다.

여기에 주목할 점이 있다. 블록버스터는 큰 그림을 놓치고 있다고 생각하지 않았다.[1] 오히려 CEO인 짐 키이스는 같은 인터뷰에서 향후 블록버스터가 대중매체 소매업 이상을 추구하는 대담한 전략을 제시했다. 사실 그는 어떻게 하면 더 많은 고객을 매장에 끌어들일 수 있는가만 고민했다. 하지만 점점 더 많은 고객이 제품 구매를 위해 집 밖으로 나가는 것을 귀찮아하고 있었다. 블록버스터가 결정적인 순간을 놓치고 있는 사이에 경쟁자는 이러한 고객의 변화를 감지하고 시장점유율을 높이기 위해 노력했다.

많은 산업분야에서 비논리적인 믿음들이 판치고 있다. 과거의 좋은 관례라고 여겨지던 것이 점차 일상적인 행동으로 굳어질 수 있다. 그리고 실제 고객에게 가장 좋을 수 있는 것이 익숙한 행동을 개선하려는 조직의 의도에 의해 너무나 자주 간과된다. 하지만 이때가 바로 혁신가들이 고객에게 더 새롭고 나은 방법을 제공할 수 있는 기회이다. 효과적인 혁신에 있어서 중요한 기량은 관습을 식별하여 체계적으로 도전하는 것이다.

일반적으로 파괴적인 혁신은 상식에 얽매이지 않은 사람들로부터 고안된다고 알려져 있다. 이들의 참신한 시선과 명석한 두뇌는 다른 사람들이 간과하는 기회를 포착할 때 확실히 유용하다. 현재 직장을 다니고 있는 사람은 기업에 위기를 가져올 수도 있지만 자사의 산업과 관련된 혁신 패턴을 깊게 이해하고 비즈니스를 재구성할 수도 있다. 도움이 될 만한 상세한 산업 관련 지식을 활용하라. 즉, 활성화시키고 싶은 트렌드나 패턴을 선택하고 빠르게 대응할 것들을 가려내야 한다. 경쟁사나 시장에 새로 진입한 기업과는 전혀 다른 형태로 혁신할 기회 즉, 경쟁사가 오른쪽으로 갈 때 왼쪽으로 갈 수 있는 기회를 찾아라. 이렇게 리더는 흐름을 타고 스스로 흐름을 만들면서 자신의 분야에서 미래를 형성해 나간다.

지금부터는 특정한 산업 내에서 발생하는 혁신의 수준을 시각화하고 평가하는 방법에 대해 설명하도록 하겠다.

[1] "DVD는 천천히 녹고 있는 빙하와 같다." 키이스는 '모틀리 풀'(Motley Fool)의 릭 아리스토틀 무나리즈(Rick Aristotle Munarriz)와의 인터뷰에서 이렇게 언급했다. http://tentyp.es/135t08i

산업혁신 분석의 중요성

THE IMPORTANCE OF INDUSTRY INNOVATION ANALYSIS

SWOT 분석이나 마이클 포터 교수의 산업구조분석모형 Five Forces Model과 같은 전통적인 분석 기술은 기존 업계, 기업 혹은 산업의 큰 그림을 그리는 데 유용하다. 이러한 분석 방법은 투자가능성이 높은 분야를 조명하고 현재 산업경계의 윤곽을 잡는 데 도움이 된다. 이러한 경계를 찾는 것이 혁신에 있어서 가장 중요한 출발점이다. 가치 있는 새로운 기회가 도사리고 있기 때문이다.

기존의 전통적인 분석방법은 거의 모든 사람들이 다룰 수 있지만, 혁신 패턴을 아주 정밀하게 분석할 수 있는 사람은 매우 드물다. 구체적으로 말하자면 어디에 투자할 것인가에 대한 현명한 선택을 위해서는 다른 사람들이 자원을 어디에 사용하는지 시각화하고 평가해야 한다. 그러면 기존의 패턴과 비교해 2배의 역량을 발휘할 수도 있고 새로운 방향으로 혁신할 기회를 찾을 수도 있을 것이다.

어느 산업의 혁신 분석방법이라도 이름 붙이기는 쉽지만, 막상 연구하고 해석할 때에는 신중하고 어려운 작업을 견뎌야 한다. 고객에게 무엇이 중요한지 이해해야 한다. 시장 내 주류 기업과 비주류 기업을 알기 위해 가까운 미래에 무엇이 실현가능한지에 대한 감각을 가지고 시장을 평가하라. 그러고 나서 이 양상이 어떻게 변하는지, 어떤 속도를 가지는지, 다른 경쟁자는 어떻게 대응하고 있는지 이해하라. 이러한 수준으로 혁신 패턴을 분석한다면 다음 단계로 나아갈 준비가 된 것이다.

분석의 틀을 만들기 위해서 혁신의 10가지 유형을 진단의 여과장치로 사용하라. 세부 데이터 분석론은 시간이 흐르면서 10가지 유형을 통해 산업 투자의 규모와 패턴을 보여준다. 이는 예리한 통찰력의 원천이 되었다.

어떻게 산업혁신을 분석할 것인가

❶

경계를 정의하라.

어떤 산업과 어떤 분야를 분석하고 싶은지, 어떤 것이 분석 범위를 벗어나는지를 명확히 하라. 비록 전통적인 기준으로는 시장참여자가 아니더라도, 새로운 방법으로 우리의 고객과 이미 접촉하는 데에 관심 있는 기업이 있다면 그 기업도 포함시켜 분석해야 한다.

❷

'혁신'의 의미를 명확히 하라.

조사할 때 사용되는 용어는 결과에 영향을 줄 것이다. 그러므로 혁신의 정의를 분명히 해야 한다. 광범위한 혁신의 프레임을 확실하게 이해하기 위해서 10가지 유형과 관련 있는 용어들('네트워크'에 관해서 '파트너'라는 용어를 사용하는 것처럼)을 사용하라.

❸

다양한 자료를 조사하라.

다양한 자료를 취합하라. 신문, 잡지, 간행물, 학술지, 애널리스트의 리포트, 소셜미디어를 통해 얻은 정보들은 모두 유용하다. 놓치는 것들을 최소화하기 위해 정보망을 멀리 넓게 펼쳐라. 일례로, 세계적인 명성의 대학원들의 아직 출간되지 않은 논문들이 의외로 유용할 때도 있다.

❹

결과를 시각화하고 평가하라.

한번 분석하기 시작하면 엄청나게 많은 정보를 얻을 것이다. 정보를 처리하는 방법은 다양하다. 가장 좋은 방법 중 하나는 발견하고자 하는 변화를 쉽게 포착할 수 있는 시각화이다. 등고선이 표시된 지도나 적외선 열지도를 이용해서 패턴을 확인할 수 있다. 중요한 점은 혁신과 관련된 투자가 어디에 집중되어 있는지 확인하는 것과 연구할 가치가 있지만 누락된 분야를 식별하는 것이다.

❺

변화의 원동력을 확인하라.

혁신 분석을 진행하면서, 사회 전반 혹은 고객에게 영향을 끼치는 광범위한 변화의 원동력을 명심하라. 어떤 기술적 요소가 적용되었는가? 사회학자들이 "인구 통계학은 운명이다"라고 말하듯이 자사의 고객층이 어떻게 변화할지에 대해 생각해야 한다. 이러한 역학을 고려한다면, 자사가 속한 산업이 단기간과 장기간에 걸쳐 어떻게 변할지 이해하는 데에 유용할 것이다.

❻

미래를 예측하라.

자사가 속한 산업 내의 잠재적인 기회를 찾기 위해 가장 최근에 수행했던 분석에 대해 짧막하게 묘사하라. 사람들이 현재 어떤 분야에 집중하고, 어떤 분야를 완전히 간과하고 있는가? 이와 같은 질문은 현재 어디에 투자해야 하는지 알려주며 사업의 판도를 완전히 바꾸는 미래의 혁신 주제를 찾는 데에 유용하다.

산업혁신 분석
1994~2004 개인통신과 미디어기기
PERSONAL COMMUNICATION AND MEDIA DEVICES 1994-2004

훌륭한 혁신 분석은 시각적 표현이 중요하며, 수백 개의 기업, 제품, 서비스 활동의 시간에 따른 변화를 보여준다. 혁신 분석을 통해 얻은 시각적 표현은 '혁신전망'Innovation Landscapes이라고 불린다. 혁신전망은 기존의 혁신 패턴에 대한 깊은 통찰력을 드러낸다.

이동통신산업의 11년간의 데이터를 조사한 혁신전망을 통하여 이동통신산업의 발전 과정에서 흥미로운 점을 발견하였다. 1994년까지 휴대전화, 무선 호출기, PDA가 주류를 이루었고, 많은 기업들이 급증하는 수요에 대응하기 위해 기술 발전을 서둘렀다. 수십 년 후, 정교하고 다기능을 가진 수화기가 나타나기 시작했지만, 초기 대부분의 기기들은 단지 한 가지 기능만을 갖고 있었다.

이 시기에는 제품이 점점 가벼워지고 멋지게 변화하면서 디자인이 중요한 요소로 자리잡기 시작했다. 휴대폰이 비상시

에만 사용되는 것이 아니라 신분을 상징하게 되면서 사용법도 진화했다. 카메라 휴대폰과 휴대용 게임기의 발전은 젊은 대중의 수요를 크게 촉진했고, 심지어 어린아이들이 기기를 쉽게 다루는 시대를 예고하면서 관심을 끌었다.

모토로라, 노키아, RIMResearch in Motion 같은 글로벌 제조업체들의 경쟁이 치열했다. 테크놀러지 스타트업인 팜Palm도 새로운 기술을 선보이기 위해 준비 중이었고, 에릭슨Ericsson의 블루투스 같은 새로운 기술도 등장했다. 비록 이기는 전략을 개발하는 데만 몰두하고 있긴 했지만, 기술력이 부족한 경쟁자들 또한 이 시장에 관심을 보였다.

1. 네트워크
10년 동안 휴대폰은 고객의 일상 생활과 비즈니스에 점점 더 밀접한 관계를 맺어왔다. 그러므로 제조업체와 콘텐츠, 서비스 제공자는 사용자의 새로운 수요에 어떻게 부응할지 고민해야 했다. 이러한 꾸준한 활동은 시장에서 돋보이기 위해 구축된 새로운 파트너십을 반영한다.

2. 제품성능
1996년에 출시된 모토로라의 휴대폰, 스타택StarTac 라인은 당시 최첨단 기기였다. 하지만 아날로그 위치에서 최고라 할 수 있는 모토로라의 명성은 2년도 가지 못했다. 노키아가 이끄는 유럽 제조업체들이 디지털 모델을 발표했던 것이다. 팜을 비롯한 새로운 기업들은 성공가도를 달리고 있었다. 늘 그렇듯이 이 업계의 혁신활동 대부분은 제품성능에서 일어났다.

3. 제품시스템
2003년, 마침내 제조업체는 플랫폼을 보유하는 것에 대한 가치를 알아보기 시작했다. 플랫폼 내에서 다른 기업들이 비즈니스를 구축할 수 있기 때문이다. 여전히 초창기였지만 새로운 시스템의 탄생이 이때부터 번성하기 시작한다.

4. 고객참여
출장이 잦은 비즈니스맨이 여전히 주고객이기는 했지만, 휴대폰을 소셜네트워크와 '인포테인먼트'를 얻기 위한 수단으로 활용하기 시작하면서부터 일반대중들도 휴대폰에 관심을 보이기 시작했다. 이는 2005년 후에 생겨난 트렌드였다.

그래프를 읽는 방법

해당 이미지는 혁신의 10가지 유형에 따라 분류된 혁신 활
동을 지형도 차트로 표현하고 있다. 시간은 왼쪽 축으로 나
타냈고, 점이 찍힌 가장자리는 가장 최근 연도의 혁신 패턴
을 보여준다. 봉우리는 혁신가들이 많은 분야를, 계곡은 투
자가 제일 적었던 분야를 나타낸다.

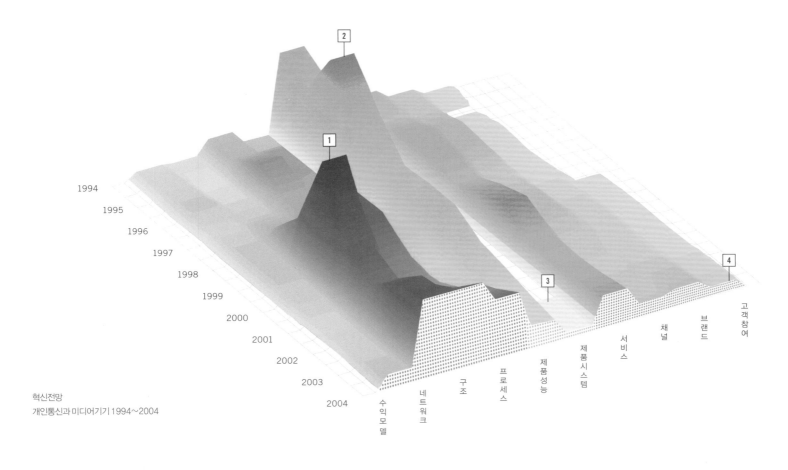

혁신전망
개인통신과 미디어기기 1994~2004

개인통신과 미디어기기
기회와 약점은 어디에 있었는가?

WHERE WERE THE OPPORTUNITIES AND BLIND SPOTS?

아래 그림은 2004년 개인통신과 미디어기기 분야의 혁신
활동의 횡단면이다. 이 패턴이 무엇을 의미하는지에 대한 분
석도 함께 표현했다. 언덕보다는 계곡에 주목하라. 계곡은
산업 전체에서 혁신할 기회가 간과되고 있는 곳을 보여준다.
이곳은 언제라도 작은 노력만 들인다면 엄청난 투자 수익을
가져다 준다.

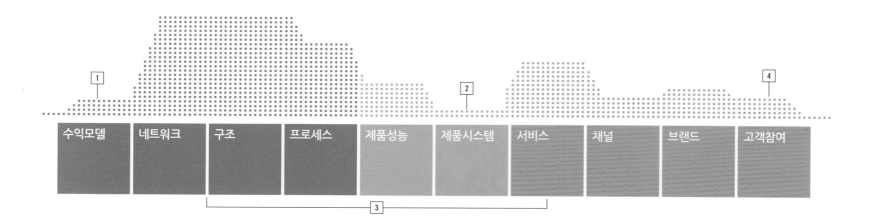

1. 수익모델 혁신에 대한 투자 부족

통신산업의 수익모델이 단조롭다는 것은 새로운 시도가 거의 없었음을 의미한다. 쉽게 말하자면, 그동안은 고객이 장기계약을 맺는 조건으로 휴대폰을 '무료로' 제공하는 정도의 수익모델이 안정되어 있었다는 것이다.

2. 통신산업에서 플랫폼 혁신 기회

플랫폼 혁신 활동이 심각하게 부족하였다. 심지어 2004년까지도 디지털 콘텐츠 산업은 상대적으로 덜 성숙된 시장이었다. 다른 유형의 미디어를 통합할 수 있는 정교한 플랫폼이 있었다면 획기적으로 게임의 판도를 바꿀 수 있는 기회를 창출했을 것이다.

3. 엄청나게 경쟁이 치열한 분야

2004년, 네트워크와 기본시설에 투자가 집중되어 있었다. 기본적으로 자사의 무선 통신망으로 전세계를 연결하고 시장점유율을 높이려는 복합서비스 제공업체와 호환가능한 기기나 인프라 기술을 생산하는 제조사 간의 경쟁이 벌어졌다. 개별적으로는 서로 다른 서비스 제공업체들이 프랜차이즈 같은 소매 판매점을 개설하는 데에 집중했다. 소매 판매점에서는 휴대폰을 진열하고 계약을 체결했다. 이러한 양상이 바람직하지는 않지만 그 당시에는 이러한 경쟁 방식이 보편적이었다.

4. 고객참여 혁신에 대한 필요성

혁신 활동 중 브랜드와 고객참여는 별로 주목받지 못했다. 그 당시의 시장 지배자는 서비스 공급자였고, 이들은 고객관계보다 인프라 구축에 집중하고 있었기 때문이다. 서비스 공급자는 휴대폰에 카메라 기능을 추가해야 한다고 주장했다. 고객이 사진을 더 많이 찍고 찍은 사진을 메일로 보내면, 더 많은 네트워크를 사용하여 더 많은 요금을 지불하게 될 것이라고 생각했기 때문이다.

시간이 흐르면 모든 것이 명확해지는 것과 마찬가지로 모든 산업은 시간이 흐르면서 발전하게 된다. 당시 고객들은 자신의 휴대폰을 좋아하기는 했지만 열광할 정도는 아니었고, 이동통신산업의 보편적인 비즈니스와 서비스 모델은 충성 고객을 만드는 데 소홀했다. 그 이후, 일부의 시장 선두주자가 새로운 플랫폼 생태계와 고객참여가 핵심이 된 시장환경에 적응하는 데 실패했다. 사실상, 전반적인 분위기가 서비스 공급자들로부터 새로운 스마트폰 제조회사들 간의 전쟁으로 전환되었다. 이 전쟁에서 애플의 iOS와 구글의 안드로이드는 서로 시장 선두를 다투고 있는 마이크로소프트와 노키아를 따라잡기 위해 노력하였다.

산업혁신 분석
2000~2010 제약산업
PHARMACEUTICALS 2000-2010

2000년 당시, 제약회사들의 활동은 더 단순했다. 제약산업의 비즈니스 모델은 오랫동안 유지되어 왔다. 혁신 투자는 검증된 임상 결과를 가져다 줄 신약물질을 발견하고 합성하는 등의 제품성능에 집중되었다. 제약회사 영업사원들은 의사를 직접 대면하고 거래했다. TV광고에서는 불면증, 탈모, 하지 불안 증후군 혹은 발기 부전을 앓고 있는 사람들에게 해당 분야의 의사를 시급히 만나볼 것을 권했다.

하지만 상황이 변했다. 치명적인 부작용이 없는 신약물질을 발견하기가 힘들어짐에 따라 엄청난 규모의 시장을 갖고 있는 신약을 개발한다는 것은 비용도 많이 들고 거의 불가능한 일이 되었다. 선두 기업들의 특허를 침해하지 않으면서 수익성 있는 의약품을 생산하면서 시장 규모가 큰 제품에서의 경쟁이 엄청나게 치열해졌다.

다른 기술의 진보로 환자와 의사가 온라인으로 데이터를 공유하고 분석하는 것이 가능해졌다. 2006년에는 미국 내 오직 29%의 의사만이 전자진료기록 시스템을 사용했지만 2010년에는 50%가 사용할 정도로 급상승했다. 새로운 기술은 이전에는 제약회사만 조심스럽게 관리하던 자료를 대체하거나 보완할 방법을 제시했다. 한편, 온라인에서 많은 정보를 얻을 수 있게 되자, 의사들은 영업사원의 방문을 꺼리게 되었다. 2010년에는 의사 중 27%만이 바이오제약회사가 제공하는 정보를 신뢰할 수 있다고 대답했다.

의료비가 증가됨에 따라 의사들이 아닌 실제로 진료비를 지불하는 사람들의 영향력이 커지게 되었다. '지불인'payer은 경제적 관점에서 제품을 평가하는 경향이 생겼고, 이는 복제의약품 사용의 급격한 증가를 초래했다. 혁신적인 제약회사 중 몇몇은 특허 기간이 만료된 개별 국가에서 복제의약품의 가격을 더욱 합리적으로 정하려는 움직임을 보이기도 했다. 2010년 미국에서 발행된 처방전 중 78%는 복제의약품 처방전이었다. 이는 물질특허로 보호를 받으면서 엄청난 수익을 올리던 대형 제약회사에게는 혹독한 시련이 되었다.

1. 네트워크

이 기간에 새로운 파트너십이 다양한 형태를 취하면서 나타났다. 화이자Pfizer는 만성 폐쇄성 폐질환 환자들을 위한 데이터를 구축하기 위해 베링거 인겔하임Boehringer Ingelheim과 협업했다. 네덜란드에서는 특정한 약을 복용하는 환자의 지원프로그램 제공을 위해 엠젠Amgen과 메디조그 서비스Medizorg Services가 제휴했다. 그리고 그외 많은 제약회사들은 엄청난 성공을 기대하면서 미래의 혁신에 대한 '옵션'option을 갖기 위해 생명공학 신생기업에 투자했다.

2. 제품성능

대부분의 제약회사들은 엄청난 규모의 성공을 기대할 수 있는 신약을 개발하는 데 공을 들였고, 이를 오랫동안 혁신 전략으로 삼았다. 하지만 서로 미묘하게 다른 물질들이 같은 질병에 이용할 수 있게 되자 경영진은 효과적인 약품을 매우 저렴하게 생산하는 방법에 대해 관심을 가졌다. 약품을 더 효과적, 효율적으로 생산하기 위해 경영진의 관심은 프로세스 혁신으로 옮겨졌다.

3. 채널

채널에는 꽤 지속적인 혁신 투자가 있었다. 제약산업의 초기 비즈니스 모델은 영업사원과 의사가 직접 대면하는 커뮤니케이션 방식에 의존했다. 하지만 채널 혁신은 의사 혹은 의대생와 환자들 간의 디지털 인터페이스를 제공하는 대안채널을 구축하여 제약산업의 흐름을 변화시켰다. 이러한 많은 사례 중 하나는 바이엘Bayer의 MS-게이트웨이MS-Gateway이다. MS-게이트웨이는 다발성 경화증 환자와 간병인을 위한 글로벌 포털이다.

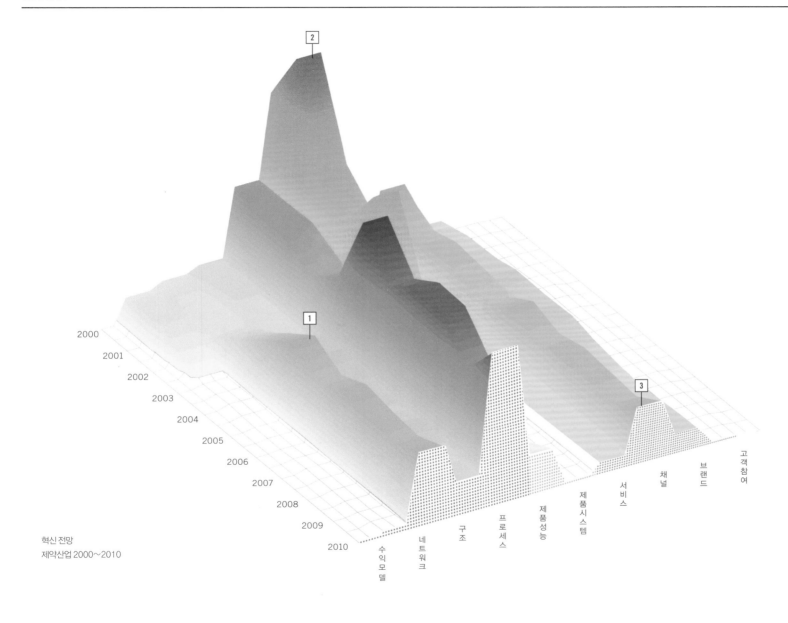

혁신 전망
제약산업 2000~2010

2000
2001
2002
2003
2004
2005
2006
2007
2008
2009
2010

수익모델
네트워크
구조
프로세스
제품성능
제품시스템
서비스
채널
브랜드
고객참여

제약산업
기회와 약점은 어디에 있었는가?
WHERE WERE THE OPPORTUNITIES AND BLIND SPOTS?

2010년 제약회사에서 수행한 혁신 활동의 횡단면을 살펴보
라. 계곡과 언덕 모두에 집중해야 한다. 계곡과 언덕은 투자
기회 혹은 피해야 할 투자 분야를 알려준다.

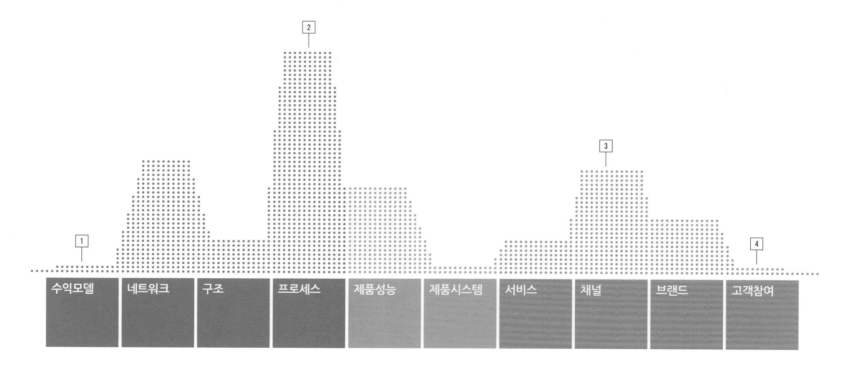

| 수익모델 | 네트워크 | 구조 | 프로세스 | 제품성능 | 제품시스템 | 서비스 | 채널 | 브랜드 | 고객참여 |

1. 수익모델 혁신을 위한 확실한 기회

수익모델 혁신의 결여는 의료 서비스에 대한 새로운 접근방법을 고민하고 있는 사람들에게 커다란 기회를 제공했다. 2010년에 제기된 많은 질문 중 하나는 '서비스에 대한 요금'을 지불하는 수익모델을 어떻게 '가치에 대한 요금'을 청구하는 모델로 변화를 이끌어낼 것인가에 대한 것이었다. 이는 사람들이 진찰 횟수보다 진찰 결과에 따라 돈을 지불하는 방식이 현명하다고 인식했다는 것이다.

2. 제품 간 성능의 차이가 줄어들수록 증가하는 프로세스 혁신

경쟁이 치열한 의료 분야에서 새롭게 출시되는 의약품의 비용 부담과 효능과 안정성에 대한 책임을 진다는 것은, 제약회사들이 제품성능 개발에서부터 새로운 프로세스 혁신을 구축하는 방향으로 변화해야 한다는 것을 의미했다. 이는 신약을 만들 때 더 저렴하고 빠른 방식을 찾기 위한 노력이었다.

3. 새로운 가상채널 구축

'디테일링'Detailing은 제약회사의 영업사원이 의사를 만날 때 사용하는 전문용어다. 새로운 기술 진보는 2010년까지 대부분의 주요 기업들이 수요를 온라인으로 다루는 새로운 방법 구축을 고려하고 있었음을 의미했다. 이러한 프로세스는 '전자 디테일링'e-detailing이라고 불렸다. 마찬가지로 '전자 처방전'e-prescribing은 의사가 약사에게 전자통신을 이용해서 처방전을 보내는 것을 의미한다.

4. 진정한 고객 참여를 위해서 움직여라.

과거 제약회사는 훌륭한 고객경험을 제공하는 것에 대해 신경 쓸 필요가 없었다. 대신 약의 효과, 부작용, 주의할 점에 대해 의사에게 알려주기만 하면 됐다. 하지만 건강 관리 관련 정보가 넘쳐나면서 제약회사들은 더 나은 경험, 마음을 더 사로잡을 수 있는 경험을 설계하는 방향으로 변화하고 있다.

제약회사의 혁신전망은 기초 연구와 임상 실험으로 시장성이 아주 큰 신약을 개발하던 전통적 모델이 끝났음을 명백히 보여준다. 제약회사들은 새로운 화합물을 개발하는 방법을 찾기 위해 프로세스 혁신에 집중하는 등 노력을 기울였다. 하지만 그 당시 제약회사 대부분이 놓치고 있던 것은 고객인 의사에게 더 나은 경험을 전달할 기회였다. 규제의 변화와 의사와의 접촉 기회 감소를 고려해서 경험 제공에 집중했다면, 결정적인 기회를 잡을 수 있었을지도 모른다. 이는 2010년 초기에 나타난 추세였으며, 실험의 여지가 있었다. 이처럼 제약회사들이 복제약과 경쟁하는 것이 힘들다는 사실을 자각하면서, 진료 그 자체를 혁신하는 아이디어를 제시하기 시작했다. 이는 돈을 지불하는 사람, 보험설계사, 환자 모두의 관심을 끄는 아이디어였다.

산업을 다시 구상하다
REFRAMING YOUR INDUSTRY

핀란드 건축가이자 디자이너인 엘리엘 사리넨Eliel Saarinen 은 "무언가를 디자인할 때는 항상 미래의 더 큰 맥락에서 고려해야 한다. 예를 들어 방 안의 의자, 집 안의 방, 환경 속의 집, 도시 계획 속의 환경처럼 말이다"라고 말했다. 자사가 속한 산업을 더 큰 맥락에서 고민하는 것은 경쟁자가 놓친 기회를 발견하는 데에 유용하다. 이는 자사의 제품과 서비스가 고객의 삶에 얼마나 적합한지, 그리고 고객의 삶에서 어떻게 더 나은 역할을 수행할 수 있을지에 대한 이해를 돕는다. 경쟁자보다 더 멀리 바라본다면 완전히 다른 상황에서 아이디어를 떠올릴 수 있고 이를 비즈니스에 유용하게 활용할 수도 있다. 내부적으로 어떻게 혁신할지에 대한 냉정한 분석과 함께 이 모든 것을 종합하라. 그러면 대담하고 가치 있는 혁신 기회를 발견하게 될 것이다.

다른 사람의 시각으로 산업을 바라보는 것도 효과적인 방법일 수 있다. 혁신의 핵심은 고객을 만족시키면서 경쟁자를 따돌릴 줄 안다는 것이다. 여기에 몇 가지 유용한 질문을 준비했다.

무엇이 변하고 있는가?

누가 산업의 혁신을 주도하고 있는가? 경쟁사를 지속적으로 따라잡고 있는가? 다른 기업이 새롭게 도입하는 것에 항상 대응해야 한다고 생각하는가? 자사의 방식대로 변화를 주도하려고 할 때 다른 이들의 참여를 어떻게 이끌어 낼 수 있는가?

간과되고 있는 것은 무엇인가?

아무도 도전하지 않는 커다란 분야는 무엇인가? 경쟁자들이 간과하고 있는 혁신 유형은 무엇인가? 그리고 이익을 얻기 위해 이들을 어떻게 이용할 것인가? 자사가 일반적으로 관심을 가지지 않았던 분야는 무엇인가? 이를 어떻게 바꿀 수 있는가?

현재 상황의 문제는 무엇인가?

업계는 고정관념에 시달리고 있다. 고정관념을 하룻밤 사이에 바꿀 수는 없겠지만 고정관념을 의식하고 있다는 것은 변화를 위한 중요한 첫 단계라고 할 수 있다.

다른 회사로부터 어떻게 배울 것인가?

영감을 얻기 위해 업계 전반을 주시하라. 다른 기업의 모델을 자사에 어떻게 적용할 수 있는가? 다른 영역에서 아이디어를 얻고 이 아이디어를 새롭고 흥미로운 방식으로 적용한다면 혁신 활동에 박차를 가하고, 자사가 속한 산업을 혁신시킬 수 있다.

우리가 간과하고 있는 것은 무엇인가?

정기적이고 생산적으로 활용하고 있는 혁신 유형이 무엇인지 명확하게 감지해야 한다. 그러고 나서 자주 사용하지 않는 혁신 유형을 파악하라. 새로운 유형을 자사만의 방식으로 통합한다면 자사의 비즈니스 방식에 어떤 변화를 가져올 수 있겠는가?

왼쪽: 헨리 포드 웨스트 블룸필드 병원의 중앙 홀
아래: 강의를 위한 부엌

병원에 와 있다고 상상해 보라. 마음속에 어떤 이미지가 떠오르는가? 아마도 삑 소리를 내는 장비, 삐걱거리는 바닥과 차가운 금속 침대가 떠오를 것이다. 호텔은 생각 지도 못할 것이다. 미시간의 헨리 포드 웨스트 블룸필드 (Henry Ford West Bloomfield)병원의 경영진은 리츠칼튼(Ritz-Carlton) 전 부사장을 CEO로 고용함으로써 새로운 영감을 얻길 기대하고 있었다. 이는 의료 분야에서 지각변동을 일으키기 위해 병원이 다른 산업으로부터 아이디어를 가져와 내린 결정이었다.

예를 들어, 병원의 경영진은 호텔산업의 노하우를 받아 들였고, 환자와 방문객들에게 건강한 음식과 서비스를 제공하는 것을 중요하게 다루었다. 강의를 위한 부엌 (demonstration kitchen)에서는 환자의 영양 관리법, 혹은 당뇨병과 같이 특정한 영양을 필요로 하는 질병에 대한 관리법을 가르쳤다. 병원 안에 있는 비닐하우스에서는 상주하고 있는 농부가 유기농 제품을 재배해 공급했다. 2011년 이 병원은 회사들과 커뮤니티 그룹을 위해 주최한 출장 요리 서비스로 수백만 달러를 벌었다.[1]

경영진은 호텔산업의 프로세스 혁신과 구조 혁신을 벤치마크했다. 수술실은 모두 동일한 디자인으로 설계되었다. 이 같은 설계방식은 호텔에서는 직원들이 효율적으로 일할 수 있도록 했던 방식이고, 병원에서는 수술에 참여하는 의료진이 심각한 실수를 저지를 가능성을 줄이기 위함이었다. 수술실 내부의 밝기도 최적화되었다. 호텔에서 고객을 진정시키던 방법은 병원에서 환자의 회복을 도왔다. 내부에 사용된 모든 자재들은 청소하기 쉽게 설계되었으며 위생적이었다. 이는 호텔과 병원 두 산업 모두가 중요하게 생각하고 있는 개념이다.

1 2011년 2월 27일, 빌 테일러(Bill Taylor)가 Management Innovation eXchange에 게재한 "Why it's Logical to go Radical"을 참고하라. http://tentyp.es/VSJGNi

CHAPTER 17

패턴 인식 PATTERN RECOGNITION

산업과 시장이 어떻게 변화하는지 관찰하라
그리고 변화를 알아차리고 행동에 옮긴 사람들로부터 배워라

혁신에 영향을 주는 2가지 종류의 변화가 있다. 그중 일반적으로 볼 수 있는 변화는 경쟁적 진화이다. 경쟁적 진화는 산업 내에서 지속적인 개선을 요구하며 가혹할 정도로 경쟁적이다. 마이크로칩의 진화는 여러 기기들이 저렴한 가격에 다기능을 갖게끔 만들었다. 자동차나 가전, 스마트폰의 기능과 성능은 꾸준히 향상되고 있다. 세제는 흰 옷을 더욱 희게 만들고, 서비스 산업은 더욱 더 신속하게 대응하면서 고객 중심으로 변화하고 있다. 요약하자면 시장 조사기관이 사람들의 니즈를 찾아내고, 엔지니어와 디자이너가 훌륭하게 업무를 수행할 때 더 좋은 제품이 출시된다. 이것을 **현상의 개량** improving the known이라고 부른다. 현상의 개량은 절대 멈추지 않는다.[1]

하지만 산업 근본부터 변하는 경우도 있다. 이 변화는 알아차리기 어렵고 훨씬 애매하지만, 굉장히 큰 가치가 있다. 좋은 방법이 있다면 위험을 줄이고 미래에 대한 확신을 높일 수 있겠지만, 이 변화에 대응하기 위해서는 특별한 용기가 필요하다. 이를 **새로운 창출** inventing the new이라고 한다. 그리고 이렇게 큰 가치가 있고 찾기 힘든 형태의 혁신은 좀 더 합리적으로 실행하기 쉬워지고 있다.

이 장에서는 치열한 경쟁 속에서도 다른 가능성을 발견했던 기업, 분야, 상황을 분석할 것이다. 오늘날 연계성 connectivity은 더 커졌고 자본과 역량에 대한 접근이 훨씬 더 용이해졌다. 그리고 지정학적, 인구통계학적 기준은 이전과 다르게 통용된다. 이러한 변화는 지금도 빈번히 일어나고 있으며 많은 산업에 영향을 끼친다. 그러므로 어떤 이유에서라도 이런 패턴을 감지하여 대처할 필요가 있다.

이 장은 다양한 사례의 세부사항을 살펴보고 평가할 수 있도록 구성했다. 이 장에 나오는 사례들은 예외없이 모두 혁신의 여러 유형을 통합했다. 그 당시 경쟁사들과 차별화된 특징을 가진 제품들을 만들기 위해서였다.

[1] 클레이톤 크리스텐센(Clayton Christensen)이 1997년에 발간한 저서 『성공기업의 딜레마』(The Innovator's Dilemma)에서는 '지속적 혁신'이라고 정의했다. 저자는 까다로운 고객을 상대하면서도 잘 운영되는 회사는 이미 알려진 문제를 개선하기 위해 과잉 투자를 하지만, 다른 고객의 새로운 니즈에 대해서는 관심을 가지지 않는 경향이 있다고 주장했다.

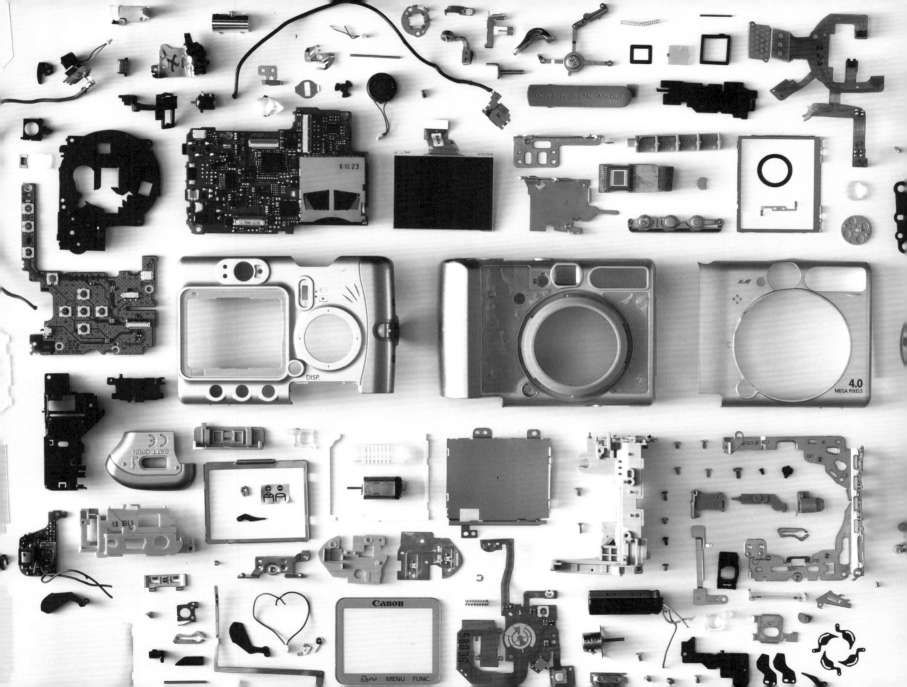

P&G, 프록터 앤 겜블 PROCTER & GAMBLE
부모가 된 고객의 고민에 대해 생각하다

1990년대 중국에서는 일회용 기저귀가 흔하지 않았다. 대부분의 엄마들은 전통적으로 사용해온 '카이탕크'kaidangkus, 아기가 언제 어디서나 배변활동을 할 수 있도록 가랑이가 열려 있는 바지를 사용했다. 당시 중국의 사회통념은 일회용 기저귀는 아이들 건강에 좋지 않다는 것이었다. 게다가 일회용 기저귀는 재사용이 가능한 기저귀보다 비쌌다. 유럽과 미국에서 성공했던 일회용 기저귀를 저렴한 버전으로 만들어 글로벌 시장에 도입하면 성공할 것이라고 생각한 기업도 있었다. 하지만 중국에서는 실패했다.[2]

타겟 고객이 제품을 구매하지 않는다는 것을 깨달았을 때, 기업들은 서로 완전히 다른 방법으로 대응했다. 제품성능 혁신을 강화하는 것이 하나의 방법이었다. 한 다국적기업의 경영진은 일회용 기저귀가 실제로 고객에게 도움이 되고 있는지 파악하기 위해 폭넓은 시장조사를 시행했다. 그리고 연구진에게 새지 않는 기저귀를 만들도록 지시했다. 하이엔드 마켓에 초점을 맞춘 이 기저귀는 여전히 고가였고 마케팅 전략을 통해 부유한 고객층에 어필하려고 했다. 대담한 전략이었지만 디자인에만 초점을 맞췄기 때문에 성과를 내는 데는 실패했다.

P&G는 팸퍼스Pampers 제품라인을 시장에 내놓을 때 다른 방법을 취했다.

미국 CBS방송국 머니왓치Moneywatch에서 마이야 프레이저Mya Frazier가 밝혔듯이, P&G 팀도 현장으로 직접 나가 중국 8개 도시의 6,800개 가정을 방문했다. P&G 팀은 제품이 어떻게 도움이 되는지 주목하지 않고 어떻게 하면 행복한 가정을 만들 수 있을지 알아내려고 했다. 이 과정에서 얻은 통찰력은 문제를 재구성하고 혁신의 10가지 유형 프레임워크 양 끝에 위치한 혁신 유형을 도입하는 데 도움을 주었다.

예를 들면 P&G 팀은 일회용 기저귀를 사용할 때의 실질적 이점을 알아냈다. P&G 리서치는 아기가 천 기저귀를 입고 있을 때보다 팸퍼스를 입고 있을 때 더 빨리 그리고 더 오래 잠든다는 것을 알아냈다. P&G 팀은 제품성능을 강조하는 대신에 팸퍼스를 사용할 때 얻을 수 있는 폭넓은 이점에 대해 강조했다. 이 점은 갓난아이를 가진 부모의 주요 고민이었다.

P&G는 이러한 주장의 신뢰성을 높이기 위해서 베이징 어린이 병원의 수면 리서치 센터와 협업하여 아기의 수면패턴을 모니터하는 프로그램을 개발했다.[3] 그 후, P&G는 일회용 기저귀는 안전하고 건강에 좋으며, 천 기저귀를 사용했을 때보다 오래 잠들 수 있으며, 이는 아기 성장에도 도움이 된다고 발표했다. 이 사례는 P&G의 네트워크 혁신 사례이기도 하다. 2008년

2 2010년 1월 7일, 마이야 프레이저가 CBS 머니왓치에서 발표한 "How P&G Brought the Diaper Revolution to China"를 참조하라.
http://tentyp.es/R6eM4a

3 2010년 4월 28일, 쉴라 샤이온(Sheila Shayon)은 P&G의 리서치와 마케팅 프로그램 계획에 관한 기사 "Bottoms Up: Pampers Takes on China"를 발표했다.
http://tentyp.es/SJVCSR

4 포터 노벨리(Porter Novelli)는
크라우드소싱을 사용한 마케팅
캠페인, 골든 슬립의 구조에 관해
흥미로운 통찰력을 제시했다.
http://tentyp.es/UuKnkM

5 이 수익모델 전략의 세부사항과
영향력은〈차이나데일리〉(China
Daily)에 게재된 리우 지에(Liu
Jie)의기사 "Household paper
giants clean up act"를 살펴
보라.
http://tentyp.es/QZkOll

6 시장에 대한 자세한 데이터는 '유
로모니터'(Euromonitor)의
2012년 8월 보고서 "Nappies/
Diapers/Pants in China"를
살펴보라.
http://tentyp.es/Rb9G

에 시작된 '골든 슬립'Golden Sleep 캠페인에서 P&G는 소비자인 엄마들에게 자고 있는 아기 사진을 전용 웹사이트에 업로드하도록 권하며 크라우드소싱도 시행했다.[4] 또한 10만 5,793장의 사진으로 구성된 합성사진이 상해의 제휴 소매점에 전시됐다. 이 캠페인은 팸퍼스 클럽에 10만 명 이상의 신규 회원을 끌어 모았다.

P&G 리서치는 팸퍼스를 입고 있는 아기가 천 기저귀를 차고 있는 아기보다 더 빨리 그리고 더 오래 잠드는 것을 증명함으로써 팸퍼스를 사용할 때 부모의 주요 고민을 해결할 수 있다는 장점을 강조했다.

P&G는 팸퍼스의 가격을 3단계로 구분하면서 수익모델을 혁신했다. 모든 소득 수준의 부모에게 어필하고, 경제 상황이 나아지면 더 좋은 제품으로 바꾸어 구매할 수 있도록 하기 위해서였다.[5] 본질적으로, P&G 팀은 중국 내부의 시장 현황과 고객을 정확하게 이해하고 전략과 혁신을 적절하게 조정했다.

여러 가지 혁신 유형을 사용한 결과, 높은 성과가 뒤따랐다. 2008년 중국 가정용 종이산업협회 조사에 따르면, P&G의 팸퍼스는 중국 일회용 기저귀 시장의 31.3%를 점유했다.[6]

아메리칸 걸 AMERICAN GIRL
자녀와 부모 세대 간 역사를 연결하다

1985년 플리잰트 T. 로우랜드Pleasant T. Rowland는 사랑스러운 조카들에게 크리스마스 선물로 인형을 주고 싶었다. 하지만 로우랜드는 마텔Mattel사의 막강한 장난감 라인인 바비Barbie인형과 못난이 양배추 인형Cabbage Patch Dolls 2가지가 가장 인기 있는 인형이라는 사실을 깨닫고 경악했다. 바비 인형은 잘못된 메시지를 전달할 여지가 있었고, 양배추 인형은 엄청나게 못생겼다고 생각했기 때문이다.

로우랜드는 어린 소녀 세대와 공감대를 형성할 새로운 방법을 찾고 싶었다. 그녀는 몇 달 전 버지니아에서 열린 컨퍼런스에 남편과 동행했을 때를 떠올렸다. 남편이 회의에 참석하는 동안 그녀는 역사 유적지를 둘러보고, 조지 워싱턴이 자주 가던 교회를 방문하고, 식민지 시대의 윌리엄스버그Williamsburg에 대해 배웠다. 로우랜드는 자신만의 경험을 만들어 이를 장난감에 적용해야겠다는 생각을 떠올렸다. 바비 제작사가 10대 혹은 엄마가 된 소녀를 축하할 동안, 로우랜드는 아메리칸 걸 인형American Girl dolls을 만들기로 결심했다. 각각의 아메리칸 걸은 특정 역사에 속한 인물로 풍부한 스토리를 가지고 있다.

그녀의 첫 가상 영웅들은 1854년의 선구자적인 소녀 커슨 라슨Kirsten Larson, 1904년에 살았던 사만다 파킹턴Samamtha Parkington, 그리고 제2차 세계대전을 겪었던 소녀 몰리 맥인타이어Molly McIntire였다. 각각의 인형은 미국 역사의 주요 순간을 설명하기 위해 아이들의 눈높이에 맞춰 개발된 스토리를 갖고 있었다. 각 인형마다 6개의 이야기가 있었고 이를 통해 인형을 구매한 소녀들은 인형이 어떻게 그 당시를 살았는지를 알 수 있도록 하였다.

로우랜드가 했던 일을 주목하라. 다른 사람들이 인형을 팔 때 로우랜드는 경험을 팔면서 실감나고 흥미로운 이야기를 제공했다. 인형은 꼼꼼하게 제작되었고 그 결과, 현명하게 수익모델을 혁신하여 프리미엄 가격을 받았다. 아메리칸 걸은 바비 인형에 비해 10배 더 비쌌고, 지금도 여전히 더 비싸다.

로우랜드는 모든 인형의 역사적 배경과 어울리는 다양한 악세서리들을 구매할 수 있도록 제품시스템 혁신을 추진했고, 아이들이 인형놀이를 하며 놀수 있도록 디자인했다. 캐릭터에 대해 묘사한 책이 있었고 각각의 인형에 입힐 옷도 있었다. 인형뿐 아니라 인형을 가진 소녀의 옷을 제작하고 구매할 수도 있었다. 시간이 지나면서 아메리칸 걸은 아이들을 위한 영화를 제작했다. 또한 '마이 아메리칸 걸'My American Girl을 통해 머리와 눈 색깔 등을 선택하고 직접 인형을 디자인할 수 있었다.

7 제대로 된 난방장치가 없었기 때
   문에 종업원들은 장갑을 끼고 있
   었다.

8 바비의제조사인마텔(Mattel)이
   1998년에아메리칸걸을사기위
   해 7억 달러를 지불한 일은 예상
   밖의 전개였다. 당시에 아메리칸
   걸 내부에서는 이에 대해 논란이
   많았다. 마텔이 인형과 놀이에 있
   어서 아메리칸 걸과는 다른 시각
   을 갖고 있다고 생각했기 때문이
   다. 하지만 이후에도 마텔은 소녀
   들의 건전한 놀이라는 아이디어
   를 굉장히 존중하고 있다. 플리
   잰트 로우랜드는 수백만 달러를
   벌었고 사회 속 여성의 역할에 대
   해 중요한 영향력을 끼치는 자선
   사업가가 되었다.

세계 주요 도시에서 정기적으로 열리는 장난감 박람회에서만 판매가 가능한, 폐쇄적인 장난감 마케팅 방식에 대한 어려움을 느낀 로우랜드가 취할 수 있는 유일한 방법은 소녀들의 부모에게 인형을 직접 파는 것이었다. 인형과 역사 이야기를 만드는 데 돈을 모두 써버렸던 그녀는 카탈로그를 제작하여 1986년 크리스마스에 각 가정으로 카탈로그를 보냈다. 그러고 나서 로우랜드와 소수의 직원들이 전화 주문을 받기 위해[7] 위스콘신 매디슨 Madison, Wisconsin에 위치한 허름한 창고에 머물러 있었다. 주문 전화는 폭주했다. 아메리칸 걸은 사업을 시작한 후 3개월 동안 170만 달러의 제품을 판매했다.

그 후, 로우랜드는 자사가 건전한 상상력 촉진을 위해 힘쓰고 있다는 것을 알리기 위해 단독 쇼케이스 매장을 추가하는 등 **채널** 혁신을 단행했다. 그래서 매장에 소녀들이 요리를 배울 수 있는 공간, 물건을 만들고 꾸며서 집에 가져갈 수 있게 하는 공간을 준비했다. 단독 쇼케이스 매장의 핵심은 즐거움이었다. 이 즐거움은 가족 단위의 고객이 매장을 방문하는 주요 이유였다.

항상 아메리칸 걸에서는 **고객참여**가 핵심이다. 현재까지도 소녀들은 인형의 헤어스타일을 바꾸거나 차탄산음료는 어른이 되어야 마실 수 있기 때문에 허용되지 않는다.를 마시기 위해 매장에 방문한다. 인형은 소녀 옆의 고정된 자리에 앉히고 식사를 한다. 심지어는 사고예를 들면 크레용 범벅이 된 얼굴이나 망친 헤어스타일를 당한 인형을 위한 인형 병원까지 있다. 이러한 경험은 매우 인기를 끌어서 아메리칸 걸은 호텔과 제휴하며 인형 전용 침대를 개발하고 턴다운 서비스 turn down service: 객실의 청소, 정리정돈과 잠자리를 돌보아 주는 작업을 말한다.를 담은 스페셜 패키지를 개발하는 등 네트워크 혁신을 시도하였다.

이 모든 활동은 소녀와 부모에게 멋진 경험을 제공하기 위한 노력의 일환이었다. 그리고 이는 장난감산업에 있어서 확실히 새로운 모델이었다.

기존 장난감산업의 경쟁 현황과 미래를 예측할 수 있는 능력을 지닌 로우랜드는 혁신의 여러 가지 유형을 조합하여 장기적인 성공을 이룰 수 있었다. 1986년 이래로 2,100만 개 이상의 아메리칸 걸 인형과 1억 3,900만 권의 책이 판매되었다. 2012년, 아메리칸 걸은 미국의 장난감 카탈로그 중 가장 많은 구독자를 가지게 되었고 잡지는 45만 부가 넘는 판매 부수를 기록하였다. 또한 각 잡지마다 독자로부터 5,000개 이상의 메일을 받는다.[8]

나이키 NIKE
고성능 신발을 판매하는 것에 그치지 않고, 스포츠 제국을 건설하다

빌 바우어만Bill Bowerman이 아내의 와플 기계로 고무를 굳혀 새로운 유형의 트랙 슈즈를 만들었던 아주 초창기 시절부터, 나이키는 고성능 용품의 가치를 믿어 의심치 않았다. 나이키 창업 직후에 제품성능 엔지니어링과 디자인에 투자하는 일을 최우선으로 삼았다. 사업 초기에 나이키가 주도했던 큰 전환은 바로 어떤 운동선수라도 각 스포츠마다 특수 장비를 많이 필요로 한다는 것을 인식하면서 일어났다. 그중에서도 특히 다양한 종류의 신발이 많이 필요할 것이라고 보았다.

나이키의 공동창업자인 필 나이트Phil Knight는 스타 운동선수도 중요한 역할을 한다고 생각했다. 1985년 나이키는 NBA미국 프로 농구 리그 루키신인 선수였던 마이클 조던Michael Jordan을 선택하여 최신 시그니처 슈즈signature shoe에 대한 코멘트를 부탁했다. 그리고 그 신발을 신어보게 했다. 이를 시작으로 나이키는 각 스포츠의 일류 선수에 대한 마케팅과 적극적인 스폰서 활동이 나이키 제품만큼이나 중요하다는 것을 깨달았다. 명백히 비인기 종목이라도 현명하게 잘 관찰하여 그 분야의 운동선수가 우승을 차지하고 모든 팬들의 폭발적인 성원을 이끌어내는 성공을 거두기도 하였다.

'Just Do It' 과감한 광고 캠페인은 1988년에 시작되었다. 이러한 캠페인은 스포츠 용품계의 큰 손이라는 나이키의 위치를 굳건히 하는 데에 큰 도움이 되었다. 그리고 나이키의 영향력은 스포츠와 스타 선수의 운명을 결정 지을

정도로 막강해졌다. 1980년대 말, 나이키의 매출은 20억 달러에 달했다.

1990년 11월, 나이키는 나이키타운Niketown의 형태로 채널 혁신을 촉발시켰다. 이 플래그십 스토어는 '공연장 같은 매장' 역할을 했다. 뿐만 아니라 나이키에게 있어서는 제품을 전시하는 공간이었으며, 고객에게 나이키는 평범한 신발 판매기업이 아님을 알리는 방법이기도 했다. 이는 이전까지는 제품에만 초점을 맞췄지만 이제는 브랜드 혁신으로 중심축을 전환한다는 신호이기도 하였다.

하지만 신발회사가 뉴욕, 런던, 파리, 시카고, 북경 등 세계에서 가장 땅값이 비싼 상업지구에 있는 가장 비싼 가게에서 신발을 파는 것이 과연 현명한 일인가? 나이키타운을 위한 설계와 건설에 몇 백만 달러가 투자되었고, 이 나이키타운은 10년 뒤인 2001년 5월에 등장했던 애플스토어보다 심지어 훨씬 더 고급스럽다. 나이키타운은 고객의 열광적인 인기에 힘입어 개점 시간부터 폐점 시간까지 연일 붐볐다.[9] 하지만 어림잡아 대충 계산해보더라도 나이키타운처럼 큰 매장에 들인 투자에 대한 회수는 가장 비싼 신발을 아무리 팔더라도 전통적인 방식으로는 불가능하다는 결론이 나온다.

나이키도 그러한 기대는 하지 않았다. 경영진은 나이키타운이 광고 캠페인만큼이나 브랜드에 공헌하고 있다고 판단하여 나이키타운에 들어가는 비용

9 몇년전, 우리는 시카고의과학산업박물관(Chicago's Museum of Science and Industry)과 함께 일을 했다. 이 박물관은 4블록 이상의 부지를 차지하고 있고, 실제 탄광과 제2차 세계대전 때 나포된 독일 U보트 등 신기한 물건들을 소장하고 있는 훌륭한 박물관이다. 박물관의 대표가 박물관보다 미시건 애비뉴에 있는 나이키타운이 더 많은 관람객을 유치한다는 말을 해서 놀랐던 적이 있다.

왼쪽: 나이키타운 플래그십 스토어는 나이키 제품과 스폰서 활동을 활용하여 브랜드와 메시지 전달에 초점을 맞추었다. 사진은 뉴욕시에 위치한 나이키타운으로 2010년 월드컵에 출전하는 미국 팀을 응원하고 있다.

왼쪽: Nike+의 제품시스템은 기술을 많이 이용하여 전세계 러너 커뮤니티를 연결한다.

을 광고비로 처리했다. 그리고 나이키타운은 고객의 즐거움 외에도 다른 역할을 수행했다. 그것은 바로 다른 소매업자에게 나이키의 제품을 보다 효과적으로 판매할 수 있는 방법을 알려주는 민간 산업 이벤트를 진행하는 것이었다. 나이키는 풋 로커Foot Locker 같은 업체의 바이어들을 초대해서 일류 스포츠 선수나 디자이너와 만나는 간담회를 열었다. 2가지 목적으로 이러한 행사를 진행하였다. 첫 번째는 스포츠용품산업이 고도의 마케팅 프로그램을 펼치도록 하는 것이고, 두 번째 목표는 일반 소매점에서 경쟁사의 제품과 나이키의 제품이 나란히 진열되어 있을 때 소비자가 나이키 제품을 더 선호하도록 만드는 것이었다.

스포츠용품 시장에서의 나이키의 성공은 확실히 보장되어 있지 않았다. 리복Reebok은 강력한 캠페인으로 나이키에 맞섰고 아디다스adidas, 푸마Puma, 휠라Fila는 제품 디자인을 개선하고 우수한 제품과 광고를 통해 나이키와 접전을 펼치고 있었다. 경쟁사는 나이키의 마케팅 집중 전략도 모방했다. 아디다스는 1993년부터 판매액의 6%에서 12.5%로 광고비를 올렸고, 1998년 말에는 유럽에서 스포츠 신발 시장점유율 1위를 기록하였다.

2000년 나이키와 경쟁사들은 점점 심화되는 글로벌 경쟁에 대한 압력에 적응해야 했으며, 이에 따른 여러 가지 새로운 도전에 직면했다. 그 도전은 바로 혁신을 일으켜야 한다는 것이었다. 혁신은 아직 끝나지 않았다. 나이키는 사업을 계속 성장시키기 위해서 유행에 민감한 고객의 충성심에 잘 대처할 필요가 있다고 생각했다. 그리고 제품을 판매하는 수단인 전통적인 미디어의 붕괴에 잘 대응할 수 있는 새로운 방법을 모색해야만 할 것이다.

그래서 Nike+나이키플러스 같은 제품이 발매되었다. 이것은 기술을 활용하여 달리기를 좋아하는 사람들을 위한 전세계적인 커뮤니티를 연결시키는 제품시스템 혁신을 선도하는 애플과 연계된 네트워크 혁신 사례 증 하나이다. 채널에서는 나이키는 새로운 지평을 개척하고 있다. 소비자와 나이키의 디자이너와 협력하여 개개인에 맞춘 신발을 만드는 나이키 스포츠웨어 소매점이나, 최근 '브랜드 경험'을 제공하는 것이 그 증거이다.

중요한 것은 당분간 지속적인 진보로 인해 나이키의 전망이 밝다는 것이다. 2011년에 세운 나이키 2015년도 판매목표는 280억~300억 달러이다.

2011년, 회장 겸 CEO인 마크 파커Mark Parker는 이렇게 말했다. "나이키는 전면전을 펼칠 것이다. 이는 혁신에 대한 확고한 약속을 의미한다. 기회를 포착하고, 운동선수들에게 봉사하고, 주주에게 보상하고, 스포츠산업을 계속해서 주도해나갈 것이다."

PART FOUR: IN SUMMARY

관점을 바꾸어라 SHIFT YOUR FOCUS

혁신전망을 3가지 방향에서 연구하라. 그러면 새로운 구상에 필요한 문화적 변화와 더 폭넓은 전환을 이해하여, 경쟁사들이 전혀 예기치 못한 곳에서 혁신을 실행하여 원하는 결과를 먼저 얻을 수 있다.

1. 내면을 들여다 보라.

지금까지 계속해서 노력해왔던 분야를 파악하라. 그러면 잠재적으로 개선이 필요하거나 혁신에 도움이 되는 패턴과 방법을 발견할 수 있을 것이다.

2. 주위를 둘러 보라.

경쟁 환경을 명확히 이해하기 위해 경쟁사가 하고 있는 일을 조사하라. 그리고 경쟁자와 어떻게 혁신을 차별화할 것인지 고민하라.

3. 넓게 살펴 보라.

비슷한 상황을 타개한 다른 산업에 속한 기업의 활동도 조사하라. 그러면 비록 다른 산업에 속한 기업이지만, 그 기업으로부터 무엇을 어떻게 해야 할지에 대한 새로운 방법을 학습할 수 있다.

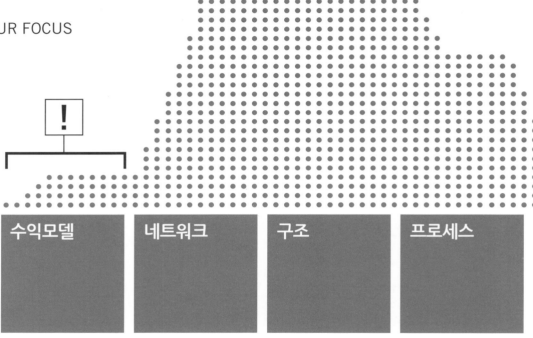

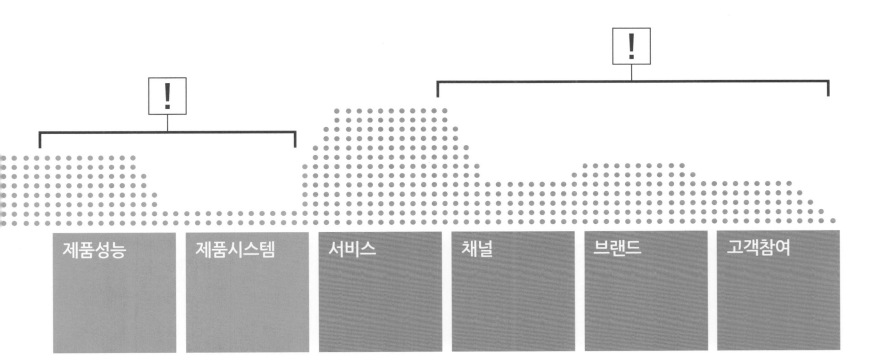

제품성능 제품시스템 서비스 채널 브랜드 고객참여

혁신을
주도하라 LEADING INNOVATION

혁신을 실현시키기 위해 더 뛰어난 계획을 사용하라
USE BETTER PLANS TO BUILD BREAKTHROUGHS

정교한 혁신들의 핵심을 살펴보면 비슷한 요소를 찾아볼 수 있다.
성공적인 혁신 사례들을 분석해본다면 새로운 컨셉의 혁신 구성요소를 발견할 수 있을 것이다.

CHAPTER 18

의도를 명확히 하라 DECLARE INTENT
어디를 어떻게 혁신할지 명확히 한다면 성공가능성을 크게 높일 수 있다

혁신을 주도하기 위해서는 다른 사람들이 어떻게 혁신하고 있는지 파악할 필요가 있으며 현재 상황에 변화를 일으킬 방법을 찾아야 한다. 그 다음에는 이를 추진하기 위해 필요한 세부작업을 생각해야 한다. 즉, "어디를 어떤 방법으로 혁신할 것인가? 어느 정도로 혁신할 것인가?"로 단순화할 수 있다.

이 작업을 제대로 수행하기 위해서는 먼저 '혁신 의도'Innovation Intent의 초안을 작성해야 한다. 혁신 의도의 초안은 초기 목표에 대한 간결하고 명확한 표현이다. 이때 쓰인 표현은 꼭 정확하지 않아도 된다. 초안 작성의 근본적인 목적은 "깜짝 놀랄 만한 혁신 아이디어를 달라" 같은 터무니 없고 불명확한 요구를 피하기 위해서다. 대신 협력자들에게 어디서부터 혁신을 시작할지, 또 무엇이 성공 요소인지 알려줘야 한다.

대표적인 혁신 의도의 예로는 존 F. 케네디John F. Kennedy 전 대통령이 1961년 5월 25일에 의회에서 했던 연설에서 찾아볼 수 있다. "처음으로 저는 10년 내에 미국이 달을 탐사하고 지구로 안전하게 되돌아 온다는 목표를 달성한다는 것에 확신합니다."[1] 이 힘찬 문장으로 케네디 대통령은 야망을 공표했고, 1970년이 다 가기 전에 우주비행사를 성공적으로 귀환시키겠다는 명확한 목표를 가졌다. 사실 케네디 대통령은 어떻게 이 꿈을 이룰 수 있을지에 대한 구체적인 방법은 몰랐다. 그 대신 그는 도전했고, 목표 기간을 설정한 후 이를 실현할 재능 있는 사람들을 임명했다. 이는 혁신의 돌

파구가 어떻게 생겨나는지 보여준다. 혁신은 뜻밖의 발견이나 엄청난 창의력 발휘를 통해서가 아니라, 분명한 목표를 설정하고 이를 실현하기 위해 팀에게 자극을 줄 때 발생한다.

혁신 의도를 고려할 때에는 혁신 유형을 많이 사용할수록 더 설득력 있는 목표와, 결과적으로 더 높은 수익이 뒤따른다는 것을 기억하라. 더 많은 유형을 사용할수록, 통합을 위한 노력 또한 더 많이 요구된다. 다수의 혁신 유형들을 사용할수록 더 큰 조직과 협동력이 필요하다. 이를 위해서는 더 복잡한 개발 과정이 요구되며 이에 따라 실패할 가능성도 높아질 것이다.

과학자들 사이에는 오컴의 면도날Occam's razor이론이 통용된다. 이 이론은 가설을 세울 때, 추측을 최소화하여 단순하게 시작하고 꼭 필요할 때에만 복잡하게 만들 것을 시사한다. 이는 혁신 작업에 있어서도 마찬가지다. 가능한 한 최소한의 복잡함만 허용하라. 산업 전체에 커다란 변화를 원한다면, 최소한 5가지 유형을 통합해야 가능할 것이다. 그러나 기존제품을 탈바꿈하기를 원한다면 보다 적은 유형으로도 가능할 것이다.[2]

파트4에서는 남들과 다른 방법으로 혁신한다면 성공하기 더 쉬울 것이라고 설명했다. 이 챕터에서는 혁신을 향한 경로를 정하고 출항하는 것을 도와줄 것이다.

---

1 심지어 NASA조차도 이 목표가 불가능하다고 여겼다. 당시 미국은 몇 대의 유인 우주비행선만 보유하고 있을 뿐이었다.

2 유형을 사용함에 있어서 '적당한' 사용개수가 정해진 것은 아니다. 각 상황에 맞춰 사용하면 된다. 보편적인 법칙이 있다면 다음과 같다. 항상 미리 계획하고, 혁신의 출시 몇 년 이내에 얼마간의 유형을 추가할 준비를 하라. 무엇보다도 제공품이 없다는 것은 매우 훌륭하므로 경쟁자가 목을 움츠리며 이렇게 선언할 것이다. "당신 이기고우리가졌다. 우리는지금포기하고 다른 일을 찾아볼 것이다."

혁신 의도를 만들 때는 2가지 근본적인 질문에 고민하라.

질문 1: 어떻게 남들과 다르게 혁신할 것인가?

경쟁자들이 모두 어디에 집중하고 있는지
살펴보라. 이를 역이용하여 남들과
차별화할 수 있는 혁신 유형을 찾고
독자적인 영역을 구축하라.

질문 2: 얼마나 과감하게 혁신할 것인가?

목표를 명확히 하고 성공하기 위해 몇 개의
혁신 유형을 사용할지 결정하라.
추후에 다른 유형을 추가할 가능성 또한
인지하라.

방향설정:
3가지 혁신 전환
THE THREE INNOVATION SHIFTS

자사가 속한 산업에서 누가 무엇을 하고 있는지 살펴본다면 대부분 기업의 기본적인 혁신 활동은 언제나 3가지 중심축비즈니스 모델, 플랫폼, 고객경험 중에서 하나 혹은 그 이상에 집중하고 있음을 발견할 수 있다.

시장에서 중심축center of gravity을 이해한다는 것은 자신과 경쟁자들이 현재 무엇에 집중하고 있는지를 명확히 알 수 있게 한다. 이를 통해 경쟁자보다 2배 더 노력하거나 혹은 경쟁자와는 다른 경로를 선택할 수 있다. 어떤 선택을 할지 고민이 된다면 간단한 질문 2가지를 스스로에게 던져보라.

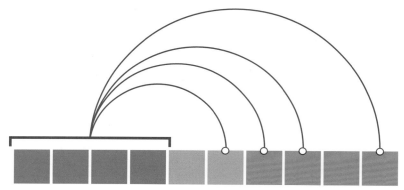

1. 현재 해당 산업에서 혁신 활동의 원동력은 무엇인가?

대부분의 혁신 활동은 제품에 집중된다. 더 나은 신제품을 만들기 위해 무엇이든지 할 기세이다. 엔터테인먼트나 호스피탈리티 산업에서는 경험적 요소를, 금융서비스, 부동산 그리고 항공사 같은 산업에서는 역량, 자산, 네트워크를 형성하는 데 좀 더 집중한다. 자신과 경쟁자가 지금 무엇을 하고 있든, 자문하라. "무엇을 다르게 할 것인가?" 만약 경쟁자들이 제품과 서비스에 집중하고 있는데 우리는 새로운 수익모델을 공개할 수 있겠는가? 혹은 모든 경쟁자들이 훌륭한 고객경험을 만들고 있는데 우리만 새로운 플랫폼을 만들 수 있는가?

2. 현재 가장 중요한 혁신 유형은 무엇인가?

만일 어떤 유형을 제거한다면 제품이나 비즈니스가 붕괴될 것인가? 집카Zipcar는 혁신 유형 7가지를 사용한다. 하지만 패스트플릿 프로세스FastFleet process와 거리별 요금체계의 수익모델을 제거한다면 집카는 평범한 구식 렌터카 기업에 지나지 않을 것이다. 이처럼 집카는 주로 비즈니스 모델의 변화를 근간으로 혁신적으로 이루어 냈다고 인정받는다.

비즈니스 모델의 전환(Business model shift)

비즈니스 모델의 혁신은 차별화된 방식으로 돈을 벌고, 고객을 대하기 위해 자산, 역량, 그리고 가치사슬value chain의 다른 요소를 형성하는 것에 우선 집중한다. 예를 들어 제너럴 일렉트릭GE이나 존슨 컨트롤즈Johnson Controls같이 하드웨어를 주로 판매하는 회사조차도 고객이 자사의 제품을 효율적으로 사용하도록 보장할 수 있는 페이 포 퍼포먼스pay-for-performance 모델을 사용하여 진정한 가치를 발견한다. 비즈니스 모델의 전환은 프레임워크의 왼쪽수익모델, 네트워크, 구조, 프로세스에 집중하면서 발생한다. 그후 요소들을 오른쪽으로 이동시켜 새로운 비즈니스 모델에 필요한 추가적인 유형들을 추가한다.

집카는 자동차를 네트워크로 연결하고, 고객들이 렌터카를 예약하고 비용을 지불하는 새로운 방법을 개발하여 기존의 렌터카 회사와의 경쟁을 재정리하였다. 그 결과, 운전자들은 동네 인근에 주차되어 있는 렌터카를 시간 단위로 편리하게 이용할 수 있게 되었다.

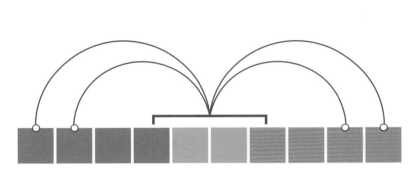

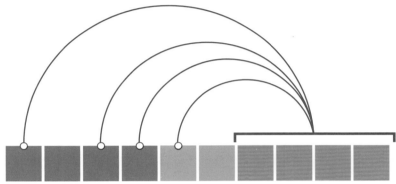

플랫폼의 전환(Platform shift)

대부분의 산업은 오랫동안 새로운 기능과 특징이 추가된 신제품을 중심으로 이루어져 있다. 하지만 플랫폼에 기반한 혁신은 새로운 가치를 만들기 위해서 재투자, 재결합, 혹은 제품과 기업의 역량을 넘나드는 새로운 연결을 시도한다. 플랫폼의 전환은 먼저 프레임워크의 중앙 프로세스, 제품성능, 제품시스템, 서비스에 관심을 집중시키면서 시작된다. 견고한 기초를 다지기 위해 이 유형들을 먼저 통합하라. 그후 프레임워크의 양 끝으로 이동시키고 새로운 플랫폼이 작동될 수 있도록 다른 유형을 추가한다.

아마존은 도서 판매를 위한 강력한 전자상거래 플랫폼을 구축했다. 이러한 토대 위에서 또 다른 혁신을 주도하기 위해 아마존만의 인프라, 경험, 데이터를 활용해오고 있다. 그리하여 타사에게 웹 서비스를 제공하는 것부터 전자책(e-book) 산업에까지 영향을 미치고 있다.

고객경험의 전환(Customer experience shift)

이러한 종류의 혁신은 처음에는 제품과 고객 간의 상호작용에 영향을 미치는 독특한 방식으로 고객과 연결하고 고객을 섬기고 그리고 고객을 참여시킨다. 먼저 프레임워크의 오른쪽 채널, 서비스, 브랜드, 고객참여 유형에 집중하라. 그리고 왼쪽으로 이동시켜 고객경험이 작동하는 데 필요한 다른 유형을 추가하라. 주의할 점이 있다면, 고객경험의 기준이 최근 몇 십 년 사이에 급격히 변해왔다는 것이다. 자포스Zappos 수준의 서비스를 경험한 고객은 산업의 종류와 상관없이 그 수준의 서비스를 기대하는 경향이 있다.

스타벅스는 유럽 커피 전문점들의 원칙을 적용하고 규모를 키워서 글로벌 프랜차이즈를 만들었다. 스타벅스의 목표는 고객이 세계 어디에 있든지 일관된 서비스와 제품을 즐길 수 있는 환경을 제공하는 것이었다.

최적의 전환을 어떻게 선택할 것인가?
HOW TO CHOOSE THE RIGHT SHIFT

현재 시장이나 산업의 중심축을 살펴보라. 시장 참여자들이 어떻게 고객을 만족시키는지 혹은 실망시키는지, 그리고 새로운 가능성을 어떻게 전달할 것인지에 대한 방법을 생각해 보라. 혁신의 핵심은 폭넓은 전환이 요구되는 시기를 파악하여 용기와 신념을 갖고 추진하는 것이다.

전환이 요구되는 시점은 전후 맥락과 관련이 깊기 때문에 상황을 신중하게 살펴봐야 한다. 이러한 상황을 분석하는 데에는 적어도 한 달 이상의 강도 높은 작업이 요구된다. 그리고 이 작업은 몇 페이지 자료만으로 해결될 만큼 간단하지 않다. 이러한 원칙들은 분석력을 증진시키고 재능을 키우기 위한 적절한 질문들을 생각나게 한다.

언제 새로운 비즈니스 모델로 전환해야 하는가?

훌륭한 비즈니스 모델은 가치 있는 분야, 그리고 가치가 높아지는 분야를 근본적으로 변화시킨다. 비즈니스 모델 전환은 더 나은 제품이나 서비스 제공만으로는 혁신을 이룰 수 없는 상황에서 제품과 서비스의 생산 및 전달 방법을 바꿀 더 많은 기회가 있을 때 가장 성공적이다. 새로운 비즈니스 모델에 신경을 쓴다면 어떤 분야에서도 성공할 수 있다. 하지만 그동안 자동차나 중공업 같은 자본집약적 산업, 의료나 항공우주 분야와 같이 규제가 심한 산업, B2B산업, 그리고 원자재산업에서 새로운 비즈니스 모델을 통해 특별한 가치를 창조하는 경우가 많았다. 그렇지만 네트워크의 가치가 높아지는 상황에서도 단위 비용이 0에 가까워지는 디지털 경제의 이 모순적인 특징은 이런 맥락 안에서 비즈니스 모델의 전환에 흥미로운 기회들을 제공한다.

새로운 비즈니스 모델이 필요한 징후 :

〈외부〉
- 시장에서 제품이나 서비스가 상당히 과소 혹은 과대평가되고 있다.[3]
- 시장에 처음으로 출시된 제품을 사용하기를 원하는 고객이 상당히 많지만, 가격이 합리적이지 않다고 생각하거나 구매할 능력이 없다.
- 현재 시장에서 프로세스, 조직구조, 공급사슬 등에서 변화에 대한 활동이 거의 없으며, 또한 기업 간의 협업도 찾아보기 힘들다.

〈내부〉
- 고객과 회사에 이익이 될 새로운 수익모델을 만드는 방법을 알고 있다. 그리고 이 모델은 시장에서 쉽게 받아들여질 수 있다.
- 기본적인 시장경제를 변화시킬 혁신적인 작업방식이나 자산을 구조화하는 방법을 알고 있다.
- 비즈니스 시스템과 제품을 잘 이해하고 있어서 경쟁자보다 월등한 신뢰성, 유연성, 그리고 품질보증을 할 수 있다.

3 제품에 대해 고객이 느끼는 가치와 제품에 부과된 가격을 비교할 때 사용하는 유용한 도구는 경제적가치추정(Economic Value Estimation, EVE)이다. 토마스 월리(Tom Nagle), 존 호건(John Hogan), 그리고 조 제일(Joe Zale)이 처음 제시한 방법이며 『The Strategy and Tactics of Pricing』이라는 책에서 자세히 논했다. (Prentice Hall 출판사의 2010년 5판이다.)

언제 새로운 플랫폼으로 전환해야 하는가?

훌륭한 플랫폼은 고객이 하기 힘든 일을 쉽게 할 수 있게 한다. 플랫폼 주도의 혁신은 고객이 당면한 과제를 해결하는 데 어려움을 겪고 있거나, 이전에는 분리되어 있었던 단체, 역량, 제품들을 연결함으로써 고객에게 도움이 되는 새로운 기회를 발견했을 때가 가장 생산적이다. 디지털 기술의 초연결적인 특징은 전자상거래 솔루션부터 소셜네트워크까지 다양한 플랫폼들을 활성화하였다. 그러나 이런 접근법은 어떤 산업에서든 이용될 수 있다. 먼저 복잡성, 마찰, 인지적 부담을 줄이는 방법을 찾고 있는 고객군이 있다면 플랫폼을 전환하는 것부터 시작해보라. 많은 기업들을 촘촘한 네트워크로 통합함으로써 문제를 해결하려고 할 때 특별히 유용한 방법이다.

새로운 플랫폼이 요구되는 징후 :

〈외부〉
- 고객이 스스로 문제를 해결하기에는 특별한 노력이나 기술이 필요하다. 예를 들어 제품을 '해킹' 하는 고객이 있는가 하면, 기존의 제품은 고객이 사용하기에 너무 복잡하다.
- 공유 관심사나 필요성을 지니고 있는 커뮤니티나 그룹이 있지만, 이들을 응집할 구심점이 없다.
- 시장에서 자산이나 역량에 대한 특별한 조합을 요구하는 수요는 많지만 고객이나 다른 기업이 이를 개발하기에는 너무 복잡하다.

〈내부〉
- 제품을 확장하고 다양화할 수 있는 방법을 알고 있거나, 제품들을 획기적인 방법으로 연결시킬 수 있다.
- 대표적인 자산이나 역량을 보유하고 고객과 다른 시장 참여자들이 이를 이용할 수 있는 방법을 알고 있다.
- 고객, 경쟁자, 또는 다른 시장 참여자를 참여시켜 우리를 위해서 일을 하게 할 수 있다.

언제 새로운 고객경험으로 전환해야 하는가?

어떤 분야가 너무 복잡하거나 진부하거나 지나치게 경쟁적인 상황이 되면, 훌륭한 경험은 반드시 필요하다. 고객이 더 나은혹은 새로운 상호교류를 원할 때, 특히 고객이 업계의 일반적인 경험에 싫증을 느끼고 있는 상황에서, 고객들과 지속적인 관계를 구축할 수 있다면 고객경험의 전환은 확실한 효과를 발휘한다. 고객경험의 전환은 서로 연결이 잘 된 고객층을 다룰 때 필수적이다. 고객끼리 잘 연결되어 있다면 고객이 좋은혹은 나쁜 경험을 했다는 소식이 산불처럼 삽시간에 퍼질 수 있기 때문이다. 그럼에도 불구하고, 고객경험 주도의 혁신은 어떤 산업에서나 성공할 수 있다. 심지어 가격이나 품질이 경쟁사보다 좋지 않더라도 손쉽게 극복할 수 있는 가장 편안한 회사인 안정된 B2B 관련 기업이나 정부 서비스 분야에서도 성공할 수 있다.

새로운 고객경험이 요구되는 징후 :

〈외부〉
- 고객들이 구매 혹은 서비스 경험에 대해 끊임없이 불평한다. 심하게는, 실제로 고객들이 평판이 나빠지기를 기대한다.
- 인격화, 위트, 우아함, 인간적인 면모가 부족한 시장에서, 아예 시장 자체를 무시하는 고객들이 많다.
- 대부분의 기업들이 중도해지 시 장기 계약이나 특허, 배타적인 인터페이스 같은 독점적인 기술을 통해 고객을 확보하고 있다.

〈내부〉
- 고객에게 현재 시장의 기준보다 훨씬 더 강력하고 간단하고 매끄러운 차별화된 구매경험을 제공할 수 있는 방법을 알고 있다.
- 타사와는 다르게, 고객이 중시하는 가치, 자아감, 그리고 다른 고객과의 관계에 대해 어필하는 방식으로 고객을 참여시킬 수 있다.
- 좀 더 광범위하게 시장에서 이미 고객경험을 전달하는 데에 탁월하며, 다른 상황에서도 그 탁월함을 발휘할 수 있다고 믿는다.

3가지 차원의 혁신 목표
THE THREE LEVELS OF
INNOVATION AMBITION

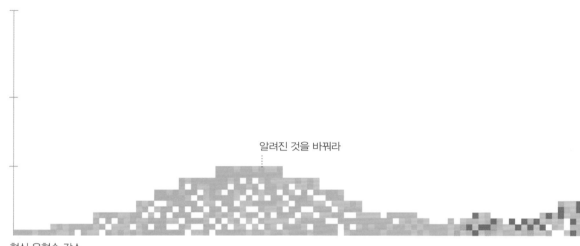

알려진 것을 바꿔라

혁신 유형수 감소

3가지 다른 차원의 스펙트럼 전체를 바탕으로
새로운 아이디어에 대해 생각하라.
알려진 것을 바꾸고 싶은가?
영역을 바꾸고 싶은가? 아니면 게임을
완전히 바꾸고 싶은가?[4]

핵심의 혁신: 알려진 것을 바꿔라.
CORE INNOVATION: CHANGE THE KNOWN

어떠한 분야든 고객에게 새로운 품질, 효용 또는 만족을 전달하는 방법은 항상 존재한다.
이 방법을 시행하려면 대개 혁신의 1~2가지 유형을 바꾼다. 안정된 회사는 제품을 새롭고
경쟁력 있게 유지하기 위한 개선책을 일상적으로 개발하며, 프로세스 설계자들은 이를 "문
제 찾아 해결하기"라고 부른다. 이러한 핵심의 혁신은 진정한 이익을 가져다 줄 수 있지만
그리 오래가지는 못한다. 경쟁자들이 대체로 모방하거나 신속히 대응하기 때문이다. 그렇
기 때문에 새로운 시장진입자가 핵심혁신을 통해 성공하기는 쉽지 않다. 확실한 차별성이
없거나 기존 기업들이 재빨리 대응하기 때문이다. 이미 어떤 분야나 산업에서 자리를 잡고
있는 상태에서, 업계를 조금이나마 뒤흔들고 싶으면 일반적으로 사용하지 않는 1~2가지
유형의 혁신을 시도하라. 만약 업계의 선두자가 핵심의 혁신을 한다면, 가장 큰 효과를 볼
수 있을 것이다.

4 목표 수준 범위를 넘나들며 초기
계획의 포트폴리오를 관리하는 연
구를 찾는다면, 우리의 동료 제프
터프(Geoff Tuff)와 반시 나기
(Bansi Nagji)의 기사를 참고하
라. 2012년 5월, 〈하버드 비즈
니스리뷰〉(Harvard Business
Review)에 실린 "Managing
Your Innovation Portfolio"
기사이다.

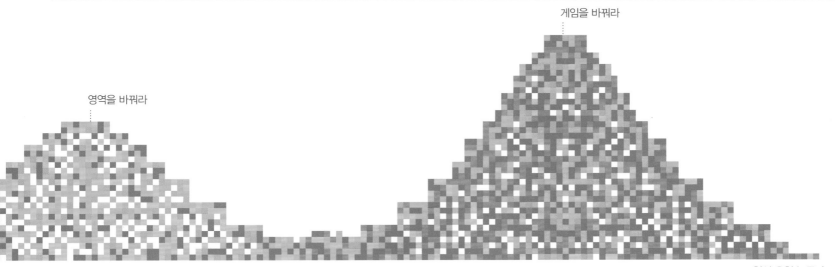

게임을 바꿔라

영역을 바꿔라

혁신 유형수 증가

2

경계의 혁신: 영역을 바꿔라.
ADJACENT INNOVATION: CHANGE THE BOUNDARIES

경쟁자와 비교되는 제품을 재구성할 때 흥미로운 일이 발생한다. 제품을 재구성한다는 것은 대개 더 큰 도전을 시도하거나 고객에게 더 종합적인 해결책을 제시하는 경우이다. 경계의 혁신 목표는 새로운 고객을 시장으로 끌어들이고 모든 시장참여자들의 예상을 뒤엎는 것이다. 경계의 혁신은 핵심의 혁신보다 더 대담하며 일반적으로 3~4개의 혁신 유형을 활용한다. 경계의 혁신을 성공적으로 수행한 기업은 자사의 기존 역량을 접목시키거나 완전히 새로운 역량을 개발하면서 작업방식으로 변화를 한다. 따라서 경계의 혁신을 실행하는 것은 핵심의 혁신을 실행할 때보다 더 위험하지만 그렇기 때문에 경쟁사가 모방하기도 어렵다. 경계의 혁신은 경쟁사들이 우리가 만든 새로운 게임에 대응할 때까지 몇 년 동안 수익과 힘을 가져다준다. 경계의 혁신 목표를 달성시킬 수 있는 한 가지 합리적인 방법은 경쟁사의 역량에 비해 자사의 역량을 더 넓히는 것이다. 예를 들어 메소드Method가 세제를 디자인할 때 세탁 효과뿐만 아니라 환경과 미적 감각에 대한 소비자의 관심을 끌었던 사례가 있다.

3

완전한 혁신: 게임을 바꿔라.
TRANSFORMATIONAL INNOVATION: CHANGE THE GAME

흔하지는 않지만, 모든 것을 바꾸기로 결심하는 순간이 있다. 완전한 혁신은 산업구조 전체를 근본적으로 바꾸겠다는 목표를 갖고 있다. 그리고 완전한 혁신은 완전히 새로운 비즈니스를 만들기 위해 5개 이상의 혁신 유형을 신중하게 통합하여 활용한다. 이는 새로운 제품을 만들 때와는 아주 다른 접근법이다. 완전한 혁신은 서로 다른 시장 간의 경계를 허물고, 경쟁자와 고객의 기대치를 완전히 바꾼다. 이름에서도 알 수 있듯이, 완전한 혁신은 관련된 모든 규칙을 바꿀 것이다. 이런 경우는 자주 있는 것은 아니다. 하지만 모든 기업들은 적어도 1~2개의 완전한 혁신을 미리 준비하고 있어야 한다. 완전한 혁신은 혁신 중에서 위험성이 가장 높으며 심사숙고와 엄청난 희생이 요구된다. 반대로 이 혁신은 가장 큰 이익을 가져다 줄 것이다.

최적의 목표 수준을 어떻게 정할 것인가?
HOW TO CHOOSE THE RIGHT LEVEL OF AMBITION

지금 무슨 일이 벌어지고 있는지에 주의를 기울여라. 어떤 산업에서든 변화의 발생가능성은 존재한다. 변화의 리듬이 느리고 예측할 수 있는 것인가? 아니면 빠르고 가끔은 갑작스러운가? 고객들은 얼마나 많은 변화를 기대하고 있으며 어느 정도의 변화를 받아들일 수 있는가? 고객의 기대를 충족하기 위해 빠르게 대처하고 있는가? 경쟁자를 고려해 보라. 경쟁자가 균형을 잃도록 변화율을 가속화할 필요가 있는가?

최적의 전환을 선택하는 것과 마찬가지로, 목표를 설정할 때에는 맥락을 파악하는 것이 최우선이다. 기본 원칙은 다음과 같다. 기발하고 예측 불가능한 전환을 하려면, 초기에는 낮은 차원의 목표로 어떻게든 해나갈 수 있으며, 단지 몇 개의 놀랄 만한 혁신 유형들이 필요할 것이다. 이를 시작하기 위한 몇 가지 광범위한 원칙들이 있다.

언제 알려진 것을 바꾸는 핵심의 혁신을 추진할 것인가?
모든 회사들은 반드시 이미 알려진 것을 꾸준히 바꿔야만 한다. 이는 조직의 자연스런 성장과 경쟁자들과 속도를 유지하는 데에 도움을 준다. 복잡한 산업의 경우, 정교한 규칙을 통하여 핵심의 혁신을 실행하는 것이 가장 뛰어난 전략이라 할 수 있다. 예를 들어서, 도요타가 개발해서 오랫동안 실행해온 도요타의 생산 시스템이 있다. 이 시스템은 자동차와 트럭 생산에 있어서 연간 적어도 100만 개의 개선을 이루도록 고안되었다. 창업을 하거나 혹은 새로운 시장에 진출하고자 할 때, 핵심의 혁신은 발판을 만들어주지는 않는다. 즉, 더 높은 차원의 목표를 고려해 보거나 초기 시도에 빠르게 몇 가지 유형을 추가하는 데에 관한 팁을 주지는 않는다는 것이다.

핵심의 혁신이 필요한 징후 :
〈외부〉
- 이미 시장에서 꾸준한 성장세를 보이는 강력한 제품을 가지고 있으며 그 제품의 강점과 수익원을 지속적으로 유지할 수 있다.
- 대부분의 경쟁자들이 제품성능 중심의 혁신에 집중하지만, 자사는 다른 혁신 유형을 활용할 기회를 알고 있다.
- 시장에서는 혁신의 결여가 문제가 되고 있다. 하지만 최소자본 요건이나 규제의 복잡성 등으로 새로운 진입자에게는 높은 진입 장벽이 존재함으로써 혼란의 위협을 제한한다.

〈내부〉
- 수익을 빨리 내야 하면서도 초기부터 비교적 적당한 이익을 얻을 수 있다.
- 현재 시장에서 추가 이익을 얻기 위해 이용할 수 있는 자산 혹은 역량을 보유하고 있다.
- 현재 위험을 감수하려는 경향이 낮으며 복잡한 혁신을 실행하기에는 환경이 잘 갖추어 지지 않은 상태이다. 예를 들면 업무 능력과 부서 간 장벽이 존재한다.

언제 산업의 영역들을 바꿀 경계의 혁신을 추진할 것인가?

경계의 혁신은 2가지 상황에서 실마리 역할을 한다. 보유한 자산과 역량으로 새로운 성장을 이끌어내고자 할 때와 현재 시장의 역학을 바꿀 필요가 있을 때이다. 보유하고 있는 역량을 새로운 시장에 적용할 기회를 살펴라. 예를 들어, 공항 보안 검사에 의료 영상 기술을 사용하는 것처럼 말이다. 혹은 보다 더 포괄적인 방법으로 고객을 대하는 방법을 알고 있어야 한다. 가령, 기존 제품라인에 서비스 요소를 추가하는 것이 있다. 세간의 주목을 받고 큰 성공을 이루기 위해 노력하고 있는가? 경계의 혁신은 이를 위한 가장 낮은 차원의 목표일 것이다.

경계의 혁신이 요구되는 징후:

〈외부〉

- 기존 제품들이 낮은 성장세를 보인다. 급증하는 경쟁의 압박에 직면하고 있거나 신규고객의 관심을 끌기 위해 기존 제품을 활용할 방법을 알고 있다.
- 대부분의 경쟁자들이 제품성능에 그치지 않는 혁신 유형을 주의 깊고 지속성 있게 활용하고 있다. 그러나 대부분 1~2개의 유형만 통합할 뿐이다.
- 시장은 점점 진부해지고 있다. 필요한 만큼의 이익을 더 이상 창출하지 못하거나 비즈니스 방식을 바꿀 기회를 알고 있다.

〈내부〉

- 평범한 노력을 하기보다는 거대한 성장을 이끌어낼 수 있는 주도권이 필요하다. 그리고 이익을 창출하기 위해 합리적인 시간을 투자할 수 있다.
- 새로운 이익을 창출할 새로운 방법에 기존의 자산과 역량을 이용할 수 있다. 혹은 기존의 자산과 역량의 용도를 바꾸거나 투자함으로써 유연성, 효용을 추가할 수 있다.
- 조직 차원에서 기꺼이 위험을 감수하려고 하며, 현재 시장에서 경쟁사와 차별화된 활동을 원하거나 새로운 영역을 개척할 기회를 모색하고 있다.

언제 게임을 바꾸고 완전한 혁신을 추진할 것인가?

모든 기업은 모든 것을 변화시키는 혁신을 상상하는 연습을 해야 한다. 이러한 시도는 시나리오 기반 기획과 같이 고객의 기대와 경쟁자의 행동을 전환할 수 있는 새로운 방식을 생각해내는 데 단순하고 좋은 규칙이 될 것이다. 완전히 새로운 시장을 만들거나 더 강한 기업을 견제할 수 있는 기회를 포착했을 때 단지 그것을 상상하고 실행하라. 완전한 혁신의 전문가는 시장을 뒤엎는다. 그들은 완전히 다른 규칙에 의해서 활동하며 표준과는 완전히 다른 역량과 자산을 활용하기 때문이다. 사실 그 이면에는 위험이 존재하기도 한다. 완전한 혁신은 불확실성이라는 가장 큰 위험을 수반하며, 성공하기 위해 가장 큰 희생을 요구하기 때문이다.

완전한 혁신이 요구되는 징후:

〈외부〉

- 기존 제품을 이용하여 급격한 성장을 이끌어내야 한다. 그리고 그만큼 성장하기 위해서는 제품에 대한 근본적인 변화의 필요성을 느낀다.
- 경쟁자들은 반응을 요구하는 대담한 행동을 취하고 있다. 또는 시장의 구조를 근본적으로 바꾸는 방법을 알고 있다. 예를 들어 고객, 혹은 고객에게 제공할 자산과 역량을 재정의하는 것이다.
- 시장이 침체되어 있고 진입 장벽은 낮아지고 있다. 시장의 경계가 모호해지고 있으며 붕괴의 위험이 크다.

〈내부〉

- 엄청나게 큰 이익을 가져다 줄 때까지 충분한 시간이 있다. 그리고 급격한 성장이 필요한 상황이다.
- 완전히 새로운 자산과 역량을 얻기 위한 투자뿐만 아니라, 현재 보유하고 있는 자산과 역량에 대해 다시 생각할 준비가 되어 있다.
- 고객과 서비스 방법을 완전히 재구성하는 새로운 기회를 고려하고 있으며, 여기에 수반되는 큰 위험을 감수할 수 있다.

객체지향형 프로그래밍으로부터 배우자
LEARNING FROM OBJECT-ORIENTED PROGRAMMING

흔한 경우는 아니지만 대개 어떤 심오한 과학기술의 분열의 결과로 산업이 근본적으로 완전히 바뀔 때가 있다. 예를 들면, 1970년 이전에 태어난 사람만이 퍼스널 컴퓨터의 엄청난 영향 이전 생활을 기억하고 있을 것이다. 그 후에 태어난 사람에게 디지털 시대 이전의 시대는 막연히 오래되고 옛스럽게만 느껴질 것이다. 이러한 획기적인 변화로 알 수 있는 한 가지 사실은 사실상 모든 기업이 거대한 폭포와 같은 변화의 흐름에 영향을 받는다는 것이다.

거대한 흐름을 가진 혁신에는 어떤 것이 있을까? 말 대신 자동차를 타기 시작하면서 자동차 딜러, 주유소, 자동차 극장, 식당, 유료 도로, 그리고 교외에서의 삶과 관련된 대부분이 발명되었다. 비행기가 발명된 이후에는 멀리 떨어진 가족을 쉽게 볼 수 있고, 여행용 수하물 배달 서비스 같은 놀라운 서비스도 생겨났다. X-레이, CT, MRI와 같은 의료영상 기술이 개발되어 환자들은 보다 나은 진단이나 치료법을 누리기도 한다. 엄청난 규모의 항구와 화물선을 디자인하여 세계화의 기본 동력을 창조하였다. 이렇듯 긴 흐름을 발견하는 것은 어렵지만 그만한 가치가 있다. 그리고 다른 사람보다 조금 더 일찍 혹은 조금 더 명확히 이 흐름을 알아보는 사람이 가치 있는 신규

분야의 선구자가 된다.

1960년대, 컴퓨터라고 불리는 최신 기기가 중요해진다는 것이 분명해지기 시작했다. 디지털 혁명의 초창기에는 처리 속도뿐만 아니라 소프트웨어 개발에서도 성장의 한계가 있을 것이라는 전망이 있었다. 이 예상은 적중했다. 컴퓨터가 해결해야 할 과제는 더 복잡하고 정교해졌으며, 업무에 필요한 코드는 너무 비대해져서 관리하기에 불가능할 지경에 이르렀다. 오늘날의 최첨단 자동차가 1세대 IBM PC의 10~12배의 처리 능력이 있으며, 수백만 개의 코드에 의해 작동된다는 사실을 아는 사람은 거의 없다. 이러한 시스템들을 개발하기 위해서는 상당한 시간과 돈이 들어가며, 전문 지식을 가진 팀이 필요하다.

혁신에 관한 다소 진부하면서도 진실에 가까운 표현은 '필요는 발명의 어머니'이다. 디지털 혁명 초창기에 유타 대학교에서 ARPA 프로젝트를 작업하고 있었던 과학기술의 선구자인 앨런 케이Alan Kay는 소프트웨어 문제에 대해 생각했고 객체지향형 프로그래밍object-oriented programming 개척을 도왔다. 객체지향형 프로그래밍은 혁명적인 처리방법이었으며 핵심적인 통찰력

코드에 버그가 있다.

상상하기 어렵겠지만, 컴퓨터는 통합 회로가 발명되기 이전부터 있었다. 에니악 (ENIAC)처럼 방 크기만 한 컴퓨터가 있었던 초기 시절에는 거대한 배열 속에 정렬된 진공관이 모든 과제를 처리했다. 진공관이 따뜻하고 빛이 나자 나방이 모였다. 기계 속의 '실제 버그 사례'를 발표한 컴퓨터 과학자 그레이스 호퍼(Grace Hopper)의 이야기는 여기에서 만들어진 것이다. 버그 이야기가 사실인지는 확실하지 않지만 버 그는 소프트웨어 오류에 일반적으로 사용되는 용어가 되었다. 이제 혁신을 디버그할 수 있는 방법을 알아보자.

5 자바(Java)는 객체지향형 프로 그래밍의 독창적인 아이디어를 고수하면서 더 나아가 발전된 현 대 언어이다. 오늘날, 40억 개이 상의 기기들이 자바코드에 기초 하여 작동하고 있다. 만약 기계마 다 따로 주문제작 코드를 개발해 야만 했다면 현대 생활은 느리게 진보했을 것이다.

이 있었다. 그 핵심적인 통찰력은 바로 재사용가능한 모듈reusable modules[5] 을 중심으로 프로그래밍 언어를 구축하는 것이다. 객체지향형 프로그래밍 을 통해 데이터, 파일, 계산 요소는 통제가능한 객체가 된다. 그 다음에 시 스템이 연결된 다른 객체들도 빠르게 만들어 식별하거나 통제할 수 있다.

대부분의 과제는 방법이나 서브루틴으로 나타낼 수 있고 효율적, 반복적으 로 처리된다. 그리고 새로운 업무를 수행할 때마다 버그를 없애기 위해 맞 춤형 코드를 개발할 필요없이 쉽게 관리된다.

객체지향형 컴퓨팅의 모듈 방식은 컴퓨터산업의 혁신을 일으켰다. 이와 유 사한 발전들이 지금 21세기 혁신 혁명의 중심에 있다. 객체지향형 프로그 래밍의 사례처럼, 어떤 시스템은 일반적인 사람들도 합리적이고 철저하게 혁신을 쉽게 할 수 있게 하며, 비용과 위험을 극적으로 낮추어 해당 분야를 대중화시킨다.

지금까지 살펴본 것:

혁신의 10가지 유형을 분석적으로 이용하면서, 100개 이상의 혁신 전술을 알아보았다. 이 전술은 개별 혁신 유형을 달성하기 위한 모듈식 방법이다.

다음으로, 우리는 복합화된 혁신을 구축하기에 충분히 확고한 전술들의 조 합을 만드는 방법을 알았다. 이들이 우리의 서브루틴이다. 종합하자면 이들이 혁신 을 위한 각본에서의 활동이다.

혁신을 구성하는 놀라운 전술 조합에 대해 설명할 수 있는 활동들이 있다. 몇몇의 모범사례들이 어떻게 작동하였는지 분석하면 자신만의 혁신을 만드 는 방법을 알 수 있을 것이다. 어쩌면 모범사례 중 몇 개는 우리의 혁신에 영감을 줄 수도 있다.

우리의 목표는 기본적이지만 중요하다. **우리의 팀들이 과감한 혁신의 돌파 구를 보다 쉽게 구축하도록 돕는 것이 우리의 목표이다.**

CHAPTER 19

혁신 전술 INNOVATION TACTICS

10가지 유형을 혁신 구성요소로 바꾸는 도구들

훌륭한 혁신의 공통점을 찾기 위해 이를 경험적으로 분석해본 결과 혁신의 10가지 유형을 발견했다. 최근 이 발견을 심화하기 위해 또 다른 분석을 시도했다. 기본적인 분석 질문은 "10가지 유형에는 각각 어떤 기술이 있는가?"이다.

이를 혁신 전술이라고 한다. 지금까지 분석하고 정리해 온 전술들은 모두 100개 이상이다.[1] 혁신의 10가지 유형이 완전히 새로운 것이 아닌 것처럼 전술도 원래 우리 주변에 있었던 것이다. 출판사들이 수익모델로 정기구독을 활용한 것처럼, 많은 전술이 수십 년, 심지어 몇 세기 동안 존재해왔다. 우리는 각각의 쓰임과 한계에 대해 정의를 내렸다. 이를 통해 전술은 간단한 재결합을 하며 실용성을 가지게 되었다. 예를 들어 분자를 구성하는 원자나, 원하는 것은 무엇이든 만드는 레고 블록처럼 말이다. 대담한 혁신을 구축하기 위해 혁신의 구성요소를 재결합하라.

이 활동은 단순히 누군가를 모방하는 것이 아니기 때문에 가치가 있다. 새로운 방식으로 다양한 전술을 결합한다면, 아이디어 구축의 실패에 대한 큰 위험부담 없이도 새로운 결과물을 만들어낼 수 있다. 대부분의 성공적인 혁신은 완전히 새로운 것을 발명하는 것이 아니라 이질적이고 흩어져 있는 생각을 새롭고 가치 있는 무언가로 통합한 것이다. 예를 들어 넷플릭스Netflix는 비디오 대여 산업을 뒤흔들기 위해 구독료 모델을 이용했다.

집카Zipcar는 자동차 렌탈과 관련된 새로운 방법을 개발하고자 새로운 건 아니었지만 뛰어난 전술들을 아주 많이 활용했다.

전술의 조합은 매우 중요하다. 훌륭한 혁신을 이루는 전술과 기본 구조를 파악한다면, 많은 사람들의 마음에 울림을 줬던 테마들이 보이기 시작할 것이다. 테마와 변형은 전혀 새로운 것이 아니며 그동안 사람들이 사랑해 온 예술의 핵심부에 존재한다. 그리고 주목할 만한 혁신의 핵심에서도 찾아볼 수 있다. 개별적인 전술은 성사시키기 힘들어 보이는 가능성도, 실행할 확실한 방법이 있다는 자신감을 줄 수 있다. 전술의 조합은 어떠한 안정된 시장이라도 대담하게 바꿀 용기를 가져다 준다. 뿐만 아니라 새로운 혁신의 구성요소를 서로 통합하는 방법에 대한 감각도 길러준다.

이를 발명이라기보다는 관현악곡orchestration**이라고 생각하라. 이제 명지휘자가 되기 위해 무엇이 필요한지 보도록 하자.**

1 처음 분석을 시작할 때, 104개의 개별 전술을 발견했다. 1년 후 그 수는 112개로 늘어났다. 새로운 전술을 꾸준히 찾을 수 있었으며 새로운 전술을 찾기 위해 거의 강박증을 갖고 무던히 노력했다. 전술 모음집은 tentypesofinnovation.com에서 확인할 수 있다.

Microtransactions
Sell many items for as little as a dollar—or even only one cent—to drive impulse purchases at volume.

Brand Extension
Offer a new product or service under the umbrella of an existing brand.

Flexible Pricing
Vary prices for an offering based on demand.

Ease of Use
Make your product simple, intuitive and comfortable to use.

Guarantee
Remove customer risk of lost money or time stemming from product failure or purchase er...

Community and Belonging
Facilitate visceral connections to make people feel they are part of a group or movement.

Facebook allowed its users to create or join nearly any group imaginable—and in the process enabled people to develop or rekindle communities and movements.

Pop-up Presence
Create a noteworthy but temporary environment to showcase and/or sell offer...

Alliances
Share risks and revenues to jointly improve individual competitive advantage.

Safety
Increase the customer's level of confidence and security.

Multi-Level Marketing
Sell bulk or packaged goods to an affiliated but independent sales force that turns around and sells it for you.

Amway sold its bea... products directly to... business owners, w... of selling the product...

Collaboration
Partner with others for mutual benefit.

Go Direct
Skip traditional retail channels and connect directly with customers.

Complementary Partnering
Leverage assets by sharing them with companies that serve similar markets but offer different products and services.

Loyalty Programs
Provide benefits and/or discounts to frequent and high-value customers.

Thank you for shopping with us!
REWARDS POINTS earned
32

Scaled Trans...
Maximize margins... high volume, large... transactions when... are relatively fixed.

Morgan Stanley's costs for manag... of money were roughly the same a... sums, but fees—and thus profit—... larger transactions.

Co-branding
Combine brands to mutually reinforce key attributes or enhance the credibility of an offering.

Conservation
Design your product so that customers can reduce their use of energy or materials.

Subscription
Create predictable cash flow by charging customers up fr... (a one time or recurring fee) to have access to the product... service over time.

Netflix turned the video rental with the implementation... (no more late f...

Non-Traditional Channels
Employ novel and relevant avenues to reach customers.

Incentive Systems
Offer rewards (financial or non-financial) to provide motivation for a particular course of action.

Freemium
Offer basic services while charging a premium for advanced or special features.

Membership
Charge a time-based payment to permit access to locations, offerings, or services that non-members don't have.

CLUB MEMBERS ONLY

Flagship Store
Create a store to showcase quintessential brand and product attributes.

Nike built a small number of NIKETOWN stores where it could fully control the retail environment, creating a mecca for experiencing the Nike brand and its product lines.

Localization
Adapt an offering, process, or experience to target a culture or region.

Added Value
Include an additional service/function as part of the base price.

Coopetition
Join forces with someone who would normally be our competitor to achieve common goal.

Ad-Supported
Provide content/services for free to one party while selling listeners, viewers or "eyeballs" to another party.

User-Defin...
Invite custom... they wish to pu...

MARRY ME?

혁신 전술
INNOVATION TACTICS

지금까지 알아낸 모든 혁신 전술을 유형에 따라 정리해두었다. 새로운 전술도 꾸준히 찾고 있다. 우리가 아직 찾지 못한 다른 전술을 알고 있다면, tentypes@doblin.com으로 연락하라.

수익모델(PROFIT MODEL)

에드서포티드(Ad-Supported)
일반 사람들에게는 콘텐츠와 서비스를 무료로 제공하지만 광고주에게는 비용을 청구한다.

옥션(Auction)
시장과 소비자들이 제품과 서비스의 가격을 결정한다.

번들 프라이싱(Bundled Pricing)
각각 판매할 수 있는 2개 이상의 제품을 묶어서 판다.

원가우위(Cost Leadership)
변동비를 낮게 유지하고 싼 가격에 많은 양을 판매한다.

가격 세분화(Disaggregated Pricing)
소비자가 원하는 상품만을 정확히 구입할 수 있다.

자금조달(Financing)
제품의 직접 판매를 통해 수익을 창출하는 것이 아니라 구조화된 상환 계획과 판매 후의 이자를 통해 수익을 창출한다.

변동 가격(Flexible Pricing)
수요에 기반하여 제품의 가격을 조절한다.

플로트(Float)
제품과 서비스를 제공하기 전에 돈을 먼저 받는다. 즉, 소비자에게 상품을 전달하기 전에 선불을 받아 이자를 벌어들인다.

강제 희소(Forced Scarcity)
수요나 가격을 높이기 위해서 수량, 기간, 접근성을 이용하여 상품의 공급을 제한한다.

프리미엄(Freemium)
기본 서비스는 무료로 제공하고 더 나은 서비스는 프리미엄(Premium) 요금으로 제공한다.

기반 설치(Installed Base)
수요와 충성도를 높이기 위해 '핵심' 제품을 낮은 단가(혹은 손실)로 제공하고, 추가적인 제품과 서비스로 이익을 창출한다.

라이센싱(Licensing)
계약된 조건에 따라 제품이나 서비스를 사용할 권리를 개인이나 기업에 제공한다.

멤버십(Membership)
회원만 접근할 수 있는 장소나 제품, 서비스를 정하고 시간에 기초하여 비용을 청구한다.

사용 측정(Metered Use)
고객이 사용한 것에 대해서만 지불한다.

소액결제(Microtransactions)
많은 제품을 1달러, 심지어 1센트 정도의 낮은 가격에 팔아서 충동 구매를 유도하다.

프리미엄(Premium)
뛰어난 상품이나 경험, 서비스 혹은 브랜드에 대해 경쟁사보다 더 높은 이익을 책정한다.

위험 분담(Risk Sharing)
특정 기준에 못 미치면 표준 요금이나 비용을 고객에게 되돌려 주지만, 기준이 충족될 경우 초과 이익을 얻는다.

대량 거래(Scaled Transactions)
단위 원가가 상대적으로 고정되어 있을 때 대량 혹은 대규모 거래를 통해 이익을 극대화한다.

구독(Subscription)
제품이나 서비스에 대한 비용을 (한 번 혹은 지속적으로) 미리 지급하는 고객을 통해 예측가능한 현금 흐름을 창출한다.

교환대(Switchboard)
되도록 많은 판매자와 구매자를 연결한다. 더 많은 판매자와 구매자가 참여할수록 교환대의 가치가 커진다.

사용자 정의(User-Defined)
가격 결정에 고객을 참여시킨다.

네트워크(NETWORK)

제휴(Alliances)
개별 경쟁우위를 함께 개선하기 위해 위험과 수익을 공유한다.

콜라보레이션(Collaboration)
상호이익을 위해 파트너와 협력한다.

상호보완적 제휴(Complementary Partnering)
비슷한 시장을 타겟으로 하지만 자사와 상이한 제품과 서비스를 취급하는 기업의 자산을 공유하여 레버리지를 일으킨다.

통합(Consolidation)
동일하거나 상호보완적인 시장의 다수 기업을 인수한다.

코피티션(Coopetition)
공동의 목표를 달성하기 위해 보통은 경쟁관계의 기업과 힘을 합친다.

프랜차이징(Franchising)
돈을 받고, 파트너에게 비즈니스 원칙, 프로세스, 브랜드 사용을 허가한다.

M&A(Merger/Acquisition)
자산과 역량을 공유하여 전체적으로 더 많은 수익을 얻기 위해 2개 이상의 회사를 합친다.

오픈 이노베이션(Open Innovation)
내부 IP, 프로세스, 전문지식을 구축하고 확장하기 위해 다른 기업으로부터 프로세스나 특허에 대한 접근 권한을 얻는다.

유통 시장(Secondary Markets)
폐기물, 부산물, 대체품을 원하는 사람과 연결한다.

공급 사슬 통합(Supply Chain Integration)
기업이나 가치사슬의 일부 간의 정보 혹은 과정을 통합하고 조정한다.

구조(STRUCTURE)

자산 표준화(Asset Standardization)
자산을 표준화함으로써 모듈성과 연계성을 높이고 운영비를 줄인다.

역량 센터(Competency Center)
능률과 효율을 높이기 위해 조직 전반의 기능을 지원하는 센터로 자원, 업무, 전문성을 모은다.

사내 대학(Corporate University)
관리자에게 직업이나 회사에 특화된 교육을 제공한다.

분권적 관리(Decentralized Management)
사람들이나 비즈니스 인터페이스와 가까운 곳에 의사결정권을 위임한다.

인센티브 제도(Incentive Systems)
특정 행동에 동기를 부여하기 위해 (금전적 혹은 비금전적) 보상을 제공한다.

IT 통합(IT Integration)
기술 자원과 응용 프로그램을 통합한다.

지식 경영(Knowledge Management)
업무 능력을 개선하고 중복을 줄이기 위해 내부적으로 관련 정보를 공유한다.

조직 설계(Organizational Design)
기능에 따른 형식을 만들고 중요한 특징과 비즈니스 프로세스에 맞추어 인프라를 조정한다.

아웃소싱(Outsourcing)
제품 공급업체에 시스템을 개발하고 유지하는 책임을 부여한다.

프로세스(PROCESS)

크라우드소싱(Crowdsourcing)
반복적이거나 도전적인 일을 준조직적 개인으로 이루어진 큰 집단에게 위탁한다.

유연 생산(Flexible Manufacturing)
변화에 빠르게 대응하면서도 효율적으로 작동하는 생산 시스템을 활용한다.

지적재산(Intellectual Property)
타사가 모방할 수 없는 방법으로 아이디어를 상품화하기 위해 특허를 사용한다.

린 생산(Lean Production)
제조과정과 기타 공정에서 낭비와 비용을 줄인다.

현지화(Localization)
제품, 프로세스, 경험을 특정 문화나 지역에 맞춘다.

물류 시스템(Logistics Systems)
원산지와 사용 현장 사이의 제품, 정보, 기타 자원의 흐름을 관리한다.

주문 생산(On-Demand Production)
재고비용을 낮추기 위해 주문이 접수된 후 생산한다.

예측 분석(Predictive Analytics)
과거 성능 데이터를 모형화하고 미래의 결과를 예측하여 이에 따라 제품을 디자인하고 가격을 정한다.

프로세스 자동화(Process Automation)
종업원이 다른 업무에 방해 받지 않도록 도구와 인프라를 일상 업무 관리에 활용한다.

프로세스 효율화(Process Efficiency)
자재, 에너지 소비, 시간을 적게 사용하면서 생산을 늘린다.

프로세스 표준화(Process Standardization)
복잡함, 비용, 오류를 줄일 수 있는 일반적인 제품, 절차, 방침을 활용한다.

전략적 디자인(Strategic Design)
제품, 브랜드, 경험에 걸쳐 지속적으로 의미를 드러내는 접근방식을 사용한다.

사용자 제작(User-Generated)
자사의 제품을 보조하는 콘텐츠를 제작하거나 관리하도록 사용자를 유도한다.

제품성능(PRODUCT PERFORMANCE)

추가 기능(Added Functionality)
기존의 제품에 새로운 기능을 더한다.

보호(Conservation)
최종 사용자가 편하게 쓸 수 있도록 제품을 디자인한다.

고객화(Customization)
고객의 요구나 세부사항을 충족하도록 변형을 가능하게 한다.

사용의 용이성(Ease of Use)
간단하고 직관적이며 사용하기 편하도록 제품을 만든다.

참여 기능(Engaging Functionality)
일반적인 경우와는 다르게 고객 상호작용을 강화하는 특별한 기능을 제공한다.

환경 민감도(Environmental Sensitivity)
환경에 해를 끼치지 않거나 비교적 덜 유해한 제품을 생산한다.

기능 집합(Feature Aggregation)
이질적인 출처의 다양한 기능을 하나의 제품으로 결합한다.

집중(Focus)
특정 사용자를 위해 제품과 서비스를 설계한다.

성능 단순화(Performance Simplification)
복잡함을 줄이기 위해 불필요한 세부사항, 특징을 생략한다.

안전(Safety)
고객의 안전과 신뢰성을 높인다.

스타일링(Styling)
고객이 원하는 제품을 생산하기 위해 눈에 띄는 스타일, 패션, 이미지로 스타일링한다.

우수한 제품(Superior Product)
특출한 디자인, 품질, 그리고/또는 경험을 가진 제품을 개발한다.

제품시스템(PRODUCT SYSTEM)

보완(Complements)
고객에게 부가 제품과 서비스를 판매한다.

확장/플러그인(Extensions/Plug-ins)
기능성을 추가하는 내부 혹은 제3자의 자원을 활용한다.

통합 제품(Integrated Offering)
이질적인 별개의 요소를 하나의 완전한 경험으로 결합한다.

모듈 시스템(Modular Systems)
독립적으로 사용할 수 있지만 결합되었을 때 효용성이 있는 일련의 개별 부품을 제공한다.

제품 번들링(Product Bundling)
판매중인 몇몇 제품을 하나의 결합 제품으로 합친다.

제품/서비스 플랫폼(Product/Service Platforms)
통합된 제품을 만들기 위해 파트너의 제품과 서비스를 연결하는 시스템을 개발한다.

서비스(SERVICE)

부가가치(Added Value)
기본 가격의 일부로서 추가 서비스와 기능을 제공한다.

콘시어지(Concierge)
시간이 부족한 고객을 대신해 작업을 처리해 주는 프리미엄 서비스를 제공한다.

보증(Guarantee)
제품 불량 또는 구매 오류가 발생할 시 고객이 부담하게 되는 시간적, 비용적 부담을 제거한다.

임대, 대출(Lease or Loan)
선불비용을 줄이고 싶은 고객을 위해 여러 번 나누어 지불하는 것을 허용한다.

고객보상 프로그램(Loyalty Programs)
고가의 제품을 구매하거나 구매빈도가 잦은 고객에게 혜택이나 할인을 제공한다.

개인화 서비스(Personalized Service)
완벽한 서비스를 제공하기 위해 고객의 정보를 이용한다.

셀프 서비스(Self-Service)
대리인이 필요한 활동에 대해 그 통제력, 사용권 등을 사용자에게 제공한다.

우수한 서비스(Superior Service)
경쟁자보다 좋은 품질과 경험을 제공한다.

부가서비스(Supplementary Service)
상품에 적절한 보조 서비스를 제공한다.

TEM(Total Experience Management)
제품 수명주기에 걸쳐, 고객 경험을 포괄적이고 사려 깊게 관리한다.

구매 전 테스트(Try Before You Buy)
구매하기 전에 고객이 상품을 경험할 수 있도록 한다.

사용자 커뮤니티/지원 시스템(User Communities/Support Systems)
공동 자원을 제공하여 제품과 서비스를 지원, 사용, 확장한다.

채널(CHANNEL)

특정 맥락(Context Specific)
특정한 장소와 상황에 적절한 제품을 시기적절하게 이용할 수 있도록 한다.

교차 판매(Cross-Selling)
고객들이 기꺼이 구매하려고 하는 상황에서 경험을 강화할 매력적인 추가 제품, 서비스, 정보를 제공한다.

다양화(Diversification)
새로운 채널을 추가하거나 확장한다.

체험관(Experience Center)
고객이 제품을 사용할 수 있는 공간. 그러나 제품을 구매하려면 다른 채널을 이용해야 한다.

플래그십 스토어(Flagship Store)
제품과 브랜드의 특징을 보여준다.

직접 유통(Go Direct)
전통적인 유통 채널을 생략하고 고객들과 직접 소통한다.

간접 유통(Indirect Distribution)
최종 사용자에게 책임감 있게 물건을 전달할 유통업자를 이용한다.

다단계 마케팅(Multi-Level Marketing)
제휴 관계를 맺고 있으나 독립적인 판매 조직에게 대량 상품이나 패키지 상품을 판매한다.

비전통적 채널(Non-Traditional Channels)
고객들에게 접근하고 서비스를 제공하기 위해 참신하고 적절한 방법을 사용한다.

온 디맨드(On-Demand)
고객들이 원한다면, 언제든, 어디든, 실시간으로 상품을 배송한다.

팝업 프레즌스(Pop-Up Presence)
상품을 판매하기 위해 일시적이지만 눈에 띄는 환경을 조성한다.

브랜드(BRAND)

브랜드 확장(Brand Extension)
현재 브랜드 내에서 새로운 서비스와 제품을 제공한다.

브랜드 레버리지(Brand Leverage)
자사의 신용도를 활용하기를 원하는 사람들에게 자사의 브랜드 네임을 빌려주고 자사의 파급력을 높인다.

인증(Certification)
제품의 바람직한 특징을 알리고, 보증하는 상표나 마크를 개발한다.

공동 브랜딩(Co-Branding)
제품의 신용을 높이고 주요 특징을 강화하기 위해 브랜드를 통합한다.

구성요소 브랜딩(Component Branding)
전체를 가치 있게 만들기 위해 제품의 일부분을 브랜드화한다.

개인 상표(Private Label)
다른 사람이 만든 제품에 자사 브랜드를 붙여서 판매한다.

투명성(Transparency)
고객들이 자사의 영업 활동을 살펴보고 브랜드와 제품에 참여할 수 있도록 한다.

가치 정렬(Values Alignment)
브랜드가 중요한 아이디어와 일련의 가치를 의미하도록 하고 이 가치를 지속적으로 표현한다.

고객참여(CUSTOMER ENGAGEMENT)

자율성과 권한(Autonomy and Authority)
고객이 스스로 경험을 만들 수 있도록 권한을 부여한다.

커뮤니티와 소속(Community and Belonging)
사람들이 서로 소속감을 느끼도록 관계성을 촉진한다.

큐레이션(Curation)
뚜렷한 정체성을 위해 차별화된 특징을 만들고 고객이 원하는 것을 정확히 제공한다.

경험 자동화(Experience Automation)
사용자의 삶을 단순화하고 반복되는 업무부담을 제거한다.

경험 활성화(Experience Enabling)
이전에는 불가능했던 경험을 제공할 수 있도록 가능성의 영역을 확장한다.

경험 단순화(Experience Simplification)
특정한 경험 전달에 주의를 기울이고 복잡함을 줄인다.

특화(Mastery)
고객이 어떤 활동이나 주제에 관한 지식과 탁월한 기술을 얻도록 돕는다.

개인화(Personalization)
획일화된 제품을 고객의 정체성에 부합하는 제품으로 바꾼다.

지위와 인정(Status and Recognition)
사용자와 그들과 교류하는 사람들이 정체성을 갖도록 지원하면서 의미 전달을 돕는다.

기발함과 성격(Whimsy and Personality)
브랜드화, 메시지화를 통해 상품에 인간미를 더한다.

혁신 전술을 어떻게 사용할 것인가?
HOW TO USE THE INNOVATION TACTICS

전술은 혁신의 컨셉을 정하기 위해 혹은 기존의 아이디어와 비즈니스를 확장하기 위해 활용될 수 있다. 오늘의 위치를 명확히 알고, 미래를 위한 혁신의 아이디어를 떠올리기 위해 다음 질문을 스스로에게 해보라.

어떤 혁신 전환을 하려 하는가?

자사가 추진하려는 전환은 비즈니스 모델에 관한 것인가? 아니면 플랫폼이나 고객경험에 관련된 전환인가? 이에 대한 대답은 어떤 전술을 먼저 사용할지 정하는 데에 도움이 된다. 만약 비즈니스 모델에 의해 추진되는 혁신을 하려고 한다면 구성전술에 먼저 집중하라. 구성전술은 새로운 수익모델, 네트워크, 구조, 그리고 프로세스로 이루어져 있다. 그리고 나서 프레임워크의 오른쪽에서부터 작업하라. 고객경험에 의해 추진되는 혁신을 추진하려 한다면, 우선 경험전술에 집중하라. 경험 전술은 고객, 신규 브랜드, 채널, 그리고 서비스 경험에 관여하는 새로운 방법이다. 그리고 나서 프레임워크의 왼쪽으로 진행하라.

초기의 목표 수준은 어떠한가?

이미 알려진 것, 경계, 혹은 게임의 전체 룰을 바꾸려고 하는가? 목표 수준은 얼마나 많은 전술을 사용해야 하는지 결정할 때 유용하다. 만약 핵심의 혁신이 목표라면 1~2개의 전술경쟁자가 사용하지 않은 전술이어야 한다.로도 충분하다. 완전한 혁신을 추진한다면, 잘 통합된 5개 이상의 전술을 사용하는 것이 바람직하다.

혁신 전술을 활용하는 3가지 방법

기반을 두고 확장하라.

아이디어나 비즈니스 구축을 중심으로 '혁신의 닻'innovation anchor을 선택하라. 혁신의 닻은 경쟁에서 이길 방법과 고객에게 전달할 가치의 핵심에 놓여 있어야 한다. 혁신의 닻은 10가지 유형 중 하나일 수도 있고 한 유형 내의 특정한 전술일 수도 있다. 혁신의 닻을 정할 때에는 자사의 아이디어가 성립하려면 어떤 유형과 전술이 필요한지 고려하라. 또한 어떤 추가 유형과 전술을 사용해야 영향력을 높일 수 있을지 생각해보라.

추가하고 대체하라.

자사가 이미 사용하고 있는 전술을 정의하라. 그리고 이것저것 시도해보라. 우선 현재 사용하지 않는 혁신 유형의 전술을 추가하라. 다음으로 이미 사용중인 전술을 운영 상태나 고객 만족도를 향상할 수 있는 다른 전술로 대체하라. 과감하게 수많은 가능성에 도전하라.

임의로 배열하라.

3~6개의 전술을 임의로 골라서 이를 이용한 새로운 비즈니스와 제품을 구상하라. 이 방법은 한 벌의 카드와 같이 특별한 전술 버전을 만들도록 했다. 한 팀을 구성하여 마치 포커를 하는 것처럼 전술을 통해 비즈니스를 구축해가는 과정을 지켜보는 일은 흥미롭다.[2]

2 사람들은 항상 우리에게 카드 세
   트를 얻을 수 있는지 묻는다.
   tentypes@doblin.com에 연
   락하라. 도움이 될 방법을 함께 고
   민하겠다.

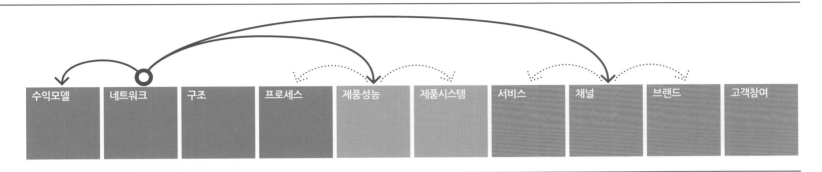

수익모델	네트워크	구조	프로세스	제품성능	제품시스템	서비스	채널	브랜드	고객참여

사용된 전술: 기존 제품과 서비스

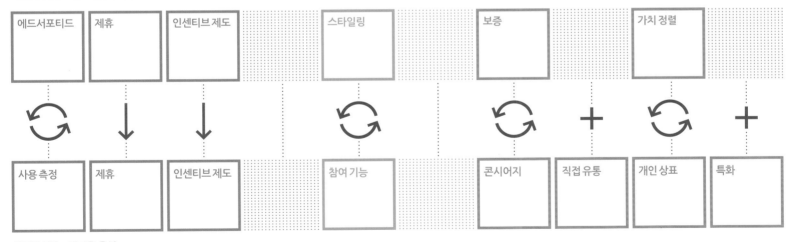

에드서포티드	제휴	인센티브 제도		스타일링		보증		가치 정렬
사용 측정	제휴	인센티브 제도		참여 기능		콘시어지	직접 유통	개인 상표	특화

사용된 전술: 새로운 옵션

CHAPTER 20

혁신 플레이북
사용하기
USING THE INNOVATION PLAYBOOK

혁신을 위한 선택과
이를 실행하기 위해
필요한 전술의 조합

규칙이 있는 혁신은 무엇을, 왜 하는지에 대한 대답을 요구한다. 혁신에 대한 중요한 질문 2가지를 기억하라. **"얼마나 절실한가?", "어떻게 차별화된 혁신할 수 있을까?"** 이제 목적달성을 위해 특정 유형과 전술을 조합할 시간이다. 임의의 조합을 선택하는 것은 우리가 달성하려는 혁신에 대한 유사한 해결책을 찾는 데 도움이 된다.

뛰어난 전문팀과 코치들도 항상 이런 방법으로 훈련한다. 운동선수들은 각각의 플레이를 실수 없이 할 수 있을 때까지 계속해서 훈련한다. 코치진은 모든 팀원들의 플레이북으로부터 어떠한 주어진 상황에서도 적절한 플레이를 선택하기 위해 경기의 핵심을 파악한다.

이것을 플레이라고 하자

COLLABORATIVE CONSUMPTION
Leverage connectivity to upend traditional forms of ownership and change the way customers relate to your goods and services.

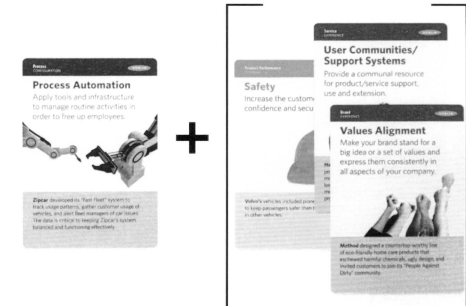

Process Automation
Apply tools and infrastructure to manage routine activities in order to free up employees.

Zipcar developed its "Fast Fleet" system to track usage patterns, gather customer usage of vehicles, and alert fleet managers of car issues. The data is critical to keeping Zipcar's system balanced and functioning effectively.

+

Safety
Increase the custome confidence and secu

Volvo's vehicles included pione to keep passengers safer than t in other vehicles.

Service EXPERIENCE
User Communities/ Support Systems
Provide a communal resource for product/service support, use and extension.

Brand EXPERIENCE
Values Alignment
Make your brand stand for a big idea or a set of values and express them consistently in all aspects of your company.

Method designed a countertop-worthy line of eco-friendly home care products that eschewed harmful chemicals, ugly design, and invited customers to join its "People Against Dirty" community.

그리고 이런 결과를 얻었다

집카(Zipcar)
시간 단위로 렌트가 가능한 미국의 렌터카 기업이다. 집카의 방법을 따라 한 경쟁자로는 오토리브(Autolib'), 다임러(Daimler)의 카투고(Car2Go), 그리고 BMW의 드라이브나우(DriveNow)가 있다.

벨리브(Vélib')
프랑스 파리의 대규모 자전거 공유 시스템이다. 비슷한 시스템이 항저우, 중국, 워싱턴 DC에서 운영되고 있다.

에어비앤비(Airbnb)
P2P 방식의 방과 집 대여 서비스이다. 비슷한 방법을 사용하는 다른 기업으로는 메트로플랫(MetroFlats)과 VRBO가 있다.

체그(Chegg)
미국의 대학교과서 대여서비스이다. 렌트더런웨이(RentThe Runway)는 패션 분야에서 이와 비슷한 서비스를 제공하며, 일본에 기반을 둔 토이립(ToyLib)은 장난감을 대여해준다.

모버투(Movirtu)
개발도상국에서 많은 사람들이 하나의 휴대폰을 공유할 수 있도록 하는 휴대폰 공유 제도이다.

…그리고 더 많은 사례가 있다.

신중한 전략을 만들기 위한
혁신 플레이

여러 산업에서 정교한 혁신의 사례를 찾을 수 있다. 혁신 사례를 분석해서 핵심 전술을 살펴본다면 전술의 조합이 쉽게 적용, 발전, 재사용된다는 것을 알 수 있다. 그리고 각각의 플레이에 대한 모범사례를 분석해본다면 전술들이 놀라운 방식으로 조합된 것을 알 수 있다. 매번 사용된 전환과 목표 수준을 밝히겠지만 관련 전술의 모든 세부사항이 포함되는 것은 아니다. 그 대신에 각 플레이의 핵심 전술에 초점을 맞출 것이다. 이를 잘 활용하여 자신만의 유사한 혁신을 시도하라.

스포츠 팀에서도 배울 수 있듯이 훌륭한 기업은 매 상황에 필요한 전술을 선택하는 능력이 탁월하다. 승리를 가져다 줄 전략을 구축하기 위해 계속해서 경기를 조절할 줄도 안다. 이들의 전략을 읽으려다 혼란에 빠진 경쟁자는 균형을 잃고 헤매기 십상이다.

비즈니스 모델의 전략(Business model-driven)

오픈 인비테이션(Open invitation)
혼자 일하는 것보다는 전문가든 모르는 사람이든 상관없이 협업하라.

적용된 전술
[오픈 이노베이션 or 크라우드소싱] + 역량 센터

**협력적 소비
(Collaborative consumption)**
전통적인 오너십 형태를 뒤집고 제품이나 서비스에 대한 고객 관계를 변화시키기 위해 연계성을 활용하라.

적용된 전술
[사용 측정 or 교환대]+ 프로세스 자동화 + [안전 or 사용자 커뮤니티/지원 시스템 or 가치 정렬]

무료 기반(Free-based)
많은 사용자들을 유인하기 위해 기본적인 제품은 무료로 제공하고 다양한 방법으로 돈을 벌어라.

적용된 전술
프리미엄(FREEMIUM) + 참여 기능 + [소액결제 or 멤버십 or 에드서포티드 or 교환대]

급진적 최적화(Radical optimization)
경쟁에서 확고한 우위를 차지하기 위해서는 일반적인 운영 효율성으로는 부족하다.

적용된 전술
IT 통합 + 프로세스 자동화 + 프로세스 표준화 + 보증

**예측할 수 있는 비즈니스
(Predictive Business)**
비즈니스를 모형화하기 위해 데이터를 축적한다면 결과를 예측하고 효율성을 높이는 데에 도움이 된다.

적용된 전술
[위험 분담 or 사용 측정] + 예측 분석 + 제품 번들링 + 보증

플랫폼의 전략(PLATFORM-DRIVEN)

프랜차이즈(Franchise)
비즈니스를 확장하기 위해 상징적인 제품과 경험을 개발하라.

적용된 전술

우수한 제품 + 보완 +
브랜드 확장

교환(Exchange)
주어진 자원, 이익, 시장 혹은 산업에 대한 교역과 활동의 허브를 구축하라.

적용된 전술

교환대 + 사용자 제작 +
사용자 커뮤니티/지원 시스템

공동 창조(Collaborative Creation)
새로운 제품을 창조하기 위해 캔버스와 툴 키드로 커뮤니티를 연결하라.

적용된 전술

크라우드소싱 + 프로세스 자동화 +
사용자 커뮤니티/지원 시스템 +
[가치 정렬 or 지위와 인정]

역량 기반 플랫폼
(Competency-driven platform)
주요 자산과 역량을 공개하고 다른 기업이 자신들의 비즈니스를 위해 사용할 수 있도록 하라.

적용된 전술

상호보완적 제휴 +
지적재산 + 우수한 제품 +
다양화

경험 생태계
(Experience ecosystem)
제품, 서비스, 부가 서비스 등의 촘촘한 시스템을 구축하여, 지속적으로 우아하고 매력적인 방식으로 서로 연결되고 상호작용하게 하라.

적용된 전술

라이센싱 + 제휴 + 전략적
디자인 + 성능 단순화 +
제품/서비스 플랫폼 +
직접 유통

고객경험의 전략(CUSTOMER EXPERIENCE-DRIVEN)

상황 기반(Status-based)
제품과 서비스에 신속히 관여하는 전문 집단을 형성하여 고객들에게 현재 상황을 알릴 수 있도록 하라.

적용된 전술

고객보상 프로그램 + 개인화 +
지위와 인정

몰입(Immersion)
새로운 차원의 참여와 헌신을 끌어내기 위해 고객들의 마음을 사로잡는 환경을 조성하라.

적용된 전술

전략적 디자인 + 플래그십 스토어 +
경험 활성화

연관된 커뮤니티
(Connected community)
경험을 심화하고, 고객들로 하여금 공통의 관심사, 활동 그리고 제품을 공유하도록 권장하기 위해 사회적 유대감을 활용하라.

적용된 전술

집중 + 사용자 커뮤니티/지원
시스템 + 가치 정렬 +
커뮤니티와 소속

가치 기반(Values-based)
특별한 고객층, 원인 혹은 존재 이유에 대해 집중하면서 제품이 무언가를 의미하고 변화를 촉진하도록 만들어라.

적용된 전술

집중 + 투명성 +
가치 정렬 +
기발함과 성격

단순화(Simplification)
고객들이 이전에는 할 수 없었던 일들을 달성하도록 하기 위해 복잡하거나 짜증나는 일을 대폭 제거하라.

적용된 전술

사용의 용이성 + 참여 기능 +
경험 단순화 + 기발함과 성격

INNOVATION PLAY

오픈 인비테이션
OPEN INVITATION

오픈 인비테이션을 사용한 사례
글락소 스미스클라인 소비자 건강관리 센터 (GLAXOSMITHKLINE CONSUMER HEALTHCARE)

전환 :
비즈니스 모델

목표 :
알려진 것을 바꿔라

산업 :
일반 의약품, 화장품

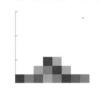

1 이 수치는 GSK소비자 건강관리 센터 부분 오픈 이노베이션 담당 디렉터 헬렌 러틀리지(Helene Rutledge)와 인터뷰 당시 인용 된 것이다. http://tentyp.es/ QZSGOK.

2 2007년 5월, 〈비즈니스위크〉에 서 제나 맥그리거가 발표한 "What's the Big Idea?"를 참조 하라. http://tentyp.es/ XcReMZ

3 전형적인 오픈 이노베이션 방식 으로 개발된 치약에 대해 러틀리 지는 "깊은 전문지식을 보유한 유 사한 분야로부터 기술을 빌리고, 외부 전문가를 이용해 개발했다. 최종 제품은 기대 이상의 성공을 거뒀다"라고 말했다.

혼자 일하는 것보다는 전문가든 모르는 사람이든 상관없이 협업하라.

오픈 이노베이션 방법과 접근법이 지난 10년 이상 각광을 받은 이유는 아주 간단하다. 바로 '대중은 개인보다 더 똑똑하기' 때문이다. 오픈 이노베이션은 오늘날 혁신 효과를 높이는 데 필수적이라는 평가를 받는다. 오픈 인비테이션은 현재 기업들이 하고 있는 비즈니스 형태로 오픈 이노베이션을 정착시키는 동시에 한 걸음 더 진보된 형태이다.

글락소스미스클라인의 소비자 건강관리 센터 경영진들은 혼자 힘으로는 모든 것을 다 해낼 수 없다는 것을 알고 있다. 그래서 경영진들은 회사의 과학자들이 새로운 아이디어에 대해 협업할 수 있고 개발의 위험을 공유할 수 있는 수많은 외부 파트너들을 양성했다. GSK는 새로운 아이디어와 제품을 개발하기 위해 외부 과학자들을 초청하는 다양한 시스템과 인프라를 보유하고 있다. GSK의 제품 파이프라인의 50%는 외부의 기술과 역량을 활용하기 위해 공개되어 있다.[1]

오픈 인비테이션을 사용한 다른 사례
프록터 앤 겜블 (PROCTER & GAMBLE)

2007년 〈비즈니스위크〉에서 제나 맥그리거(Jena McGregor)는 "한때 배타적인 태도를 보였지만 현재 P&G 는 혁신에 대한 열린 태도로 유명하다"라고 밝혔다.[2] 그녀는 P&G의 '연결(Connect) + 발전(Develop)' 프로그램에 대해 쓴 것이다. 이 프로그램은 회사 내부에서 성장 전략으로 추진되었고, 2013년에도 그 이념이 여전히 반영되었다. 이 프로그램은 신제품을 개발하기 위해 외부인들과 협력한다. 예를 들면, 페브리즈 양초를 만들기 위해 양초 제조업자들과 작업하거나 프랑스 화장품 회사와 피부용 크림 올레이 리제너리스트(Olay Regenerist)를 개발하는 것이 있다. (오픈 이노베이션) P&G는 여러 전문 지식을 가진 팀들을 보유하고 있다. (역량 센터) 그리고 맥그리거가 주목한 것처럼 협업자들에게 상을 주고 함께 일하는 프로세스도 가지고 있다. (크라우드소싱)

전술들:

네트워크

오픈 이노베이션(OPEN INNOVATION)

내부 IP, 프로세스, 전문지식을 구축하고 확장하기 위해 다른 기업으로부터 프로세스나 특허에 대한 접근 권한을 얻는다.

+

구조

역량 센터(COMPETENCY CENTER)

능률과 효율을 높이기 위해 조직 전반의 기능을 지원하는 센터로 자원, 업무, 전문성을 모은다.

+

프로세스

크라우드소싱(CROWDSOURCING)

반복적이거나 도전적인 일을 준조직적 개인으로 이루어진 큰 집단에게 위탁한다.

건강 관련 소비재들에 사용할 주요 기술을 파악하고, 확보하여, 개발하기 위해서 GSK는 외부 과학자들과 리서치 회사와 함께 일한다. 예를 들어 아쿠아프레시 아이소액티브Aquafresh Isoactive 치약에 쓰여진 거품 발생 기술은 4명의 외부 파트너들과 협업한 결과이다.[3]

GSK 고객 건강관리 센터에는 세계적인 혁신 허브가 있다. 이 허브에는 혁신 전문가, R&D 과학자, 마케팅 전문가, 영업사원이 있다. 이들은 공개 토론이 용이하고 창의력을 길러주는 개방된 작업 공간에서 일한다. 이에 대해 GSK의 로버트 울프Robert Wolf는 "만약 당신이 포장재 설계자라고 생각해 보자. 임상의와 마주앉아 일하고 있다면, 아이디어를 공유하기 위해 한 달이 걸릴 수도 있는 미팅 스케쥴을 잡기 위해 노력할 필요가 없다"라고 말했다. "그냥 몸을 기울여서 이야기하면 된다. 그리고 이러한 비공식적인 의사소통은 창의력에 불꽃을 지펴줄 것이다."

GSK의 오픈 이노베이션 포털인 'innovation at GSK'는 외부 사람들이 기술과 제품 수요에 대해 검토하고 아이디어를 제공하는 공간이다. 오픈 이노베이션 관리자와 프로세스 담당팀이 이끄는 24개월간의 개발 과정인 특별한 혁신 진로를 통해 프로젝트가 개발된다.

INNOVATION PLAY

협력적 소비
COLLABORATIVE CONSUMPTION

협력적 소비를 사용한 사례
집카(ZIPCAR)

전환 :	목표 :	산업 :
비즈니스 모델	영역을 바꿔라	렌터카

4 세입자에 의해 아파트가 더러워지고 도둑이 들었던 사건이 있었다. 에어비앤비가 이 사건을 통해 얻은 교훈을 계기로 도입되었다.

전통적인 오너십 형태를 뒤집고 제품이나 서비스에 대한 고객 관계를 변화시키기 위해 연계성을 활용하라.

'협력적 소비'라는 용어는 1970년대부터 사용되었다. 하지만 쓰레기 줄이기와 점점 늘어나는 공공재에 대한 생각 등 글로벌 운동이 활발해지면서 최근에 들어서 더 많이 사용되고 있다. 기근, 인구 밀도, 연계성이 증가하는 시대에서 점점 더 많은 기업들이 이 플레이를 사용하기를 기대한다.

집카는 케임브리지Cambridge, 매사추세츠Massachusetts에서 카쉐어링에 대한 유럽 아이디어를 어떻게 실현할 수 있을지 고민하던 두 친구에 의해 설립되었다. 집카는 2000년 초에 설립된 이래로 도약하고 있다. 집카는 기존의 렌터카 산업의 거의 모든 표준을 뒤집었다. 집카의 자동차는 하루 단위뿐만 아니라 시간 단위로도 대여할 수 있다. 주차장과 직원을 관리하지 않아도 도시 도처의 주차장에서 집카의 자동차를 찾을 수 있었고, '집카드'Zipcard를 이용해서 자동차의 문을 열 수 있었다. 집카는 전통적인 렌터카 회사를 타겟팅하지 않고, 자동차가 항상 필요한 것은 아니고 자동차를 소유하는 번거로움을 피하고 싶은 사람들을 타겟으로 삼았다. 집카는 단순히 자동차를 어떻게 제공할 것인가에 대해 다시 생각했을 뿐만 아니라, 렌터카 산업이 어때야 하는지에 대해 근본적으로 다른 방향에서 생각했던 것이다.

협력적 소비를 사용한 다른 사례
에어비앤비(AIRBNB)

에어비앤비는 여분의 방과 여행자를 서로 연결함으로써 호텔의 대안을 제공했다.(교환대) 집 주인은 돈을 벌고 여행자들은 숙소를 찾을 수 있도록 에어비앤비가 도움을 주었다. 이 사이트는 집 주인이 방을 얻으려고 하는 사람들의 명단과 조건들을 정하는 데 도움이 되는 간편한 도구들을 제공했다.(프로세스 자동화) 에어비앤비는 여행객이 체크인 한 후 24시간 동안 지불을 보류할 수 있도록 하면서 정산소 역할을 했다. 이렇게 함으로써 예약한 방이 광고와 불일치한 점이 있다면 환불을 요구할 수 있도록 하는 것이다. 또한 집 주인이 낯선 사람을 맞이하는 것에 대한 위험성을 줄이기 위해 최대 백만 달러의 보험을 제공했다.(안전)[4] 2012년에는 192개 국가의 33,000개 도시에서 20만 개 이상의 방을 제공했다.(사용자 커뮤니티/지원 시스템)

전술들:

수익모델
사용 측정(METERED USE)
고객이 사용한 것에 대해서만 지불한다.

집카의 이용자는 집스터Zipsters라고 불리며 적은 비용의 회비를 낸다. 운전자는 자동차를 이용할 때만 요금을 부과 받는다. 미터당 부과하는 요금체계 모델을 통해 고객은 1회에 1시간 정도의 짧은 시간 동안 자동차를 임대할 수 있다.

브랜드
가치 정렬(VALUES ALIGNMENT)
브랜드가 중요한 아이디어와 일련의 가치를 의미하도록 하고 이 가치를 지속적으로 표현한다.

집카의 로고는 초록색으로 선택됐다. 집카의 브랜드는 자동차 공유를 통한 환경 보호와 책임감의 가치를 나타낸다. CEO인 스콧 그리피스Scott W. Griffith 회장은 집카의 2011년 연간 보고서에서 "당신이 바퀴를 원한다면 우리는 바퀴가 된다. 집카의 브랜드는 단순함, 편리함, 혁신, 자유, 재미, 지속가능성, 공동체 그리고 현명한 소비를 의미한다"라고 밝혔다.

+

프로세스
프로세스 자동화 (PROCESS AUTOMATION)
종업원이 다른 업무에 방해 받지 않도록 도구와 인프라를 일상 업무 관리에 활용한다.

집카의 핵심인 패스트플릿 시스템Fast Fleet System은 GPS와 무선 데이터 시스템이다. 이 시스템은 고객의 자동차 사용 패턴을 추적하고, 데이터를 수집하여 자동차에 어떤 문제가 발생할 경우, 내부의 플릿 관리자들에게 알려주는 역할을 한다. 패스트플릿 시스템은 자동차가 어떻게 사용되는지 추적하고 관리하는 데 매우 중요하며, 자동차와 같이 비교적 비싼 자산들로 운영되는 렌터카 사업의 수익성에 영향을 미친다.

+

제품성능
안전(SAFETY)
고객의 안전과 신뢰성을 높인다.

집카는 운전자 보험, 휘발유, 그리고 그 외 추가 요금을 시간당 요금으로 통합하여 사용 방법을 단순화시켰다. 이러한 간단한 사용 방법은 만약 사고가 발생해도 집카가 모든 것을 처리하고, 고객이 자동차를 빌릴 때도 좋은 상태라는 것을 보장한다. 만약 이전 사용자가 음식 포장지를 치우지 않았거나 휘발유를 채우지 않는 등 자동차를 정리하지 않고 떠났다면 이를 신고할 수 있는 커뮤니티를 위한 핫라인이 있다.

+

INNOVATION PLAY

무료 기반
FREE-BASED

무료 기반을 사용한 사례
링크드인(LINKEDIN)

산업 :	목표 :	산업 :
비즈니스 모델	알려진 것을 바꿔라	소셜미디어

5 2013년 1월 9일, 〈포브즈〉에서
토미오 게론(Tomio Geron)이
발표한 "LinkedIn Tops 200
Million Members"를 참조하
라. http://tentyp.es/XaqZln

6 링크드인의 비즈니스 모델에 대
해 더욱 자세하게 알고 싶다면
2011년 10월 18일, 〈뉴욕타임
즈〉에서 퀜틴 하디(Quentin
Hardy)가 발표한 "LinkedIn
Wants to Make More Money
From Job Recruiters"를 참
조하라. http://tentyp.es/
WZGphb

7 2011년 8월 5일, 〈더아틀란틱〉
에서 아담 클라크 에스테스
(Adam Clark Estes)는 링크
드인의 수익 모형을 분석했다.
"How LinkedIn Makes Money"
를 참조하라. http://tentyp.
es/159UmOn

**많은 사용자들을 유인하기 위해 기본적인 제품은 무료로
제공하고 다양한 방법으로 돈을 벌어라.**

무료로 어떤 것을 배부함으로써 돈을 버는 방식보다 더 혁
신적인 방법이 있을까? 역사적으로 무료 기반 모델은 디지
털 서비스에 주로 한정되어 사용되고 있다. 디지털 서비스
는 이용자수가 증가함에 따라 발생하는 웹사이트, 미디어,
다른 디지털 콘텐츠의 추가 비용이 거의 0에 가까운 경향이
있다. 이 방식은 규모를 빠르게 키우고 싶어하는 기업에게
적합한 전략이며, 프리미엄 제품, 광고, 그리고 파트너 추
천 등 다양한 수익원을 창출할 수 있다.

2003년 5월에 설립된 링크드인은 초창기의 온라인 소셜네트워크였다. 주로 전문가들의 개
인적인 네트워크 구축이 목적이며, 2013년 초, 〈포브즈〉Forbes는 링크드인이 2억 명 이상
의 가입자를 보유하고 있다고 발표했다.[5] 링크드인은 전통적인 무료 기반 특징을 갖고 있다.
이는 프리미엄 서비스에만 요금을 부과하고 기본적인 서비스는 무료로 제공하며, 고용 서비
스와 광고를 통해 수익의 대부분을 버는 방법이다.[6] 수익원의 다각화는 무료 기반 플레이에
서 매우 중요하다.

무료 기반을 사용한 다른 사례
징가(ZYNGA)

징가는 샌프란시스코에 위치한 게임 회사이다. 징가는 대다수의 이용자들이 매우 중독적인 게임을 무료로
즐기고(참여 기능, 프리미엄), 적은 비율의 이용자들이 게임을 더 강화할 수 있는 게임 아이템을 구매하도
록 하는 전략을 사용한다.(소액결제) 일정 수준의 추가 이익이 광고와 파트너 추천을 통해 창출된다.(에드
서포티드) 그러나 징가의 비즈니스 모델은 압박을 받고 있으며 애널리스트의 기대에 못 미친다. 주된 이유
는 바로 징가가 페이스북과 게임 내부 수익에만 의존하기 때문이다. 링크드인이 했던 것처럼 징가는 광고
와 파트너 서비스 제공에 더욱 집중하여 수입원 다양화를 위한 노력을 할 것으로 보인다.

전술들:

수익모델
프리미엄(FREEMIUM)
기본 서비스는 무료로 제공하고 더 나은 서비스는 프리미엄(Premium) 요금으로 제공한다.

+

수익모델
교환대(SWITCHBOARD)
되도록 많은 판매자와 구매자를 연결한다. 더 많은 판매자와 구매자가 참여할수록 교환대의 가치가 커진다.

+

수익모델
멤버십(MEMBERSHIP)
회원만 접근할 수 있는 장소나 제품, 서비스를 정하고 시간에 기초하여 비용을 청구한다.

+

링크드인의 기본 계정은 프로필, 네트워킹, 이메일, 그 외의 다른 기능으로 이루어져 있다. 기본 계정은 무료로 제공된다. 프리미엄premium 사용자는 부가서비스에 대해 프리미엄을 지불한다. 이 부가서비스는 서로 연결되어 있지 않은 사용자에게 메시지를 보내는 기능, 자신의 프로필을 본 사람들에 대해 더 많은 정보를 알 수 있는 기능 등이 있다.

링크드인의 경우 직업은 사고 팔리는 제품이 된다. 링크드인의 수익의 50%는 '고용 해결책'Hiring Solutions으로부터 창출된다. 취업을 희망하는 인재의 정보에 헤드헌터와 직원 채용 서비스를 연결하는 서비스이다. 인사 담당자는 직업과 경력 포털을 확장하기 위해 연간 구독료를 지불하고, 인재를 확보하기 위한 통로로 활용한다.[7]

프리미엄Premium 사용자는 전용 서비스를 이용하기 위해 월 사용료를 지불한다. 링크드인은 '비즈니스'Business라는 멤버십 서비스를 제공하는데, 2012년에 생긴 이 서비스는 프리미엄 검색과 기업 소개를 요청하는 기능이 있으며 한 달에 약 20달러를 지불하는 옵션이다. 상위 서비스로는 '임원'Executive이 있는데, 매달 약 80달러가 들며 비즈니스보다는 조금 더 비싼 옵션이다. 이 옵션은 네트워크 상의 아무에게나 답변이 보장되는 메시지를 보낼 수 있는 기능이 있으며, 답변이 없으면 돈을 다시 돌려 받는다.

수익모델
에드서포티드(AD-SUPPORTED)
일반 사람들에게는 콘텐츠와 서비스를 무료로 제공하지만 광고주에게는 비용을 청구한다.

+

제품성능
참여 기능(ENGAGING FUNCTIONALITY)
일반적인 경우와는 다르게 고객 상호작용을 강화하는 특별한 기능을 제공한다.

《더아틀란틱》The Atlantic에서 아담 클라크 에스테스Adam Clark Estes는 "마케팅 솔루션은 디스플레이 광고 비즈니스에 기반하는 경우가 많지만 예외도 있다"라고 밝혔다. "링크드인은 직업 프로필로 구축되기 때문에 기업들은 특정한 경력을 가진 고객군을 후원하거나 그러한 고객군을 만들 수 있게 되었다. 페이스북 같은 곳보다는 링크드인에서 페이지를 만든다면 좀 더 폭넓은 용도로 이용할 수 있을 것이다."

어떤 무료 기반 전략이든지 사용자를 끌어들여서 지속적으로 참여하도록 하는 제품을 제공해야 한다. 링크드인은 프로필을 만들어 개인적 네트워크를 개발하기 쉽게 함으로써 이를 달성했다. 링크드인은 네트워크에 속한 사람들에 대한 업데이트를 제공하며 사람들이 서로 연결되도록 제안한다.

INNOVATION PLAY

급진적 최적화
RADICAL OPTIMIZATION

경쟁에서 확고한 우위를 차지하기 위해서는 일반적인 운영 효율성으로는 부족하다.

효율성이 급격하게 높아지면 고객에게 전달할 가치도 새로운 벤치마크를 제시하게 될 것이고, 경쟁자들에 대한 기대 수준도 재설정하게 된다. '급진적'radical 최적화는 산업이나 상황에 따라 조정되겠지만, 절차를 표준화하고 비즈니스에 IT 연계성과 정보를 추가하는 것이 어떻게 경쟁의 기본을 바꿀 수 있을까에 대해 생각하라.

급진적 최적화를 사용한 사례
시멕스(CEMEX)

전환 :	목표 :	산업 :
비즈니스 모델	**영역을 바꿔라**	**건설**

멕시코는 15분의 여정을 5시간의 고난으로 바꾸는 교통 체증으로 악명이 높다. 이는 시멘트 믹서 트럭에게 문제가 될 수 있다. 믹서를 격렬하게 돌리는데도 불구하고, 트럭 안의 시멘트가 굳을 수 있기 때문이다. 그럴 경우 믹서 내 돌덩이가 생겨 트럭이 망가지게 된다. 1990년대 중반, 시멕스는 휴스턴의 EMSEmergency Medical Service 배차담당자들과 앰뷸런스, 그리고 멤피스의 페덱스FedEx 허브를 연구하면서 문제의 해결책을 얻었다. 시멕스는 시멘트 수요를 개별적으로 예측할 수는 없어도 종합적인 패턴은 예측할 수 있다는 사실을 발견했다.[8]

8 시멕스 시스템에 대해 자세히 알고 싶다면 리처드 파스칼(Richard Pascale)의 저서 『Surfing on the Edge of Chaos』를 참조하라. 토마스 펫징어 주니어(Thomas Petzinger Jr.)가 〈패스트컴퍼니〉(Fast Company)에 기고한 기사에서도 이 이야기를 자세히 설명하고 있다. 링크에 관해서는 파트 7을 참조하라.

급진적 최적화를 사용한 다른 사례
아라빈드 안과(ARAVIND EYE HOSPITAL)

아라빈드 안과는 1976년 인도의 마두라이(Madurai)에 설립되었다. 아라빈드의 미션은 "불필요한 낭비를 제거하자"이다. 아라빈드는 4명의 의료진과 11개의 침대가 있는 병원으로 시작하여 인도 전역으로 확장하였다. 2012년, 280만 명의 외래환자들을 진료했고 34만 번 이상의 수술을 진행했다. 가장 주목할 점은 병원에 저렴한 가격으로 렌즈와 보조재료를 제공하기 위해 아라빈드만의 특별한 제조 공정을 도입했음에도 불구하고,(IT 통합, 프로세스 자동화) 매우 단순한 방법들로 비용을 낮췄다는 것이다.(프로세스 표준화)

전술들:

구조

IT 통합(IT INTEGRATION)
기술 자원과 응용 프로그램을 통합한다.

프로세스

프로세스 자동화
(PROCESS AUTOMATION)
종업원이 다른 업무에 방해받지 않도록 도구와 인프라를 일상 업무 관리에 활용한다.

프로세스

프로세스 표준화
(PROCESS STANDARDIZATION)
복잡함, 비용, 오류를 줄일 수 있는 일반적인 제품, 절차, 방침을 활용한다.

시멕스는 대부분의 콘크리트 믹싱 트럭에 GPS 위치 추적 장치와 컴퓨터를 설치했다. 이 기기들은 스케줄을 최적화하고, 운행 시간을 계산하고, 전체 믹싱 트럭의 효율성을 관리했다. 특히 특정 구역의 시멘트 혼합기는 트럭에 분배할 시멘트의 양을 정확하게 계산하는 기술이 있었다. 이는 도로가 잘 정비되어 있지 않은 국가의 고객에게 유용했다.

시멕스는 효율성에 있어서 타사와 비교할 수 없는 운송 서비스를 설계하는 데 집중했다. 트럭 1대가 한 구역에만 운행되는 것이 아니라, 시스템을 활용하여 지속적으로 운행 계획을 최적화하여, 변화되는 교통상황과 트럭이 위치한 도시에 근거해 트럭을 운행했다. 또한 고객에게 '스마트사일로'SmartSilo라고 불리는 기술을 제공함으로써 고객이 시멘트 사용량을 모니터할 수 있었으며, 재고가 부족해지면 트럭이 시멘트를 배달하도록 했다.

어떤 주어진 시간에 변화되는 교통 상황에 대응하여 운행할 수 있는 다수의 트럭이 있을 때, 그리고 네트워크로 서로 연결된 트럭들이 각각의 위치에 대해 의사소통이 가능할 때만 시스템이 작동했다. 따라서 시멕스 트럭의 대부분은 GPS가 가능한 IT 시스템이 설치되어 있으며, 시멘트 운송 일정은 도시 전체 운행을 관리할 수 있는 중앙 허브에서 결정되었다.

서비스

보증(GUARANTEE)
제품 불량 또는 구매 오류가 발생할 시 고객이 부담하게 되는 시간적, 비용적 부담을 제거한다.

'개런티아 20×20'Garantia 20×20으로 알려진 프로그램이 잘 작동되어, 시멕스는 정해진 시간 20분 이내에 시멘트 배달을 보장했다. 만약 수하물이 20분이 넘어서 도착하면 고객은 매 입방미터cubic meter당 20페소를 할인 받을 수 있었다. 당시 이 보증시스템은 경쟁자들이 따라 하기 힘든 약속이었다.

INNOVATION PLAY

예측할 수 있는 비즈니스
PREDICTIVE BUSINESS

비즈니스를 모형화하기 위해 데이터를 축적한다면 결과를 예측하고 효율성을 높이는 데에 도움이 된다.

데이터 접속, 저장, 수집에 관한 비용이 하락하면서 데이터의 편재성과 연계성이 증가하고 있다. 이는 더 많은 기업들이 제품과 서비스의 품질을 개선하도록 할 뿐 아니라 제품이 어떻게 사용될지 예측하는 것도 가능케 한다. 심지어는 고객에게 전달하고자 하는 특정한 성과를 미리 정해 놓는 것도 가능하다. 고객에게 강력한 신제품을 제공하거나 심지어는 해당 산업의 생태계를 획기적으로 혁신시킬 수 있는 이러한 통찰력을 어떻게 활용할 수 있을지 고민하라.

예측할 수 있는 비즈니스를 사용한 사례
GE항공(GE AVIATION)

전환 :
비즈니스 모델

목표 :
게임을 바꿔라

산업 :
상업항공

GE항공은 온포인트 솔루션OnPoint Solutions으로 비행기 엔진 산업의 혁명을 이루었다. 온포인트 솔루션은 유지보수, 소재, 자산 관리 서비스와 GE 캐피탈의 자금조달 기능을 하나의 제품으로 통합하는 서비스이다. 이 제품은 엔진 가동시간을 보장하며 가격은 비행시간에 따라 매겨진다. GE항공의 성공에는 많은 혁신 유형들이 바탕이 되었다. 그중에서도 다음 페이지에 나오는 4가지 전술이 핵심적이다.

예측할 수 있는 비즈니스를 사용한 다른 사례
존슨 컨트롤즈(JOHNSON CONTROLS)

존슨 컨트롤즈는 빌딩 관리 솔루션의 비용과 성과를 철저히 모형화한다. 이 솔루션은 종합적인 솔루션들이 함께 번들화되어 있으며, 기후 통제, 센서로 작동되는 자동화, 그리고 시설관리 도구들이 있다.(제품 번들링, 예측 분석) 주목할 점은 만약 존슨 컨트롤즈가 고객에게 보장한 비용 절감이 이루어지지 않았다면 보증된 비용과 실제 비용의 차액을 환불해 준다는 것이다.(위험 분담, 보증)

전술들:

수익모델

위험 분담(RISK SHARING)
특정 기준에 못 미치면 표준 요금이나 비용을 고객에게 되돌려 주지만, 기준이 충족될 경우 초과 이익을 얻는다.

+

프로세스

예측 분석(PREDICTIVE ANALYTICS)
과거 성능 데이터를 모형화하고 미래의 결과를 예측하여 이에 따라 제품을 디자인하고 가격을 정한다.

+

제품시스템

제품 번들링(PRODUCT BUNDLING)
판매중인 몇몇 제품을 하나의 결합 제품으로 합친다.

+

엔진의 가격과 품질은 비행시간으로 정해진다. 엔진이 예기치 않게 작동하지 않는다면, GE항공이 고객을 대신해서 비용을 지불한다. 이와 같은 맥락으로 만약 비용이 계획보다 적게 나온다면 GE항공이 그 수익을 얻게 된다.

GE항공은 고객이 서비스를 원하는 시점을 예측하고, 미래 비용을 예상하고, 서비스 시스템을 적절하게 구조화하기 위해 엔진 성능들을 아주 철저하게 측정하고, 기록하고, 모델화한다. '마이엔진'myEngines 디지털 서비스는 항공기 관리자가 비록 이동 중이라도 유지보수에 관한 사항을 모니터링할 수 있도록 해준다. 최적화된 '클리어코어' ClearCore 엔진 세척 시스템은 GE 엔지니어들이 연료 소비를 개선하고 '비행시간'time-on-wing을 연장할 수 있도록 한다.

온포인트는 엔진 보상판매 프로그램, 작업라인 관리, 기술 업그레이드처럼 이전에는 분리되어 있던 제품을 매끄럽게 한 가지 서비스로 통합한다. 더 나아가 GE 캐피탈의 자금조달 기능과 통합하여, 다양한 금융 조건으로 엔진 임대를 보증한다.

서비스

보증(GUARANTEE)
제품 불량 또는 구매 오류가 발생할 시 고객이 부담하게 되는 시간적, 비용적 부담을 제거한다.

온포인트는 가동시간을 보장하기 위해 전세계적으로 일주일 내내 24시간 운영되는 서비스팀들을 가동하고 있다. "항공사는 1년 365일, 하루 24시간 깨어 있으며, 실시간 의사결정은 고객 만족에 영향을 주며 운영 비용을 낮춘다"라고 서비스 마케팅 안내문에 담겨 있다.

INNOVATION PLAY

프랜차이즈
FRANCHISE

비즈니스를 확장하기 위해 상징적인 제품과 경험을 개발하라.

이야기, 아이디어, 기술이 너무 매력적이어서 감탄할 수밖에 없는 경우가 있다. 이렇게 기발한 아이디어는 다양한 장소에서 예상치 못한 만족감을 가져다 주며, 충성도가 높은 고객은 이에 만족하지 않고 더 많은 것을 요구한다. 놀랄 만한 제품이나 서비스를 제공하고 속편, 확장, 연장, 보완 등을 통하여 비즈니스를 확장할 수 있는 방법을 찾는 것이 프랜차이즈의 핵심이다.

프랜차이즈를 사용한 사례
해리포터(HARRY POTTER)

전환 :
플랫폼

목표 :
알려진 것을 바꿔라

산업 :
출판

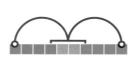

소년 마법사와 그의 친구들에 관한 이야기는 전세계의 상상력을 사로잡았고 초등학생부터 어른까지 다음 시리즈를 기다리느라 숨을 못 쉴 정도였다.[9] 오늘날 인기 있는 다른 작품처럼 해리포터도 영화, 비디오 게임, 사탕, 장난감 등으로 미디어를 초월하는 프랜차이즈로 진화하였고 그 외 다양한 방법으로 해리포터 팬들을 호그와트 마법사 학교로 이끌었다. 심지어 마지막 시리즈를 출판한 뒤에도 플랫폼은 계속해서 성장하고 있다. 이 플랫폼은 해리포터의 작가인 J.K.롤링J.K.Rowling에게 무려 10억 달러가 넘는 수익을 가져다 주었다.

9 필사적으로 책을 읽는 아이들을 상상해보라. 작가에게 고마움을 전한다.

10 약 50명의 사람들이 몸을 떨며 기다리는 모습을 상상해보라.

11 해리포터는 영화로 방영돼 전세계 박스오피스에서 77억 달러의 수익을 거두고 있으며, 올랜드에 지어진 해리포터 테마파크는 많은 방문객을 끌어모으고 있다. 또한 2011년에 유니버셜은 할리우드 리조트에 또 다른 호그와트를 건설할 계획이라고 발표했다.

프랜차이즈를 사용한 다른 사례
페브리즈(FEBREZE)

프랜차이즈는 방송사만 활용할 수 있는 단독 분야가 아니다. 1998년에 P&G가 출시한 냄새 제거제인 페브리즈는 다양한 제품군을 갖추고 있다. 페브리즈가 특허를 출원한 시클로덱스트린(cyclodextrin) 기술은 냄새 분자가 퍼지는 것을 억제하면서 냄새 분자를 묶는다. (우수한 제품) P&G는 이 기술을 실내용 스프레이부터 차량용 방향제, 탈취제에 이르기까지 여러 제품에 적용했다. (보완) 페브리즈 브랜드와 기술 또한 P&G의 세탁 제품라인인 타이드(Tide), 게인(Gain), 바운스(Bounce)에 적용되었다. (브랜드 확장) 민텔(Mintel)은 페브리즈가 2010년 초 9개월 동안 37개의 새로운 제품을 출시했다고 보도했다.

전술들:

제품성능
우수한 제품(SUPERIOR PRODUCT)
특출한 디자인, 품질, 그리고/또는 경험을 가진 제품을 개발한다.

+

제품시스템
보완(COMPLEMENTS)
고객에게 부가 제품과 서비스를 판매한다.

+

브랜드
브랜드 확장(BRAND EXTENSION)
현재 브랜드 내에서 새로운 서비스와 제품을 제공한다.

프랜차이즈의 핵심은 시선을 사로잡는 것이다. 해리포터는 확실히 이를 잘 해냈다. 해리포터는 매력적이고 누구나 읽기 수월한 산문체로 쓰여졌다. 아이들의 관심을 끌었고 어른이 읽기에도 충분한 캐릭터와 배경을 만들어냈다. 물론 해리포터 시리즈를 비방하는 사람들도 있다. 하지만 새 시리즈가 나올 때면 한밤중에도 줄을 서서 기다리는 팬들과 전세계적으로 판매된 4억 5,000부의 책들은 비방꾼들이 큰 문제가 되지 않음을 보여준다.[10]

2007년 『해리포터와 죽음의 성물』의 출간으로 주요 스토리가 끝났음에도 불구하고, 새로운 보완재가 계속해서 만들어지고 있다. 롤링은 이야기를 생생하게 만들기 위해 포터모어Pottermore 웹사이트에 해리와 관련된 새로운 내용을 올리고 있다. 또한 롤링은 신비한 동물사전Fantastic Beasts and Where to Find Them, 해리의 교과서 중 하나이다.과 퀴디치의 역사Quidditch Through the Ages 같은 짧은 '이야기 속'in-story 책을 써 오고 있다.

롤링과 그녀의 팀이 이루어낸 브랜드 확장은 프랜차이즈에 터보 엔진을 단 셈이다. 유니버셜 올랜도Universal Orlando에 위치한 '해리포터의 마법세계' 테마파크부터 버티 부트Berie Bott의 젤리빈jellybeans, 캐릭터 인형, 장난감 지팡이까지 400개 이상의 제품이 있다. 모든 확장품들은 '머글'의 인간의 세계를 조금 더 마법스럽게 하면서, 해리포터의 캐릭터와 그들의 세계를 사실처럼 만들었다. 영화, DVD, 비디오 게임, 그리고 놀이공원으로 얻은 수익들은 각각 100억 달러를 훌쩍 넘는다.[11]

INNOVATION PLAY

교환
EXCHANGE

주어진 자원, 이익, 시장 혹은 산업에 대한 교역과 활동의 허브를 구축하라.

인간은 공통의 관심사와 필요를 교환하도록 연결된 것 같다. 예를 들자면 모든 바빌로니아 도시의 중심에 위치한 시장부터 16세기 앤트워프Antwerp[12]의 첫 번째 금융시장과, 오늘날 전세계에 펼쳐 있는 어지러운 일련의 전자상거래 등이 있다. 네트워크화된 디지털 삶에 감사하게도 현재 인간은 유례없는 빠른 속도와 간편함을 누릴 수 있다. 그러나 교환의 핵심은 서로 간의 연결이 필요한 커뮤니티를 파악하고, 그 커뮤니티 내의 사람들을 서로 연결함으로써 수익을 내는 것이다.

교환을 사용한 사례
킥스타터(KICKSTARTER)

전환 :	목표 :	산업 :
플랫폼	**영역을 바꿔라**	**소액금융**

2009년에 설립된 킥스타터는 프로젝트를 위한 자금과 관객을 유치하고자 하는 모든 유형의 제품개발자, 예술가, 작가를 위한 장소가 되었다. 이들은 프로젝트 완성까지 드는 시간과 돈 그리고 제공자가 투자의 대가로 무엇을 받을 수 있을지에 대한 명확한 개념을 제공했다. 보상은 웹사이트에 게시될 감사의 말 정도로 미미할 수도 있고, 오직 한 사람만을 위해 서명된 미술 작품처럼 값진 것일 수도 있다. 킥스타터는 초기 자금이 필요한 무명 예술가들이 작업을 위해 시작했던 방법이었다. 하지만 현재는 유명세를 나타내고 싶어하는 예술가들이 선호하는 플랫폼이 되었다. 영화 제작자인 찰리 카프먼Charlie Kaufman과 공상 과학 작가인 닐 스티븐슨Neal Stephenson과 같은 사람들도 작품에 필요한 자금을 얻기 위해 이 플랫폼을 이용했다.[13]

12 예상할 수 있듯이, 많은 작가들은 주식시장의 역사와 발전에 대해 솔직하게 털어놓는다. 만약 월스트리트의 실생활에 대해 알고 싶다면 마이클 루이스(Michael Lewis)의 『Liar's Poker』를 읽어라. (W.W.Norton&Company, 2010)

13 팬들은 카프먼의 애니메이션인 아노말리사(Anomalisa)를 위해 40만 6,237달러를 모았다. 스티븐슨은 칼싸움 게임을 혁신하기 위한 자금으로 52만 6,125달러를 받았다.

14 아마존은 지불과정에서 추가로 3~5%를 얻는다. 아마존은 어디에서나 찾을 수 있기 때문이다.

교환을 사용한 다른 사례
크레이그스리스트(CRAIGSLIST)

흥미로운 이벤트를 알리는 이메일 전송 리스트로 시작한 크레이그스리스트는 샌프란시스코에서 인터넷상의 지역별 광고 사이트로 성장했다. 오늘날 크레이그스리스트는 70개 국가의 700개 도시에서 서비스하고 있다. 서비스의 대부분을 무료로 제공하지만 부동산 게시물이나 구인광고에는 고정 비용을 부과한다. 예를 들어 샌프란시스코에서 어떤 분야의 채용 공고를 내려면 75달러가 든다. (교환대) 이용자는 간단하고 비교적 기술이 적게 드는 도구와 인터페이스를 활용하면서 직접 직업소개란을 만든다. (사용자 제작) 높은 참여를 요구하는 크레이그스리스트 커뮤니티는 회원들 스스로가 사이트를 관리한다. 즉, 숙련된 이용자들은 문제가 생겼을 때 전문가로서 다른 사람들을 돕는다. (사용자 커뮤니티/지원 시스템)

전술들:

수익모델		

교환대(SWITCHBOARD)
되도록 많은 판매자와 구매자를 연결한다. 더 많은 판매자와 구매자가 참여할수록 교환대의 가치가 커진다.

＋

프로세스

사용자 제작(USER-GENERATED)
자사의 제품을 보조하는 콘텐츠를 제작하거나 관리하도록 사용자를 유도한다.

＋

서비스

사용자 커뮤니티/지원 시스템(USER COMMUNITIES/SUPPORT SYSTEMS)
공동 자원을 제공하여 제품과 서비스를 지원, 사용, 확장한다.

교환을 통해 개인과 집단을 연결하거나 감축함으로써 돈을 벌어야 한다. 킥스타터는 각 프로젝트에 제공된 자금의 5%를 취하는 방식의 수익모델을 만들었다.[14] 4억 달러 이상의 돈을 모으는 데 3년도 걸리지 않았다. 안드로이드와 iOS기기 모두 호환되는 스마트 와치인 페블 E 페퍼 와치Pebble E-Paper Watch, 새로운 종류의 비디오 게임 콘솔인 OUYA를 포함해서 몇몇 프로젝트는 수백만 달러를 모았다. 대부분의 프로젝트들은 만 달러 이하를 마련한다.

교환의 좋은 점은 일단 필요한 최소한의 사람들을 확보했다면 커뮤니티 내에서 자급자족이 가능해진다는 것이다. 킥스타터의 경우 프로젝트 개발자들이 프로젝트를 설명할 모든 비디오, 이미지와 설명서를 개발할 수 있는 사이트를 가동한다. 즉 킥스타터가 하는 일은 예술가의 창작 활동이 용이하도록 도구를 제공하고, 검색을 위해 색인을 달고, 콘텐츠를 관리하는 것이다. 2013년 초 이래로 8만 개 이상의 독특한 프로젝트가 킥스타터를 통해 발표됐다.

킥스타터는 펀드시장의 틈새를 발견했다. 고객과 투자자에게 흥미로운 사업을 소개하고, 프로젝트의 '개별' 특징을 강조하며 틈새를 현명하게 메웠다. 커뮤니티는 프로젝트의 방향에 있어서 중요한 통찰력과 피드백을 제공한다. 이는 자금 조달만큼이나 중요하다.

INNOVATION PLAY

공동 창조
COLLABORATIVE CREATION

공동 창조를 사용한 사례
트레드리스(THREADLESS)

전환 :
플랫폼

목표 :
영역을 바꿔라

산업 :
의류

새로운 제품을 창조하기 위해 캔버스와 툴키트로 커뮤니티를 연결하라.

아파치Apache나 리눅스Linux 같은 오픈 소스 커뮤니티는, 무료로 배포할 소프트웨어 제품을 만들기 위해, 전세계 수천 명의 전문가들과 함께 일하고 있는[15] 공동 창조의 전형적인 사례이다. 공동 창조가 항상 기술에 기반한 것만은 아니며, 공통 관심사로 묶인 커뮤니티나 큰 열정을 지닌 네트워크도 공동 창조의 기반이 될 수 있다. 공동 창조는 커뮤니티의 노력을 지원할 뛰어난 도구들을 제대로 갖춰야 하며, 기여자들이 적절하게 인정받고 보상받을 수 있어야 한다.

트레드리스는 디자이너가 없는 의류 기업이다. 대신 구매자와 기부자로 이루어진 온라인 커뮤니티에서 디자인을 공급 받는다. 디자인 관련 아이디어가 온라인에 게시되고 커뮤니티는 자동화 시스템을 이용하여 투표를 진행한다. 가장 많은 표를 받은 디자인이 생산되고, 그 디자인에 투표한 사람들은 제품이 만약 출시된다면 구매할 의향이 있는지 응답하면 되는 것이다. 트레드리스는 이 플랫폼을 이용해서, 의류 기업들이 변덕스러운 소비자들이 구매하고자 하는 제품을 어떻게 예측할 것인가 하는[16] 껄끄러운 문제를 해결한다. 최근에는 베드 배스 앤 비욘드Bed Bath & Beyond 같은 소매업체와의 협업을 통해 대중 유통으로 비즈니스 모델을 변경하였고, 시카고에 오프라인 매장을 열었다.

공동 창조를 사용한 다른 사례
위키피디아(WIKIPEDIA)

위키피디아는 분산된 네트워크 이용자로부터 다양한 주제와 관련된 정보를 수집한다. (크라우드소싱) 위키피디아 템플릿과 웹 구성은 표준화되어 있으며, 간단하고 자동화되어 있다. 따라서 사용자들이 정보를 제공하기 용이하다. (프로세스 자동화) 정보를 제공하려는 취지의 웹 사이트로 성공하려면 품질과 정확성이 매우 중요하다. 위키피디아는 명확한 편집 가이드라인과 규정으로 커뮤니티 적절성과 상호검토를 통하여 이를 관리한다. (사용자 커뮤니티/지원 시스템) 2005년 〈네이처〉(Nature)지에 소개된 한 연구에 따르면 위키피디아의 정확성은 브리테니카 백과사전(Encyclopedia Britannica)의 정확성과 아주 비슷하다고 한다. 일반적으로 참여자들은 교육적인 내용을 수집, 발전, 공유하기 위한 욕구에 의해 동기부여가 되는 것처럼 보인다. (가치 정렬)

15 넷크래프트(Netcraft)는 세계 최고의 웹 서버를 결정하기 위해 2012년 7월에 약 6억 6,600만 개의 웹사이트를 대상으로 설문조사를 실시했다. 설문조사 결과, 아파치는 61.45%의 시장점유율을 차지하였다. http://tentyp.es/QZUK9x.

16 2008년 인터뷰에서, 창립자 제이크 니켈(Jake Nickell)은 "사람들이 원하는 제품을 왜 만들고 싶어하지않겠는가?"라고 말했다.

전술들:

프로세스
크라우드소싱(CROWDSOURCING)
반복적이거나 도전적인 일을 준조직적 개인으로 이루어진 큰 집단에게 위탁한다.

트레드리스는 예술가로부터 티셔츠와 제품에 대한 디자인을 공급받는다. 예술가들은 투표율과 판매를 높이기 위해 디자인을 광고하고, 피드백을 받고, 다른 이용자들과 상호작용을 한다. 만약 디자인이 채택되어 생산되면, 그 예술가는 2,000달러 수표와 500달러의 포인트store credit를 받는다.

프로세스
프로세스 자동화
(PROCESS AUTOMATION)
종업원이 다른 업무에 방해 받지 않도록 도구와 인프라를 일상 업무 관리에 활용한다.

트레드리스의 투표와 디자인 랭킹 시스템은 사용자들이 디자인을 점수로 등급을 정하는 방식으로 단순하며 직관적이다. 투표자들은 제품이 생산되면 구매할 의향이 있는지 자동적으로 질문을 받는다. 트레드리스는 예술가들이 온라인으로 디자인을 위한 홍보물을 만들 때 사용할 HTML 도구가 포함된 디지털 제출 장치를 제공한다.

서비스
사용자 커뮤니티/지원 시스템(USER COMMUNITIES/SUPPORT SYSTEMS)
공동 자원을 제공하여 제품과 서비스를 지원, 사용, 확장한다.

예술가는 사이트 방문자에게 디자인에 대한 평가와 제안, 조언을 구하는 토론 포럼을 통해 트레드리스 커뮤니티에 참여한다. 어떤 예술가들은 개인 웹사이트, 페이스북, 트위터를 이용하면서 관중과 더 많이 교류한다. 2012년까지 트레드리스는 8,000만 이상의 투표를 진행했고, 4만 2,000명의 디자이너들로부터 약 15만 개의 디자인을 유치했다.

브랜드
가치 정렬(VALUES ALIGNMENT)
브랜드가 중요한 아이디어와 일련의 가치를 의미하도록 하고 이 가치를 지속적으로 표현한다.

트레드리스는 독립 예술가들이 트레드리스 비즈니스의 핵심이라는 점을 지속적으로 알렸다. 얼반 아웃피터스 Urban Outfitters가 2007년에 협업을 제안했을 때, 창업자 제이크 니펠Jake Nickell은 구매자가 디자인에 점수를 매기고 제품에 대한 예술가 정보를 제공하기 위해 매장에 컴퓨터실의 설치를 요구했다. 하지만 얼반 아웃피터스가 이 제안을 거부하자 니펠은 얼반 아웃피터스와의 협업을 거절했다.

고객참여
지위와 인정(STATUS AND RECOGNITION)
사용자와 그들과 교류하는 사람들이 정체성을 갖도록 지원하면서 의미 전달을 돕는다.

생산된 디자인에 대한 대가로 예술가들이 받는 2,000달러는 적은 돈이 아니다. 그러나 어떤 예술가들은 트레드리스의 안목 있는 비평가들이 자신의 디자인을 선택했다는 지위와 인정뿐 아니라 작품이 세상에 알려질 수 있다는 열망에 의해 작업한다. 평가자들은 그들의 시간에 대한 돈을 받는 것은 아니지만, 의미 있는 공동체에 속한다는 느낌에 의해 고무된다.

INNOVATION PLAY

역량 기반 플랫폼
COMPETENCY-DRIVEN PLATFORM

아마존 웹 서비스(AMAZON WEB SERVICES)

전환 :
플랫폼

목표 :
게임을 바꿔라

산업 :
IT 시스템

주요 자산과 역량을 공개하고 다른 기업이 자신들의 비즈니스를 위해 사용할 수 있도록 하라.

뛰어난 능력은 직접적인 경쟁자가 아닌 주변 사람들의 질투를 유발하기도 한다. 역량 기반 플랫폼의 핵심은 다른 기업이 우리의 투자와 역량을 활용하도록 하고 이를 통해 당당하게 이익을 얻는 것이다. 우리는 이미 보유한 전문성으로 이익을 취할 수 있고, 다른 기업들은 그들 스스로가 할 수 있었던 것보다 훨씬 더 많은 것을 얻을 수 있다.

데이터 센터를 구축하는 것은 대부분의 기업에게 굉장히 부담되는 일이다. 유지와 보수는 물론이고 서버와 응용 프로그램에 들어가는 비용은 모두 극도로 복잡하고 엄청나게 비싸다. 하지만 아마존에게는 그렇지 않았다. 2006년에 런칭한 아마존 웹 서비스는 가상의 기반 시설과 어플리케이션들을 통해 거의 무제한의 연산 능력을 제공했다. 그 결과 어느 기업이든 아마존으로부터 연산 능력을 값싸게 빌릴 수 있고 아마존의 핵심역량 중의 하나를 활용하여 수익성 좋은 새로운 비즈니스를 구축할 수 있다.

캐터필러(CATERPILLAR)

1987년, 중장비 제조업자 캐터필러의 경영진은 공급사슬을 관리하는 캐터필러의 전문성이 다른 기업에게도 이득이 될 수 있다는 것을 깨달았다. 그리고 고객의 공급사슬 문제를 해결할 자회사 CAT 로지스틱스(CAT Logistics)를 만들었다. (우수한 제품, 다양화) 봄바디어(Bombardier), 현대(Hyundai), 도시바(Toshiba) 같은 기업이 해당 서비스에 등록했다. 또한, CAT 로지스틱스는 물류 서비스의 최첨단 수준을 유지하기 위해 새로운 서비스 부품 관리(Service Parts Management, SPM)를 개발하기 위해 포드 자동차(Ford Motor Company)와 소프트웨어 판매사인 SAP와 협업했다. (상호보완적 제휴, 지적재산) 2010년까지 CAT 로지스틱스의 총수입은 31억 달러였다. 2012년 CAT 로지스틱스는 네오비아 로지스틱스(Neovia Logistics)라는 이름의 별도 벤처 회사로 분사되었다.

전술들:

네트워크

상호보완적 제휴
(COMPLEMENTARY PARTNERING)
비슷한 시장을 타겟으로 하지만 자사와 상이한 제품과 서비스를 취급하는 기업의 자산을 공유하여 레버리지를 일으킨다.

AWS는 전략적으로 타사와 파트너십을 맺었다. AWS와 파트너십을 맺은 기업으로는 미디어 전달 플랫폼인 어도비Adobe, 지리적 정보 시스템을 제공하는 ESRI, 소프트웨어 개발 툴키트toolkit를 공급하는 세일즈포스닷컴Salesforce.com이 있다. 그 외 기술 협업자로는 오라클Oracle과 시만텍Symantec이 있다.

+

프로세스

지적재산(INTELLECTUAL PROPERTY)
타사가 모방할 수 없는 방법으로 아이디어를 상품화하기 위해 특허를 사용한다.

아마존은 복잡한 IT 기반시설 관리에 관한 혁신을 체계적으로 보호하고 있다. 아마존은 AWS가 런칭되기 2년 전인 2004년, '컴퓨터 시스템 간의 상호작용 편의' facilitating interactions between computing systems에 대해 조기 특허출원을 했다.

+

제품성능

우수한 제품(SUPERIOR PRODUCT)
특출한 디자인, 품질, 그리고/또는 경험을 가진 제품을 개발한다.

AWS는 유연하고 개방적이며 안정적인 제품을 제공함으로써 기존 IT 부서의 '물리적 기반시설 중심의 모델'에 도전한다. 이를 활용한 스타트업, 소기업, 고속 성장을 원하는 기업들은 상황에 따라 필요한 대역폭을 바꿀 수 있다.

채널

다양화(DIVERSIFICATION)
새로운 채널을 추가하거나 확장한다.

과거의 내부 역량을 새로운 비즈니스로 구축함으로써 AWS는 모회사의 수익원을 다양화하고 고객층을 넓혔다. 요약하자면, AWS는 이미 강력한 경쟁력을 보유한 아마존의 또 다른 경쟁력이 되었다.

INNOVATION PLAY

경험 생태계
EXPERIENCE ECOSYSTEM

경험 생태계를 사용한 사례
애플 아이튠즈(APPLE iTUNES)

전환 :	목표 :	산업 :
플랫폼	**게임을 바꿔라**	**미디어**

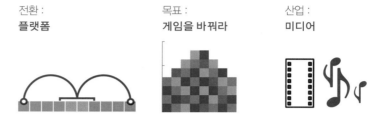

제품, 서비스, 부가서비스 등의 촘촘한 시스템을 구축하여, 지속적으로 우아하고 매력적인 방식으로 서로 연결되고 상호작용하게 하라.

특히 의료서비스와 기술 분야처럼 복잡한 분야에서의 승자는 제품을 통해 '간단함'과 '일관성'을 전달하는 기업이다. 이러한 기업은 고객과 사용자가 어렵고 복잡한 문제를 쉽게 해결할 수 있도록 해준다. 경험 생태계는 흥미로운 경험을 지속적으로 제공함으로써 다양한 제품을 매력적으로 엮어낸다. 경험 생태계는 상호보완적인 역량과 제품을 이용하여 시스템을 강화시키거나 확장할 방법을 찾는 기업에게 매력적이다.

애플이 아이튠즈 생태계를 통해 성취해 온 것들은 혁명적이다. 이 단일 플랫폼은 음악, 미디어, 소프트웨어, 휴대폰, 그리고 PC산업을 변화시켰다. 무료로 공개된 생태계보다는 '통제된 정원'walled garden을 제공한 것에 대해 종종 비난을 받지만, 애플의 다양한 베팅은 훌륭하게 성공했다. 2012년 8월, 애플의 시가 총액은 세계에서 가장 높았다.[17]

17 2012년 8월 20일, 애플의 시가 총액은 6,235억 달러를 기록했다.

18 이것을 증명하자면, 평면 스크린 텔레비전 주위의 어린 아이들을 보라. 어느 시점에서 이 아이들은 스크린 앞으로 걸어가 스크린을 누를 것이다. 그리고 이 스크린이 부모의 아이폰과 아이패드처럼 반응하지 않는 것에 대해 실망할 것이다.

경험 생태계를 사용한 다른 사례
훌륭한 콘시어지(A GREAT CONCIERGE)

애플은 현재 어떤 기업보다도 더 뛰어난 통찰력과 정확성을 갖고 경험 생태계 전략을 사용한다. 타사의 경험 생태계 전략으로는 그나마 안드로이드 플랫폼이 애플의 전략과 가장 유사할 것이다. 하지만 하드웨어 제조업체에게 운영 시스템을 무료로 제공하고, 앱 개발과 유포에 대한 통제를 거의 하지 않는, 구글은 전략적인 선택을 통해 애플보다 더 공개적이고 유연한 구조를 갖게 되었다. 이러한 접근법으로 구글은 휴대폰 설치 기반에서 압도적으로 선두주자 역할을 할 수 있었다. 2012년 9월, 미국의 스마트폰 중 51.6%가 안드로이드 운영체제인 것에 비해 32.4%가 iOS로 운영되었다. 반면에 애플은 아이패드로 태블릿 시장을 지배했다. 어떤 플랫폼이 승리할지는 시간만이 말할 수 있으나, 현재로서는 애플이 가장 일관성 있고 통합된 시스템으로 자리잡고 있다. 아마 가장 근접한 비유는 확실히 아날로그이다. 즉, 훌륭한 호텔의 뛰어난 콘시어지로 비유될 수 있다. 인근의 모든 식당, 극장, 스포츠 팀과 연결되어 있는 이 콘시어지는 아주 개인적인 경험 생태계의 축소판이다. 그러므로 팁을 후하게 주어야 한다.

전술들:

수익모델

라이센싱(LICENSING)
계약된 조건에 따라 제품이나 서비스를 사용할 권리를 개인이나 기업에 제공한다.

+

네트워크

제휴(ALLIANCES)
개별 경쟁우위를 함께 개선하기 위해 위험과 수익을 공유한다.

+

프로세스

전략적 디자인(STRATEGIC DESIGN)
제품, 브랜드, 경험에 걸쳐 지속적으로 의미를 드러내는 접근방식을 사용한다.

+

애플의 아이튠즈 스토어와 앱 스토어는 애플의 하드웨어 기기가 훨씬 뛰어난 경쟁력을 갖도록 하는 콘텐츠를 제공한다. 이 두 스토어는 판매된 모든 노래, 비디오, 앱의 수익 일부를 수익원으로 취한다. 애플이 콘텐츠를 판매하여 얼마의 수익을 올리는지는 불분명하지만, 애플의 대규모 라이브러리는 기기 판매에 있어서 소비자의 마음을 끄는 매우 강력한 유인책이다.

냅스터Napster와 디지털 음악이 업계의 근본을 흔들었을 때, 주요 음반회사들은 오래된 비즈니스 모델에 집착하고 있었다. 엄청난 신뢰를 받고 있는 스티브 잡스와 그의 변호사 군단은 음반회사들이 한 번에 1개의 노래를 판매하도록 설득했다. 2012년 9월, 아이튠즈 스토어에는 2,600만 개의 노래와 70만 개 이상의 앱, 19만 개의 TV 에피소드, 그리고 45,000개의 영화가 있었다.

애플은 제품 개발 프로세스에서의 탁월한 디자인으로 유명하다. 약 15명의 디자이너로 구성된 핵심 팀은 애플의 모든 제품 디자인을 지휘한다. 말 그대로 식탁 테이블 주변에 모여 앉아서 제품을 궁극적으로 실현하기 위해 만들고, 비평하고, 아이디어를 다듬는다.

제품성능

성능 단순화
(PERFORMANCE SIMPLIFICATION)
복잡함을 줄이기 위해 불필요한 세부사항, 특징을 생략한다.

+

제품시스템

제품/서비스 플랫폼
(PRODUCT/SERVICE PLATFORMS)
통합된 제품을 만들기 위해 파트너의 제품과 서비스를 연결하는 시스템을 개발한다.

+

채널

직접 유통(GO DIRECT)
전통적인 유통 채널을 생략하고 고객들과 직접 소통한다.

애플의 아이팟, 아이패드, 아이폰은 개인 전자기기가 어떻게 보여야 하는지, 우리가 이 기기들과 어떻게 상호작용해야 하는지에 대한 기존의 개념을 바꿨다. 모두 버튼의 수를 급격히 줄였고 경쟁력 있는 제품의 기준으로 여겨졌던 메카니즘을 탑재시켰다. 예를 들면 iOS의 직관적인 터치 스크린 인터페이스는 너무 간단해서 심지어 어린아이들도 사용할 수 있다. [18]

애플 생태계의 모든 기기와 소프트웨어는 아이튠즈와 아이클라우드가 자동 동기화되면서 매끄럽게 서로 상호작용한다. 그럼으로써 사용자들의 모든 콘텐츠는 와이파이가 가능한 곳이면 어디든 이용가능하다. 이러한 상호운용성은 애플이 통제된 정원 방식을 벗어나지 않는 주된 이유이다.

경험을 통제하려는 욕구는 애플의 온라인과 현실 세계의 채널들로 이어진다. 구매 시점을 정하고 관리하는 것은 고객과의 상호작용에 대한 품질을 보장할 뿐만 아니라 애플의 수많은 고객에게 제품과 서비스를 판매하려고 하는 다른 기업과의 계약 조건을 좌우하는 데에도 유용하다.

INNOVATION PLAY

상황 기반
STATUS-BASED

포스퀘어(FOURSQUARE)

전환 :
고객경험

목표 :
알려진 것을 바꿔라

산업 :
소셜미디어

제품과 서비스에 신속히 관여하는 전문 집단을 형성하여 고객들에게 현재 상황을 알릴 수 있도록 하라.

모든 사람들은 자신의 정체성에 대해 인정받기를 원한다. 정체성이란 세상에게 우리가 사실은 하나의 특별한 눈송이라는 것을 알리는 무언가이다. 상황 기반 플레이는 정체성에 대한 내적 욕구로부터 발생한다. 이 플레이는 고객이 자신의 삶에 대한 인정과 특별한 대우를 받기 위해 시간과 돈을 투자하도록 독려한다. 상황 기반 접근은 우리의 제품을 홍보하고 찬양하는 평생 팬을 탄생시킨다.

포스퀘어는 사용자들이 무엇을 하는지 그리고 어디에 있는지를 공유하는 휴대폰 무료 앱이다. 2011년, 창립자인 데니스 크라울리Dennis Crowley와 나빈 셀바두라이Naveen Selvadurai는 블로그 게시물을 통해 포스퀘어의 가장 중요한 점은 "새로운 장소를 발견하고 친구들과 연락하고 방문 장소와 새로운 관계를 맺는 것이다"라고 설명했다. 2009년 3월, 데니스 크라울리와 나빈 셀바두라이는 오스틴Austin의 SXSWSouth by Southwest Interactive에서 이 앱을 실행했다. 2012년 9월 현재까지, 2,500만 명의 사용자들이 30억 번 이상 체크인했다.

디스커버리(DISCOVERY)

디스커버리는 남아프리카의 선두적인 투자 정보 서비스 회사이다. 1997년, 디스커버리는 구성원의 삶의 질을 향상시키고 장기적으로 의료비를 줄일 수 있도록 독려하는 바이탈리티(Vitality)라는 건강 프로그램을 출시했다. (고객보상 프로그램) 관리보다는 건강에 관한 홍보용으로, 구성원은 건강에 대해 배우고 현명한 선택을 하게 되면 '바이탈리티 포인트'(Vitality points)를 얻는다. 바이탈리티 포인트는 개인적인 '포인트 모니터'(Points Monitor)를 통해 모을 수 있었다. (개인화) 구성원은 이 포인트를 '블루'(Blue)에서 '다이아몬드'(Diamond)까지 4단계 레벨을 받는 데 사용했다. (지위와 인정) 레벨이 높으면 높을수록 더 좋은 보상이 주어졌으며, 모든 활동은 건강한 삶을 권장했다.

전술들:

서비스		
고객보상 프로그램 (LOYALTY PROGRAMS) 고가의 제품을 구매하거나 구매빈도가 잦은 고객에게 혜택이나 할인을 제공한다.		

고객참여		
개인화(PERSONALIZATION) 획일화된 제품을 고객의 정체성에 부합하는 제품으로 바꾼다.		

고객참여		
지위와 인정 (STATUS AND RECOGNITION) 사용자와 그들과 교류하는 사람들 이 정체성을 갖도록 지원하면서 의미 전달을 돕는다.		

2013년까지 거의 100만 개의 기업들이 포스퀘어의 '머천트 플랫폼'Merchant Platform에 등록했다. 방문 고객에게 특가품, 할인 혹은 경품에 대한 정보를 주기 위해서였다. 이 아이디어는 재방문을 장려하고 장소와 고객 간의 관계를 촉진했다.

포스퀘어는 친구가 특정 동네의 어느 장소에 이전에 체크인했었는지 이용자가 볼 수 있도록 했다. 이용자가 아는 사람들로부터 피드백을 받기 때문에, 피드백은 더 신뢰성 있게 느껴졌다. 또한 포스퀘어는 이전에 방문한 장소, 친구들이 방문한 장소, 그리고 이용자가 좋아할 만한 장소 리스트를 제공하는 시스템을 개발했다.

포스퀘어의 배지는 빠짐없이 체크인할 때에만 받을 수 있다. 예를 들어 30일 동안 체육관에 10번 갔다면 '짐 랫'Gym Rat을 받는다. 매번 다른 멕시칸 식당에 갔다면 '핫 타말레'Hot Tamale를 받을 수 있고, 공항에서 체크인을 했다면 '제트족'JetSetter을 받는다. 한편 '메이어쉽스' Mayorships는 지난 60일 동안 특정 장소에 가장 많이 방문한 사람에게 수여된다. 메이어쉽스 배지는 타이틀을 노리는 사람들 간의 격렬한 체크인 배틀을 초래한다.

INNOVATION PLAY

몰입
IMMERSION

새로운 차원의 참여와 헌신을 끌어내기 위해 고객들의 마음을 사로잡는 환경을 조성하라.

혁신적인 경험은 몰입을 주도한다. 몰입은 고객이 세상을 다르게 보도록 하고 새로운 행동에 마음을 열도록 다양한 방법을 이용해서 고객을 놀라게 하고 기쁘게 하고 참여시킨다. 이 방법은 단지 영화나 극장, 박물관 혹은 테마 파크 영역에서만 쓰이는 것이 아니다. 비록 일반적으로 이 업계들이 몰입에 탁월하다 할지라도 말이다. 오늘날 몰입은 성공적인 매장과 식당 그리고 상호작용하는 상황들에서 점점 더 핵심 요소가 되고 있으며, 기타 다른 업계들도 몰입을 실험하고 있다.

몰입을 사용한 사례
카벨라스(CABELA'S)

전환 :
고객경험

목표 :
알려진 것을 바꿔라

산업 :
야외 용품

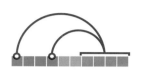

1961년에 설립된 카벨라스는 사냥, 낚시, 야외 용품을 판매한다. 카벨라스의 40개의 상점들은 경험 중심 전략을 핵심으로 하고 있다. 자넷 무어Janet Moore는 〈스타 트리뷴〉Star Tribune에서 "미네소타의 사냥과 낚시 마니아에게 있어서 카벨라스를 방문하는 것이란 상업과 미술관이 믹스되어 있어 하루 종일 즐길거리가 있는 오와토나Owatonna, 로저스Rogers, 이스트 그랜드 폭스East Grand Forks로의 여행을 의미한다"라고 했다.[19] 이 캠핑 장비점의 전시장에는 자연사 전시, 수족관, 총 박물관이 있고 어떤 곳에는 실내 사격 연습장, 산, 폭포가 있다.

19 2013년 2월 9일, 자넷 무어가 〈스타트리뷴〉에 기고한 "Cabelas, Other Outdoor Retailers Take Aim at Twin Cities"를 참조하라.
http://tentyp.es/12ucBdi

20 카벨라스는 69위를 기록했다. 전체 소매업체 고객경험과 관련된 리포트는 http://tentyp.es/WHoihI에서 볼 수 있다.

몰입을 사용한 다른 사례
알리니아(ALINEA)

그랜트 애킷츠(Grant Achatz) 셰프의 아이디어인 알리니아는 시카고에 소재한 레스토랑이다. 알리니아는 음식과 정찬에 대한 혁신적이고 미래적인 접근으로 세계적인 찬사를 받아오고 있다. 마틴 캐스트너(Martin Kastner)와 크루셜 디테일(Crucial Detail) 디자인 스튜디오와의 1년간의 협업을 통해 알리니아의 음식은 정교하게 조각된 식기에 담겨 제공된다. (전략적 디자인) 이 식기들 중 어떤 것은 구매가 가능하다. 이 레스토랑은 톰 스트링거(TomStringer)에 의해 디자인되어 아주 현대적이다. 버튼을 누르면 다이닝 룸의 분위기를 바꿀 수 있도록 프로그램 작동이 가능한 LED 조명도 사용되었다. (플래그십 스토어) 이 레스토랑은 단일 가격에 한 가지 세트메뉴를 제공하며, 모든 음식은 식사 시의 감각적인 경험을 높일 수 있게 만들어진다. (경험 활성화)

전술들:

프로세스
전략적 디자인(STRATEGIC DESIGN)
제품, 브랜드, 경험에 걸쳐 지속적으로 의미를 드러내는 접근방식을 사용한다.

+

채널
플래그십 스토어(FLAGSHIP STORE)
제품과 브랜드의 특징을 보여준다.

+

고객참여
경험 활성화(EXPERIENCE ENABLING)
이전에는 불가능했던 경험을 제공할 수 있도록 가능성의 영역을 확장한다.

자넷 무어가 〈스타 트리뷴〉에 기고한 것처럼 전통적인 카벨라스 매장은 25만 평방피트에 이를 정도로 크다. 하지만 작은 매장도 일관된 스타일이 있으며 야외활동 마니아들의 관심을 끌 다양한 종류의 시설을 갖추고 있다. 예를 들면 실내 양궁과 박물관 수준의 자연 축소모형 등이 있다.

제품 진열실에 대한 투자 또한 구매자 충성도를 증가시킨다. 2011년 카벨라스 수익의 1/3 이상이 카탈로그와 인터넷 판매로 창출되었다.

'2012년의 가장 인기 있는 매장 100위'에 카벨라스를 포함시킨 〈리테일 커스터머 익스피어리언스〉Retail Customer Experience의 편집자들은 "카벨라스는 매장에서의 경험에 대해 새로운 전망을 제시한다"라고 말했다.[20] 카벨라스는 구매자의 경험을 확대할 방법을 꾸준히 찾고 있는데, 사냥꾼들이 그들의 여정을 추적하고 기록할 아이폰 앱부터 야외 생활을 기념하는 비디오 게임, 잡지 그리고 야외 생활을 즐기는 TV 쇼 등에 이른다.

INNOVATION PLAY

연관된 커뮤니티
CONNECTED COMMUNITY

연관된 커뮤니티를 사용한 사례
할리데이비슨(HARLEY-DAVIDSON)

전환 :	목표 :	산업 :
고객경험	**영역을 바꿔라**	**모터바이크**

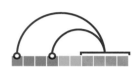

경험을 심화하고, 고객들로 하여금 공통의 관심사, 활동 그리고 제품을 공유하도록 권장하기 위해 사회적 유대감을 활용하라.

우리는 서로 비슷한 사람과 관계를 맺고 싶어하는 경향이 있다. 생각이 비슷한 사람들의 모임은 개인을 더 큰 전체로 연결하면서 '우리'의 정체성을 극대화한다. 연관된 커뮤니티는 기업의 진정성을 강화하고 기업이 끼치는 영향의 범위와 규모를 높이기 위해 사회적 유대의 힘을 최대한 활용한다.

1903년, 윌리엄 할리 William S. Harley, 아서 데이비슨 Arthur Davidson, 월터 데이비슨 Walter Davidson은 단기통 모터싸이클을 만들었다. 같은 해에 이들은 3대의 모터싸이클을 만들었다. 2011년, 지금은 창립자의 이름으로 알려져 있는 이 기업은 모터싸이클 관련 제품으로 46억 달러의 매출을 창출했다. 할리데이비슨은 열정적인 고객층에게 지속적인 지지를 받고 있다. 또한 '차고 파티'garage parties 같은 정기적인 모임이나 세계 각지에서 열리는 이벤트를 통해 고객들과 연결고리를 유지한다. 이 상징적인 모터싸이클들은 여성, 청소년 그리고 히스패닉 사이에서 인기가 가장 좋다. 이 브랜드는 320만 명의 페이스북 친구가 있는 등 활발하게 활동하고 있다.

연관된 커뮤니티를 사용한 다른 사례
웨이트 워처스(WEIGHT WATCHERS)

1960년대, 웨이트 워처스의 설립자인 진 니데치(Jean Nidetch)는 친구들을 집으로 초대해서 몸무게를 줄이는 가장 좋은 방법을 공유했다. 이 비공식적인 모임은 곧 기업으로 발전했으며 체중 감량 관리에 있어서 시장 선두기업이 되었다. (집중, 가치 정렬) 웨이트 워처스는 각각의 음식군을 분류하는 '포인트플러스'(PointsPlus) 시스템을 개발하면서, 매주 45,000개 이상의 모임을 주최한다. 이 모임에서 회원들은 서로 만나서 토론하고 체중을 검사할 수 있다. (사용자 커뮤니티/지원 시스템) 얼마 전부터 웨이트 워처스는 몸무게를 줄이고자 하는 남성들을 위한 온라인 웨이트 워처스를 시작했다. (커뮤니티와 소속) 이 서비스는 피자와 맥주같이 남성들에게 인기 있는 음식에 관해 남성들을 위한 맞춤형 콘텐츠를 제공한다.

전술들:

제품성능
집중(FOCUS)
특정 사용자를 위해 제품과 서비스를 설계한다.

+

서비스
사용자 커뮤니티/지원 시스템(USER COMMUNITIES/SUPPORT SYSTEMS)
공동 자원을 제공하여 제품과 서비스를 지원, 사용, 확장한다.

+

브랜드
가치 정렬(VALUES ALIGNMENT)
브랜드가 중요한 아이디어와 일련의 가치를 의미하도록 하고 이 가치를 지속적으로 표현한다.

+

모터싸이클의 핸들이나 배기관에 대해 잘 모르는 사람일지라도 할리데이비슨 모터싸이클은 쉽게 알아볼 수 있다. 이 바이크는 특징적인 외형과 특유의 소리가 있다. 엔진의 굉음은 필수다. 할리데이비슨은 상징적인 제품을 만드는 데에 집중해 오고 있다. 할리데이비슨 웹 사이트의 광고에는 "모터싸이클을 만드는 방법은 현대화하지만, 할리데이비슨 모터싸이클의 본질을 이루는 가치는 고수한다"라고 쓰여 있다.

할리데이비슨의 여성 운전자 커뮤니티는 여성이 모터싸이클 운전 습관을 습득하도록 격려하기 위해 시작되었다. '차고 파티'는 기본 운전 방법을 가르치고 유용한 정보를 공유할 수 있는 기회를 주며, 멘토들은 조언을 해주고 자신감도 심어준다. 그 외의 모임으로는 라틴계 운전자들을 위한 할리스타스Harlistas와 아프리카계 미국인 운전자들을 위한 아이론 엘리트Iron Elite가 있다.

"살기 위해 운전하고, 운전하기 위해 살아라"와 같이 인기 있는 슬로건을 활용하면서, 할리데이비슨은 바이크를 통해 미국을 연결한다. 탁 트인 도로에서의 흥분과 모터싸이클 탑승의 즐거움을 이야기하면서 할리데이비슨의 강령에는 이런 설명이 있다. "프리미엄 품질과 만족스러운 경험에 대한 약속을 이행할 것을 믿어주는 고객의 신뢰에 의해 우리는 움직인다."

고객참여
커뮤니티와 소속
(COMMUNITY AND BELONGING)
사람들이 서로 소속감을 느끼도록 관계성을 촉진한다.

'H.O.G.'라고 불리는 할리 오너 모임은 1,400개 이상의 글로벌지부를 가지고 있다. 그리고 약 100만 명의 회원들에게 같은 지역의 할리 모터싸이클 오너와 만나거나 함께 투어할 수 있는 기회를 제공한다. 다른 혜택으로는 긴급출동 서비스와 마니아들을 위한 정기 간행물이 있다.

INNOVATION PLAY

가치 기반
VALUES-BASED

특별한 고객층, 원인 혹은 존재 이유에 대해 집중하면서 제품이 무언가를 의미하고 변화를 촉진하도록 만들어라.
우리 모두에게는 신념과 원칙이 있다. 이와 같은 개인적인 동기는 세상의 더 큰 이슈들과 우리를 연결한다. 게다가 지극히 평범한 행의와 행동들에 추가적인 의미를 부여할 수도 있다. 가치 기반은 고객의 행동과 참여와 충성심을 촉구하면서 이러한 내적 동기와 연결시킨다.

가치 기반을 사용한 사례
파타고니아(PATAGONIA)

전환 :	목표 :	산업 :
고객경험	알려진 것을 바꿔라	아웃도어 퍼포먼스 장비

등반할 때 일반적으로 사용되었던 연철 못으로 인하여 돌이 부서져 어질러지지 않도록 하기 위해서, 1957년 이본 취나드 Yvon Chouinard는 스스로 강철 피톤을 만들었다. 이본 취나드가 만든 디자인을 보면서 그의 친구들은 동참하고 싶어했다. 그리고 이본 취나드가 무슨 일이 일어나고 있는지 미처 알기 전에, 그의 장비는 판매되고 있었다. 이렇게 나타난 파타고니아는 지속가능한 방법을 통해 대체가능한 자원들로 만들어진 의류를 파는 회사이다. 파타고니아는 현재 전세계에서 전문 소매상과 파트너를 통해 제품을 팔고 있다.

가치 기반을 사용한 다른 사례
홀푸드마켓(WHOLE FOODS MARKET)

토니 슈퍼마켓 홀푸드(Tony supermarket Whole Foods)는 건강한 맛에 대한 공로를 인정받는다. (집중) 이 소매점은 2,400개 이상의 자연제품이나 유기농 제품을 판매한다. 현지 생산자를 '락 스타'(rock stars)라고 부르면서, 홀푸드마켓은 소규모 비즈니스를 발전시키기 위한 수고를 마다하지 않는다. 심지어 '현지 생산자 융자 프로그램'(Local Producer Loan Program)을 통해 자금 지원도 하고 있다. (가치 정렬) 2011년, 홀푸드마켓은 글로벌 애니멀 파트너십(Global Animal Partnership)과 함께, 식육 생산방법을 평가하는 5단계 동물복지평가제(5-Step Animal Welfare rating system)를 개발했으며, 세제에 대한 환경 평가 시스템도 개발했다. (투명성) 2012년에는 "식품, 예술, 건강 및 지속가능한 생활"을 탐구하는 온라인 매거진인 〈다크 라이〉(Dark Rye)를 발간하여 소셜미디어에서 존재감이 높아졌다. (기발함과 성격)

전술들:

제품성능
집중(FOCUS)
특정 사용자를 위해 제품과 서비스를 설계한다.

＋

브랜드
투명성(TRANSPARENCY)
고객들이 자사의 영업 활동을 살펴보고 브랜드와 제품에 참여할 수 있도록 한다.

＋

브랜드
가치 정렬(VALUES ALIGNMENT)
브랜드가 중요한 아이디어와 일련의 가치를 의미하도록 하고 이 가치를 지속적으로 표현한다.

파타고니아의 미션은 '최고의 제품을 만들고 불필요한 피해를 유발하지 않는 것'이다. 이처럼 파타고니아는 신뢰할 수 있고 효과적인 소재를 디자인하기 위해 공급업체와 긴밀하게 작업한다. 예를 들면 '신칠라'Synchilla 양털과 '레귤레이터'Regulator 절연이 있다. 1996년 이후, 파타고니아는 의류에 있어서 전적으로 유기농 면을 사용하기 시작했다.

파타고니아가 공급사슬의 세부사항을 공유하는 데에는 2가지 이유가 있다. 첫 번째 이유는 환경을 고려해서이고, 두 번째는 다른 기업들이 파타고니아를 따라서 환경에 미치는 영향을 줄이도록 촉구하기 위해서다. '발자국 찾기' The Footprint Chronicles라는 파타고니아의 온라인 서비스에서는 회사의 직원수와 성별 같은 세부사항을 포함하여 파타고니아가 사용하는 공장과 직물 공장에 대한 정보를 제공한다.

환경 및 사회적 책임The Common Threads Initiative은 파타고니아가 내구성 있고 유용한 제품을 만들고, 고객은 필요한 제품만 산다는 서약이다. 이 서약은 파타고니아와 고객을 공유 미션으로 단결시킨다. 한편 파타고니아는 75명 이상의 브랜드 '앰배서더'가 있다. 이 앰배서더들은 플라이 피싱, 트레일 러닝, 알프스 등반을 포함한 파타고니아의 7개의 주요 스포츠 라인을 맡는다. 이들 최고의 운동선수들은 자신들에게 적합한 옷을 테스트하고 개발하기 위해서 디자인 부서와 함께 일한다.

고객참여
기발함과 성격
(WHIMSY AND PERSONALITY)
브랜드화, 메시지화를 통해 상품에 인간미를 더한다.

클리니스트 라인Cleanest Line은 파타고니아의 블로그이다. 직원들과 브랜드 앰배서더들은 이 블로그를 통해 지금까지 해 온 일들에 대한 이야기를 들려준다. 표현에 구속받지 않는 의견과 솔직한 사진들을 공유하며 다양한 정보를 알려준다. 이 블로그는 환경과 정치에 대한 파타고니아의 열정에 대해 소통하며 누구나 쉽게 접근할 수 있다.

INNOVATION PLAY

단순화
SIMPLIFICATION

전환 :
고객경험

목표 :
알려진 것을 바꿔라

산업 :
게임 시스템

고객들이 이전에는 할 수 없었던 일들을 달성하도록 하기 위해 복잡하거나 짜증나는 일을 대폭 제거하라.

기술은 우리의 삶을 좀 더 쉽고, 안전하고, 생산적으로 만든다고 믿어 왔다. 하지만 오늘날 기술의 정교함과 편재성에도 불구하고, 오히려 우리의 삶은 더 복잡하고 힘들어지곤 한다. 정교한 기술이 시간과 주의를 과도하게 요구하는 경우가 있기 때문이다. 단순화는 이러한 복잡함을 매끄러운 우아함으로 변화시킨다. 단순화는 힘든 일을 쉽게 하도록 하고 최소한의 노력으로도 훌륭한 경험을 전달한다.

2006년에 설립된 위는 처음에는 소니Sony의 플레이 스테이션PlayStation이나 마이크로소프트Microsoft의 엑스박스Xbox와 같은 플랫폼의 우위에 있는 기업들을 위협할 것처럼 보이지는 않았다. 소니와 마이크로소프트의 고품질 게임기기는 현실적인 이미지와 월등한 게임 플레이를 제공했다. 하지만 간단한 그래픽과 동작 감지 컨트롤러를 이용한 닌텐도는 엄청난 성과를 거두었다. 닌텐도는 미국에서 판매 첫 주에 1억 9,000만 달러의 매출을 올렸다.

단순화를 사용한 다른 사례
민트닷컴(MINT.COM)

민트닷컴의 미션은 회계 처리를 간소화함으로써 사람들의 이해를 돕거나 돈으로 더 많은 일을 하도록 하는 것이다.(경험 단순화) 2007년 9월에 설립된 민트닷컴은 미국의 거의 모든 은행에서 발생한 거래를 확인하고 정리하는 특허 출원중인 웹사이트를 개발했다. 은행 정보를 한 데 모아서 분석하고 정리하기 쉬운 방법으로 디스플레이했다.(참여 기능, 사용의 용이성) 이런 방식으로 민트닷컴은 사용자들의 사용내역에 근거하여 저축 기회를 파악하여, 개인 금융이라는 쉽지 않은 분야에 우호적으로 접근하여 1,000만 명 이상의 고객을 확보했다.(기발함과 성격) 2009년, 인튜이트(Intuit)가 이런 점을 감안하여 1억 7,000만 달러에 사들였다.

전술들:

제품성능

사용의 용이성(EASE OF USE)
간단하고 직관적이며 사용하기 편하도록 제품을 만든다.

+

제품성능

참여 기능
(ENGAGING FUNCTIONALITY)
일반적인 경우와는 다르게 고객 상호작용을 강화하는 특별한 기능을 제공한다.

+

고객참여

경험 단순화
(EXPERIENCE SIMPLIFICATION)
특정한 경험 전달에 주의를 기울이고 복잡함을 줄인다.

+

콘솔의 인터페이스는 단순해서 '5세든 95세든' 누구라도 비디오 게임을 즐길 수 있었다. 단순히 스크린 상의 외계인에게 폭탄을 쏘기 위해 복잡한 패턴의 버튼을 눌러야 하는 멀티 버튼 컨트롤러를 없애고, 버튼이 최소화되고 무선으로 작동되는 간단한 지팡이로 대체했기 때문이다.

플레이어와 게임 간의 새로운 유형의 상호작용은 위에게 핵심적이다. 위는 플레이어의 동작이 스크린에 나타나게 해서, 플레이어들끼리 테니스, 복싱을 하거나, 골프 스윙을 연습할 수 있도록 했다.

위는 가족이나 친구와 함께 즐기는 단순한 게임으로 새로운 시장에 진출했다. 이전에는 게임을 즐기지 않았던 사람들의 시장이었다. 이들은 어렵고 복잡한 게임 플랫폼에 관심이 없었다. 심지어 몇몇 양로원에서는 노인들이 위가 제공하는 게임에 열중하는 모습을 볼 수 있다. 이렇듯 위는 스크린에서 일어나는 일보다는 방 안에서 어떤 일이 벌어지고 있는지에 대한 게임 경험을 만들었다.

고객참여

기발함과 성격(Whimsy and Personality)
브랜드화, 메시지화를 통해 상품에 인간미를 더한다.

플레이어는 스크린 상에 자신의 행동을 반영할 수 있는 디지털 아바타를 만들었다. '미'Mii라고 알려진 이 캐릭터들은 게임 플랫폼에 귀여운 느낌을 더했다.

무엇을 물어볼 것인가, 어디에 집중할 것인가
WHAT TO ASK, WHERE TO FOCUS

조직의 규모에 따라서 다양한 플레이를 비즈니스에 적용하게 될 것이다. 따라서 자신의 선택에 대해 잘 알아야 한다. 그리고 시간이 지남에 따라 발전하는 방식을 이해하라. 무엇보다도 혁신에 있어서 변화는 필수다. 심지어 최고의 혁신 사례들도 시간이 지나면서 여러 번 발전해야만 한다.

통찰력(INSIGHTS)

고객이 무엇을 필요로 하는지 다시 생각하고, 현재 산업에서 고객이 무엇을 싫어하는지를 이해하라. 그리고 우리의 비즈니스가 고객의 생활을 어떻게 변화시킬 수 있을지 다시 상상해보라.

다시 생각하라(RETHINK)

업계 내에서 표준이 아닌 새로운 활동을 추가할 수 있는가? 어떻게 조직과 고객 모두에게 자연스러운 방식으로 기존의 활동과 새로운 활동을 통합할 수 있는가?

다시 상상하라(REIMAGINE)

만약 현재 상황이 형편없다면 어떻게 할 것인가? 고객을 난처하게 하고 그들의 시간을 낭비하는 것은 무엇인가? 혹은 고객이 직접 하기에 너무 어려운 활동은 무엇인가?

다시 구성하라(REFRAME)

어떻게 해당 분야를 키우고 개혁할 것인가? 역설적이게도 문제를 더 심각하게 만듦으로써, 새로운 방법을 고안하며 그 문제를 더 기본적이고, 더 간단하고, 중요하게 만드는 경우도 있다.

활동 (ACTIVITIES)

모든 비즈니스는 자산, 프로세스, 제품, 채널 활동들의 시스템을 활용한다. 혁
신은 새로운 역량을 상상하고 개발하여 지속할 때 이루어진다.

약속하라(ENGAGE)

어떤 대단한 고객과의 약속이 화젯거리가 될 수 있겠는가?
경쟁자들이 현재 제공하지 않는 가치를 제공한다고 생각해
보라. 그리고 이를 고객에게 확실히 전달하기 위한 방법을
찾아라.

확장하라(EXTEND)

이상적인 참여자는 누구인가? 가능한 한 광범위하게 생각하
라. 이상적으로는 생태계 속의 구성원들이 성공할 수 있어
야 한다. 가까운 장래에 해당 산업에서 누구든 쉽게 사업 활
동을 펼칠 수 있는 생태계를 어떻게 조성할 것인가?

발전하라(EXPAND)

누가 무엇을 할 것인가? 현대의 비즈니스 생태계에는 많은
참여자들이 각기 다른 수익을 내며 살아가고 있는데, 이 생
태계는 비대칭적인 권력 구조를 가지는 경향이 있다. 중심
참여자가 되기 위해서는 무엇을 해야 하는가?

PART FIVE: IN SUMMARY

자세히 이해하라 GO DEEP

아래 제시된 3가지 방법은 초기에 강력한 기반을 제공한다.
이 3가지 방법을 함께 사용한다면 혁신에 대해서 자세히 그
리고 전략적으로 생각할 수 있다.

1. 3가지 전환

비즈니스 모델, 플랫폼 혹은 경험을 업무의 중심점으로
서 어떻게 활용할 수 있을지 연구하라. 진행하려는 혁신
이 정교하고 지속가능하고, 남들이 넘보지 못하는 혁신을
할 수 있을 것이라는 확신을 갖고 시작하게 될 것이다.

2. 10가지 혁신 유형의 전술

전술 리스트를 프로젝트에 차례로 체크하면서 그중 확실
하게 적용할 수 있는 적절한 전술을 찾아라. 새로운 아이
디어들을 테스트하기 위해 전술을 가감하면서 작업을 반
복하라. 그러면 제품과 서비스의 가치를 부여할 방법들
을 빠르게 알 수 있을 것이다.

3. 플레이와 전략

성공 사례를 배우기 위해 성공적인 혁신들의 구성요소들
을 분석하라. 자신만의 혁신을 위해 영감이나 착수 시점
과 같은 전형적인 플레이들을 활용하라. 최고의 결과를
얻기 위해 뛰어난 혁신 전술들의 조합으로 혁신을 만들어
라.

수익모델	네트워크	구조	프로세스
옥션	제휴	자산 표준화	크라우드소싱
원가우위	콜라보레이션	역량 센터	유연 생산
강제 희소	상호보완적 제휴	사내 대학	린 생산
기반 설치	통합	분권적 관리	현지화
멤버십	코피티션	인센티브 제도	물류 시스템
소액결제	프랜차이징	IT 통합	주문 생산
프리미엄	M&A	지식 경영	프로세스 자동화
대량 거래	오픈 이노베이션	조직 설계	프로세스 효율화
구독	유통 시장	아웃소싱	프로세스 표준화
교환대	공급사슬 통합		전략적 디자인

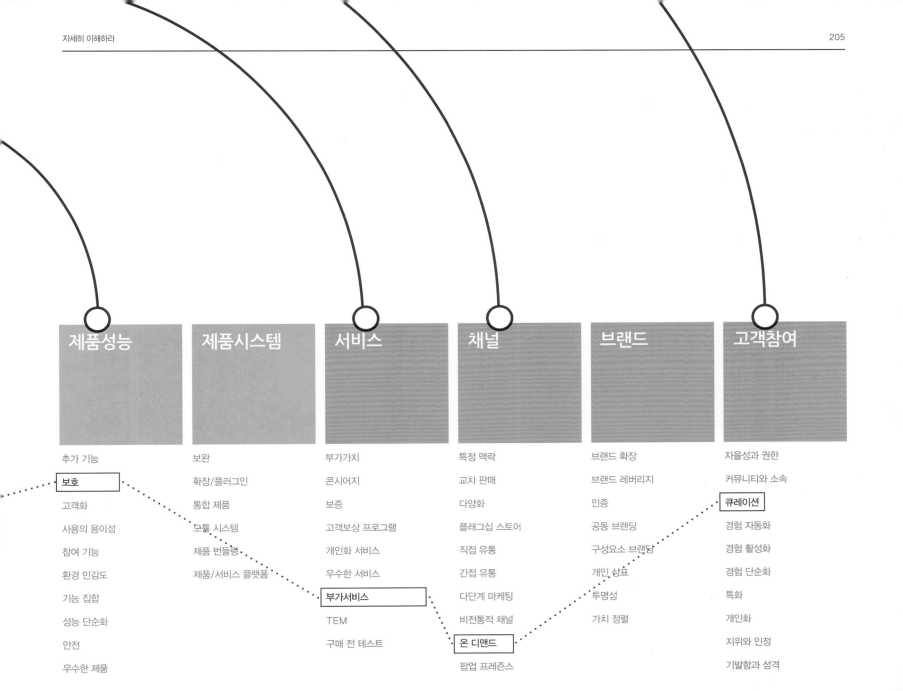

제품성능	제품시스템	서비스	채널	브랜드	고객참여
추가 기능	보완	부가가치	특정 맥락	브랜드 확장	자율성과 권한
보호	확장/플러그인	콘시어지	교차 판매	브랜드 레버리지	커뮤니티와 소속
고객화	통합 제품	보증	다양화	인증	큐레이션
사용의 용이성	모듈 시스템	고객보상 프로그램	플래그십 스토어	공동 브랜딩	경험 자동화
참여 기능	제품 번들링	개인화 서비스	직접 유통	구성요소 브랜딩	경험 활성화
환경 민감도	제품/서비스 플랫폼	우수한 서비스	간접 유통	개인 상표	경험 단순화
기능 집합		부가서비스	다단계 마케팅	투명성	특화
성능 단순화		TEM	비전통적 채널	가치 정렬	개인화
안전		구매 전 테스트	온 디맨드		지위와 인정
우수한 제품		팝업 프레즌스			기발함과 성격

PART SIX

혁신의 촉진
FOSTERING INNOVATION

조직 내에서의 효과적인 혁신의 정착
INSTALLING EFFECTIVE INNOVATION INSIDE YOUR ORGANIZATION

모든 사람들은 혁신에 대해 우호적이다.
그러나 대부분의 조직들은 혁신을 없앨 음모를 꾸민다.
혁신의 결과물을 발전시키고, 보상하고, 전달하는
기업 혁신 시스템을 어떻게 구축할지 알아보자.

CHAPTER 21

지금 당장 시작하라 GET CRACKING

모든 사람들은 낯선 것을 두려워한다

인간은 태생적으로 낯선 것을 의심하고 경계한다. 이는 평소에 익숙한 패턴이 갑자기 비정상적으로 바뀌었을 때 조심하게 만드는 일종의 자기방어 매커니즘이라 할 수 있다. 풀숲에서 바스락거리는 소리를 듣게 되면 아드레날린이 마구 분비되고 긴장하게 된다. 긴장이 뇌를 지배하고 결국엔 그곳을 벗어난다. 하지만 시간이 지남에 따라 경험이 쌓여가면서, 어떤 소리가 위험한지 정도는 파악할 수 있게 된다. 사학자이자 인류학자인 마이클 셔머Michael Shermer는 "인간은 세상을 이해하기 위해 패턴을 찾고 스토리텔링하는 동물이다"라고 말한다. 낯선 것에 대한 인간 본연의 습성은 인류가 천년 동안 사자나 호랑이, 하이에나 같은 육식동물에게 잡아 먹히는 것을 어떻게 피할 수 있었는지 설명하기도 한다.

하지만 이 본능적 습성의 치명적인 단점은 '모든 것'에 대해 긴장을 유발하는 경향이 있다는 것이다. 만약 사람들이 새로운 것에 대해 경계하지 않고 호의적이라면 실제 세상은 평온하고 만족스러울 것이다. 무슨 일을 하든 마치 주말에 편한 옷 차림새로 가장 좋아하는 스포츠 팀의 경기를 보고, DVR에 저장한 가장 좋아하는 프로그램을 볼 때의 마음과 같을 것이다. 조직에서도 마찬가지다. 더 많은 혁신을 유도하고 싶다면 변화하는 모든 것에 저항부터 할 것이 아니라 낯선 것을 포용하는 개인과 팀을 꾸려야 한다.

이때 리더의 역할은 혁신이 선택 사항이 아니라는 점을 이해시키는 것이다. 대부분의 기업은 단순한 독립체가 아니라 다양한 기업, 서비스, 시스템, 고객이 상호연결되어 있는 구조이다. 현대 사회에서 나타나는 이런 유기적 관계는 변화 사이클을 가속하고 시장-정부-산업 간의 경계를 모호하게 한다. 실제로 1999년 포춘 500에 명시되었던 기업 중 약 40%가 10년 후에는 이 리스트에서 사라졌다. 페이스북의 창업자인 마크 주커버그Mark Zuckerberg는 23세의 나이에 억만장자가 되었다. 따라서 무한 경쟁에서 살아남으려는 기업은 반드시 혁신을 해야 한다.

리더는 혁신을 조직의 규칙으로 여기게끔 해야 한다. 혁신은 창의적인 몇몇 사람에 의해서만 실행되는 예술이 아니다. 누구든 혁신할 수 있고, 어떤 기업이든 사람들이 더 뛰어난 혁신가들이 될 수 있도록 도움을 주는 접근방법, 조직구조, 자원, 그리고 도구들을 만들 수 있어야 한다. 여기서 리더의 임무는 변화의 촉매제가 되는 것이다.

그러므로 혁신을 거부하는 이유나 변명에 마주쳤을 때 일단 끈기 있게 들어라. 변명에 담긴 긴장과 두려움에 공감하라. 왜 소극적인 자세가 극복되어야 하는지에 대해 설명하라.

WE DON'T KNOW OUR CUSTOMERS WELL ENOUGH, EVEN THOUGH MANY HERE THINK WE DO.

OUR PROBLEMS ARE IN GENERATING SALES OF OUR EXISTING PRODUCTS, NOT MAKING NEW PRODUCTS. WE'RE GOOD AT THAT.

WE NEED PROOF OF SUCCESS BEFORE WE'LL INVEST ANYTHING.

WE FIND IT DIFFICULT TO BRING IDEAS FROM CONCEPT TO MARKET.

WE KEEP TRYING TO FIX THE PROBLEMS OF THE PAST INSTEAD OF LOOKING FOR FUTURE OPPORTUNITIES.

THIS NEW STUFF JUST REALLY WON'T MOVE THE NEEDLE.

TOO MANY INTERNAL FACTIONS ARE FIGHTING AMONGST THEMSELVES.

WE NEVER TALK TO EACH OTHER ABOUT INNOVATION.

WE DON'T HAVE THE GUTS TO TAKE A RISK.

WE'RE TOO INWARDLY FOCUSED. WE LOOK AT EVERYTHING THROUGH OUR COMPANY LENS, ALL THE TIME.

THERE'S NO IMPLEMENTATION OR EXECUTION PLAN. GOOD IDEAS END UP ON THE SHELF.

OUR SENIOR LEADERS ARE NOT FULLY COMMITTED.

WE DON'T HAVE THE RIGHT MINDSET OR CULTURE FOR INNOVATION.

OUR CULTURE IS ANTI-BREAKTHROUGH, PRO-INCREMENTALISM.

WE FEAR CANNIBALIZATION.

OUR SYSTEMS INHIBIT OR PUNISH PEOPLE FOR TRYING TO INNOVATE.

WE CAN'T AFFORD AN R&D LAB. WE DON'T HAVE SCIENTISTS.

IF IT AIN'T REALLY, REALLY BROKEN....

WE DON'T PARTNER WELL WITH OTHERS. WE FIGHT WITH OUR PARTNERS ON PRICE.

PEOPLE ARE AFRAID TO TRY ANYTHING INNOVATIVE. FAILURE IS PUNISHED SEVERELY, SO JUST DON'T STICK YOUR NECK OUT.

INNOVATION IS SEEN ONLY AS NEW PRODUCTS.

THERE'S NO BURNING PLATFORM TO INNOVATE.

WE ALWAYS LOOK IN THE SAME PLACES FOR INNOVATION IDEAS.

DOES ANY OF THIS SOUND FAMILIAR?

WE'RE STUCK RIGHT WHERE WE WERE FIVE YEARS AGO. I DON'T KNOW WHAT THE OBSTACLE IS!

혁신을 거부하는 그럴 듯한 이유

REASONABLE-SOUNDING REASONS NOT TO INNOVATE

혁신을 꺼리는 사람들의 흔한 변명과 이를 극복하기 위한 방법을 알아보자.

"우리는 너무 내부에 집중되어 있다. 우리는 항상 모든 것을 우리 회사의 시각으로 바라본다."

함께 일하는 조직 혹은 팀이 영감을 얻을 수 있도록 시야를 넓히려면, 의도적으로라도 압박을 가하여 근시안적인 시각에서 벗어나도록 유도해야 한다. 비즈니스 정설에 도전하는 한 가지 방법은 혁신의 10가지 유형을 활용하는 것이다. 혁신의 10가지 유형을 사용하여 어디서, 어떻게 경쟁자들이 역사적인 발전을 이뤄냈는지 생각하라. 현재와 잠재적 라이벌을 모두 살피고 그들이 어떤 방식으로 혁신하고 있는지 알아보라. 다른 사람들이 어떻게 다르게 혁신하는지 연구함으로써 우리의 혁신 활동에 대한 가능성을 평가하는 새로운 감각을 키울 수 있을 것이다.

"우리는 우리의 산업에 대해 누구보다 잘 알고 있다. 심각한 문제가 무엇이고 해결방안이 무엇인지까지 알고 있다."

조이의 법칙Joy's Law은 "아주 똑똑한 사람의 대부분은 남을 위해 일한다"라는 내용이다.[1] 건실한 기업이 놓치고 있는 사각지대는 새로운 제품을 발명하기보다는 알고 있는 것만 꾸준히 개선하면서 일부의 최우량 고객에게만 집중하는 것이다. 특히 주기적인 기술 진보에 의해 아주 밀접한 상호관계를 맺고 있는 세상에서 이러한 태도는 지양되어야 한다. 특히 오늘날처럼 다른 산업의 기업들마저 우리의 비즈니스를 위협할 때에는 말이다.

1 빌 조이(Bill Joy), 전설적인 기술자이자 썬 마이크로시스템즈(Sun Microsystems)의 공동 창립자.

2 고객들은 대단한 아이디어를 쉽
게 생각해낸다는 것을 발견했다.
고객은 어렵고 기발한 제품을 빠
르게 받아들인다. 하지만 직원들
은 모든 장애물들에 대해 온 신경
을 쓴다. 이는 비즈니스 아이디어
를 가시적이고, 신속하게 만들어
야 하는 주된 이유다. 이러한 방법
이 혁신을 의심하는 사람들을 합
류하게 할 수 있기 때문이다.

"우리의 기업 문화가 너무 위험 회피적이고, 혁신에 배타적이다."

긴급한 일은 항상 중요한 일보다 먼저 하게 된다. 오늘날 기업들이 겪고 있
는 분기별 실적에 대한 압박은 엄청나다. 그래서 결국 기업들이 기존 제품
을 꾸준히 개선하기 위한 점진적인 혁신에만 포커스를 맞추도록 한다. 핵심
의 혁신을 하는 것이 실수라는 말은 아니다. 오히려 대부분의 기업들은 핵
심의 혁신에 집중할 필요가 있다. 하지만 더 정교하고 더 큰 야망을 위한 혁
신 또한 추진되어야 할 것이다. 뛰어난 혁신가는 혁신을 투자 포트폴리오처
럼 다룬다. 이 포트폴리오는 안전한 혁신뿐 아니라 일부의 과감한 혁신으로
도 구성되어 있다.

"개념으로부터 아이디어를 이끌어내고 시장으로 출시하는 것이 어렵다."

당연히 할 수 있는 걱정이다. 아이디어를 현실적으로 구체화하는 것은 어려
운 일이다. 엄청난 역풍이 불고 장애물이 가득한 여정이라 할 수 있다. 하
지만 이 과정을 성공으로 마치는 방법이 있다. 예를 들자면 완전히 새로운
비즈니스를 처음부터 끝까지 전체 프로토타입을 만들어보는 것이다. 이처
럼 새로운 비즈니스를 시각화한다면, 자사가 바라보는 미래를 내부 이해관
계자와 고객과 함께 공유할 수 있다.[2] 이러한 시각화를 통해 아이디어를 빠
르고 저렴한 방식으로 반복해 볼 수 있을 뿐만 아니라 조직 전반에 걸쳐 아
이디어에 대한 정서적 몰입을 유도할 수도 있다. 우선 실행가능하다고 판단
되는 부분을 시장에서 구현하여, 이를 비즈니스를 성장시킬 발판으로 활용
하라. 이 모든 규칙은 위험을 줄이는 데 유용할 것이다.

**"우리는 어떻게 분석하고 평가하는지는 알지만 창의적이고 생산적으로 일
하는 방법을 모른다."**

이러한 관점은 조직 전반에 걸쳐 식스 시그마Six Sigma나 스테이지게이트
stagegate 프로세스 같은 경영과학을 실행해 온 대기업 임원진에게서 자주
볼 수 있다. 혁신에 있어서 창의성은 드문 자원이 아니라는 주장으로 다시
돌아가보자. 기업이 필요한 것은 규칙이지 창의성이 아니다. 이 난관을 극
복할 수 있는 가장 빠른 방법은 서로 다르게 생각하는 사람들을 모으는 것이
다. 예컨대 디자이너들은 디자인 부서에서 일하는 것뿐만 아니라 다른 사람
이 일하는 방식을 변화시킬 획기적인 아이디어를 제공할 수도 있다. 사회과
학자 역시 예리한 통찰력으로 고객이 진정으로 원하는 것을 간파할 수 있다.

"소기업이나 스타트업에서 혁신을 보다 쉽게 할 수 있다."

많은 사람들은 소기업이 혁신하기 더 쉬울 것이라고 믿는다. 또한 기술분야
의 기업들이 다른 분야의 기업들보다 쉽게 혁신할 수 있을 것이라고 생각한
다. 이는 잘못된 생각이며 대기업은 혁신하지 않아도 된다는 변명을 제공할
뿐이다. 모든 기업은 반드시 혁신을 해야 한다. 얼마나 어렵든, 두렵든, 실
현하기 불가능하든 상관없이 모든 기업의 모든 직원은 미래를 예측하고 기
회를 포착해야 한다. 중요한 것은 시작하는 것이며, 그리고 혁신을 위한 도
구나 방법들을 정확히 사용하는 것이다.

기본적인 불안감 상쇄하기 | BALANCING ESSENTIAL TENSIONS
잘못된 트레이드 오프 거부하기 | AND RESISTING FALSE TRADE-OFFS

혁신가들은 상호 모순되는 특성을 잘 알고 있어야 한다. 어떻게 창조적인 동시에 규칙적일 수 있을까? 실용적이면서 도전적인 것이 정말 가능할까? 하지만 디자이너들과 과학자들은 이러한 딜레마를 포용하는 데 별다른 문제가 없다. 위대한 발전은 도전에 대한 근본적인 불안감을 깊이 받아들이고 해결해왔다. 예를 들어 "어떻게 하면 기기들이 작아지고, 가벼워지고, 다양한 기능을 가질 수 있을까?" 혹은 "어떻게 하면 자동차가 편안한 승차감을 가지면서, 연비도 높아질 수 있을까?" 심지어는 "어떻게 하면 헬스 케어 시스템이 성능이 더 좋아지면서, 비용은 획기적으로 줄일 수 있을까?" 같은 질문이 있다. 위대한 혁신 시스템은 이러한 갈등을 이해하고 해결한다. 불안감을 반드시 발생하는 트레이드 오프보다는 관리할 대상으로 보는 것이 핵심이다.

**혁신은
요구한다**
INNOVATION REQUIRES

창의성CREATIVITY

＋

규칙DISCIPLINE

창의성은 혁신에 있어서 규칙과는 달리 희귀한 자원은 아니다. 이는 혁신을 하는 과정에서 발생할 수 있는 모든 문제들을 파악하여, 차례로 나열하고, 해결하기 위한 최고의 방법이나 도구이다. 음악가가 음계와 화음을 정기적으로 연습하는 것처럼 혁신가들 역시 혁신의 효과를 극대화하기 위해 그들의 기술을 규칙화해야 한다. 제약조건들은 창의성에 있어서 장애물이 아니고 오히려 창의성을 증폭시킨다. 사람들이 엄격한 미션을 수행하기 위해 혁신을 기대하는 것은 그것이 비록 창조적이든 아니든 간에 공평하고, 합리적이고, 책임감 있는 일이다.

실용성 PRAGMATISM
+
기발함 AMBITION

혁신의 본질은, 어떻게 문제를 해결해야 할 것인가에 대한 정확한 방향 없이, 대단하고 복잡한 문제를 해결하는 일에 헌신하는 것이다. 순간의 자연스런 두려움 때문에 혁신에 대한 희망을 버리지 마라. 먼저 더 나은 방법과 도구를 사용한다는 믿음을 가지고 계속해서 본인의 재능을 믿어야 한다. 회사와 고객에게 장애물이 될 요소를 줄일 수 있는 기회와 혁신을 위한 노력에 대한 위험성을 줄일 모든 기회를 파악하라. 반복적으로 개발을 시도하기 위해 프로토타입과 파일로트를 활용하고, 가장 큰 난관을 어떻게 해결할 것인지에 대해 고민하라.

상의하달 TOP-DOWN
+
하의상달 BOTTOM-UP

고위직 임원들이 모든 프로젝트의 세부사항까지 신경 쓸 수는 없지만, 대신 영감을 받거나 주는 혁신의 방향성을 분명히 제시하고, 최종 결과에 대한 책임감을 갖고 팀을 이끌어야 한다. 최고의 혁신 리더는 놀라운 변화들을 받아들이고 예상치 못한 결과물들을 생산하는 일에 열린 태도를 가지고 있다. 혁신의 발전에 따라 관련 고객이나 사용자들은 달라질 수 있다. 즉, 업무가 진행되면서 해결책은 근본적으로 아주 다른 유형의 혁신으로부터 나타날 수 있다는 것이다. 또한 리더들은 팀원들에게 성공에 필요한 것들을 지원해주고, 조직의 모든 구성원들이 주인의식을 갖도록 격려하는 것도 중요하다.

분석 ANALYSIS
+
통합 SYNTHESIS

분석과 통합은 굉장히 다른 과정이다. 분석은 문제의 구성요소를 세분화함으로써 문제를 해결하는 것인 반면, 통합은 이질적인 대상으로부터 새로운 해답을 창출하여 문제를 해결하는 것이다. 분석과 통합은 성공적인 혁신을 위해 반드시 필요하며 가장 강력한 조합이기도 하다. 이 조합을 이용해서 혁신에 접근해야 한다. 즉, 강력한 혁신과 산업 패턴에 대해 분석한 뒤, 훌륭한 비즈니스 구성요소로부터 새로운 혁신을 통합하는 것이다. 오래 전부터 분석과 통합은 별개로 여겨져 왔기 때문에 별다른 성과를 내지 못했다. 창의적인 유형은 MBA 학생들을 따분하다고 무시했고, MBA 학생들 역시 창의적인 유형을 대수롭지 않게 여겼다. 다행히도 이러한 문제는 해결되었고, 혁신에 뛰어난 팀들은 이들 두 가지 분석과 통합을 반복적으로 아주 많이 사용한다.

CHAPTER 22

후원자와 전략가 SPONSORS AND AUTHORS
훌륭한 기업에 있어 혁신은 필수다

혁신을 추진함에 있어서 리더의 역할은 매우 중요하다. 대부분의 조직과 사람들이
자연적으로 변화에 저항하기 때문에, 혁신 리더의 임무는 이러한 무력감을 이겨내
고 미래를 개척하는 것이다. 이러한 추진력을 활성화하기 위한 다양한 방법들이 있
다. 하지만 앞으로 소개될 아마존, GE, IBM처럼 상징적인 기업의 사례에서 공통적
인 기본 행동을 찾아볼 수 있다. 훌륭한 리더에게 있어서 혁신은 선택이 아니라 필수
다. 훌륭한 리더는 바람직하다고 생각되는 변화를 지원하며 계획의 초기 아이디어부
터 제품의 출시까지 성공을 이끌어 낼 수 있도록 환경을 조성한다.

혁신 리더는 대담하고 흔들림 없는 선택을 한다

1997년은 아마존Amazon이 상장한 첫 해이다. 제프 베조스Jeff Bezos는 아마존의 새로운 주주들에게 간단한 편지를 썼다. 편지에서 그는 그들의 조직적 환경을 인터넷의 첫 날Day 1이라고 여긴다고 했다. "장기적인 관점을 중시하여, 아마존은 일부 기업과는 다르게 트레이드 오프에 대해 평가하고 결정을 내리게 될 것이다"라고 쓰고, 베조스는 아마존의 비전을 명확하게 그리기 위해 한발 앞서 나가고자 했다. 단기적인 수익을 좇기보다는 지속가능한 시장의 선두주자가 되기 위해 투자할 것이라는 신념도 밝혔으며, 모든 내부 프로그램을 적극적으로 관리할 것도 다짐했다. 그러면서 베조스는 "아마존은 시장 선점효과 가능성이 아주 높은 분야에 대담한 투자를 할 것이다. 투자 중 몇몇은 성공할 것이고 몇몇은 실패하겠지만, 어떤 경우에서든 또 다른 값진 교훈을 얻게 될 것이다"라고 말했다.

몇 년 동안, 그의 결정에 대한 일부 언론의 회의적인 비판에도 불구하고 베조스는 전혀 흔들리지 않았다. 아마존이 최근에 마이하빗닷컴MyHabit.com과 협업하여 고급 패션 시장에 진출한 것은 이를 잘 보여준다. 육스닷컴Yoox.com, 길트Gilt 같은 기업과의 치열한 경쟁에도 불구하고 아마존은 장기적인 관점에서 시장을 바라본다. 예컨대 신발 사이즈 8을 신어보도록 하기 위해 3명의 여직원을 정규직으로 고용하고, 매일 3,000개의 이미지를 찍을 수 있는 특허기술을 사용한 패션 스튜디오를 차린 것처럼 말이다. 베조스는 장기적인 안목으로 거침없는 기업확장을 꿈꾸며 아마존을 이끌기 위해 노력했으며 실제로 성공을 이뤘다. 아마존의 매출은 1997년에 1억 4,780만 달러였으나 2011년에는 480억 달러로 성장했다. 2011년에 베조스는 주주에게 보낸 자료에 그의 초창기 편지에 있었던 내용을 다시 언급하며, "아마존의 도전은 변함없으며, 여전히 'Day 1'이다!"라고 썼다.

돌이켜보면 혁신은 당연하게 느껴진다. 그러나 아이디어 단계에서부터 실행까지의 모든 과정은 의심투성이고 위험하다. 그리고 리더는 애널리스트, 주주, 그리고 직원으로부터 비판을 받을 것이다. 그럼에도 불구하고 리더는 지속적으로 노력해야 한다. 베조스가 2011년 주주총회에서 밝힌 것처럼, "언제나 대규모 프로젝트를 진행할 때면 분열이 생기고, 비판을 받을 것이다…… 비판에 귀를 기울여야 한다. 왜냐하면, 다른 사람들의 의견이 옳은가에 대해 당신도 알기를 원하고 있고, 항상 테스트하고 있기 때문이다. 하지만 잠시 뒤로 물러나서, '그렇지 않다. 우리는 이 비전을 확신한다'라고 말하고, 그대로 고개를 숙인 채로 당신의 비전을 달성하기 위해 집중해야 한다."

혁신 리더는 자신의 재능을 믿고 책임지고 팀을 이끈다

기업이 일정 비율로 성장함에 따라 성장 궤도를 유지하는 것이 어려워지고 있다. 다음 사례를 생각해보자. GE General Electric는 2011년 약 1,470억 달러의 매출을 올렸다. 따라서 GE가 매년 5%씩 성장한다는 것은 〈포춘〉지가 선정한 500대 기업에 매년 들어야 한다는 의미이다. GE의 CEO인 제프 이멜트 Jeff Immelt는 간부들에게 혁신에 대한 책임을 지게 함으로써 이를 달성했다. 2003년에 시행된 '상상력 돌파' Imagination Breakthroughs 프로그램은 간부들과 직원들이 거대한 조직 전체에서 혁신에 참여하고 헌신을 하도록 디자인되었으며, 또한 참신한 아이디어를 활용하고, 보호하고, 활성화하기 위해 고안된 것이었다.

매년, 회사 내 모든 부서의 책임자는 회사의 유기적인 성장을 이끌 최고의 아이디어를 제안한다. 이멜트도 참여하고 있는 리더십 팀이 아이디어를 검토하고 매해 '상상력 혁신' 승인번호를 부여한다. 그렇다고 해서 이 승인번호가 명예 훈장처럼 무의미하진 않다. 각 부서 내에서 소위 'IB 프로젝트'라고 불리는 프로젝트가 고안되고, 육성되고, 시행된다. 매달 임원진이 진행 상황에 대해 검토한 후 프로젝트를 선정한다. 그렇게 해서 프로젝트와 참여자에게 보다 명확한 가시성, 상업적 전문성, 때때로는 재정 지원을 제공한다.

"궁극적으로는 컨셉 형태 concept morph를 보기를 원한다. 그러면 1,000개의 상상력 혁신을 하게 된다. 그리고 비즈니스를 통해 몸집을 불리기보다는 창의성에 초점이 맞춰지길 바란다." 이는 지난 2006년에 이멜트가 했던 말이다.[1] 그리고 이 약속은 잘 지켜지고 있다. 그 다음해인 2007년, 이멜트는 분산형 에너지부터 고급 소프트웨어와 서비스에 이르기까지 100개 이상의 상상력 혁신을 위해 수십억 달러를 지원했다.

만약 이제 갓 직무를 시작했다면 잠깐 다시 생각해보라. 리스크를 받아들이며 기회를 줬던 사람이 있었던 순간을 기억하는가? 어떤 일에 대한 능력이 충분히 검증되지 않았음에도 불구하고 잘 할 것이라고 믿음을 준 멘토가 있었는가? 최고의 혁신 리더는 젊고, 잠재력을 가진 사람에게 초기의 어려움을 극복할 것이라 믿음을 주고 혁신을 할 수 있도록 격려한다. 동시에 리더는 조직이 올바른 평가기준과 인센티브를 통해 혁신할 수 있도록 책임지고 관리해야 한다. 이것이 혁신을 시작하는 방법이다.

1 "프로세스를 정의하고 올바른 평가기준을 설정한다면, GE가 시속 100마일로 발전할 것을 알았습니다." 이멜트는 〈하버드 비즈니스 리뷰〉와의 인터뷰에서 다음과 같이 이야기했다.

혁신 리더는 미래를 예측하고
다른 사람들도 함께 이끌어야 한다

2   IBM은 전세계적으로 12개의 연구실을 가지고 있다. 말 그대로 IBM의 R&D에는 결코 해가지지 않는 셈이다.

3   이에 대한 설명은 1979년 제록스 PARC를 방문한 스티브 잡스(Steve Jobs)의 이야기가 담긴 말콤 글래드웰(Malcolm Gladwell)의 『Creation Myth』에 자세히 나와 있다. 더뉴요커(The New Yoker)가 출판하였다. (May 16, 2011)

1990년 대, 루 거스너Lou Gerstner는 IBM을 제품을 생산하는 기업에서 서비스를 제공하는 기업으로 훌륭하게 방향을 바꿨다. 이는 대담한 결정이었고 지금도 많은 분야에서 다뤄지고 분석되는 사례다. 하지만 2002년 거스너의 후임으로 IBM의 CEO가 된 샘 팔미사노Sam Palmisano는 막대한 투자를 했지만 별로 알려지지 않았으며, 그 당시 서비스로의 비즈니스 전환이 2~3배 늘었다.

빅 블루Big Blue의 씽크패드ThinkPad를 처분하기로 결정하여 중국 기업인 레노보Lenovo에 매각한 사람이 팔미사노였다. 또한, 그는 글로벌 컨설팅과 데이터 분석분야에 적극적으로 진출하기 위하여 프라이스워터하우스쿠퍼스 컨설팅PricewaterhouseCoopers Consulting과 커그노스Cognos를 포함하여 약 100개 기업의 인수도 감독했다. 이것이 기업의 본질을 바꾸는 분수령의 시발점이었으며, 한때 산업을 선도하였던 기업의 진정한 재발명이었다.

팔미사노는 기업 인수와 R&D에 IBM의 자금을 포함하여 총 500억 달러를 사용했다. IBM은 R&D 예산으로 매년 60억 달러를 책정하고 각 부서들은 매년 수천 개의 특허를 쏟아 낸다. 그 결과 IBM은 매년 세계 최고로 많은 특허 수익을 거두어들인다.[2] IBM의 컨설턴트들은 '반복가능한 자산' repeatable assets 이라는 결과물을 찾아내고, 포장하고, 레버리지를 일으킨다. 반복가능한 자산은 여러 다양한 상황에서 활용할 수 있는 문제해결 기술을 말한다. 그 결과 IBM은 폭넓고 다양한 분야에서 깊은 전문지식을 보유할 수 있었다. 따라서 현재, IBM은 수익성 낮은 기업용 소프트웨어 구축이 아니라 질 높은 연구 결과에 기인한 고수익을 창출하는 컨설팅을 제공할 수 있다.

역사에는 시장에서 근본적인 변화를 놓친 기업들에 대한 교훈들이 많다. 마우스와 그래픽 유저 인터페이스를 포함한 퍼스널 컴퓨터에 들어가는 여러 통합적인 부품들을 개발했지만 스스로 무시해버린 제록스Xerox,[3] 넷플릭스Netflix와 주문형 비디오 시스템이 자신들의 비즈니스 모델에 도전하는 현실적인 위협의 대응에 실패한 블록버스터Blockbuster까지 다양하다. 리더의 역할은 오늘의 비즈니스에 초래할 영향과는 상관없이 미래를 예측하고 용감하게 기회를 포착하는 것이다. 그리고 리더는 미래를 위한 도약에 기업도 함께 이끌어 가야 한다.

CHAPTER 23

혁신 정착시키기 INSTALLING INNOVATION

조직 문화에 대해 걱정하지 말고 조직의 역량을 길러라

많은 리더들이 혁신적인 조직을 만드는 것은 문화에 달려 있다고 믿고 있다. 그들은 혁신계의 거인이라 불리는 애플과 구글을 보면서 생각한다. "애플이나 구글 같은 기업 문화를 가졌다면 우리 기업도 혁신이 넘쳤을 것이다. 그들은 멋진 사무실, 예쁜 카페, 엄청난 혜택을 누리고 있다…" 나중에 이를 따라 하기 위해 많은 시간과 돈을 들여, 회사는 반짝반짝 빛나는 새로운 혁신 센터를 건립하고, 예쁜 포스터로 벽을 장식하고, 창의성을 높이기 위해 기업혁신 박람회를 개최하고, 탁구대 설치 같은 복지 시설을 자랑스럽게 늘어놓는다. 하지만 문제는 단 한 가지, 이런 야단법석을 일으키면서 실제로 시장에 내놓을 만한 혁신이 일어났느냐는 것이다.

조직 문화를 바꾸려고 할 때 발생하는 문제점은 마치 구름을 안으려는 것으로 비유할 수 있다. 볼 수도 있고 느낄 수도 있지만 꽉 잡기는 어렵다. 그렇기 때문에 혁신 역량을 위한 건물과 같은 물리적인 환경보다는 혁신 역량 자체에 집중하기를 권한다.

혁신 역량은 오랫동안 확실하고 반복적으로 혁신할 수 있는 조직의 능력을 의미한다. 혁신이 운이나 개인의 재능에 달린 것이 아니라는 뜻이다. 대신에, 조직 행동들이 서로 얼마나 잘 조화되는지에 달려 있다. 시간이 흐르면서 직원들이 서로 다르게 행동하고 생각할 때, 그리고 이러한 변화로부터 서로 다르지만 더 나은 결과를 발견할 때 혁신 역량은 자연스럽게 변한다. 그리고 문화는 자연스럽게 해결된다. 간단히 말하자면 실제로 획기적인 컨셉을 시장에 도입하는 것 말고는 조직 전반에 혁신을 일으킬 수 있는 것은 없다. 혁신이 이루어진 후에, 원하는 장식이나 시설을 설치해도 늦지 않다.

조직 행동을 바꾸기 위해 다양한 각도에서 변화를 정의하고 추진할 필요가 있다. 단지 좀 더 창의적인 인재를 몇 명 고용하는 것으로는 충분하지 않다. 그들의 노력을 지도하고 조직화할 확실한 방법, 적재적소의 배치, 올바른 평가기준과 인센티브가 없다면 실패할 것이다. 경험에 비추어 볼 때 조직의 행동을 바꾸고 지속적인 역량을 키우기 위해서는 4가지 분명한 요소가 필요하다. 이 4가지 요소는 확실하고 반복적으로 혁신을 추진하고 다른 사람들을 보완할 수 있도록 신중하게 설계되었다.

혁신 역량의 4가지 요소
THE FOUR COMPONENTS OF AN INNOVATION CAPABILITY

진입(APPROACH)
혁신을 위한 작업의 명확한 정의를 의미한다. 반드시 사용되어야 하는 특정 방법이나 도구뿐만 아니라 단계, 활동, 제품, 결정권을 예로 들 수 있다.

조직(ORGANIZATION)
더 넓은 세상과 기업을 연결하는 인터페이스와 마찬가지로, 혁신 역량을 수용할 개체, 구성단위를 말한다. 팀, 부서, 리더십 등이 있다.

자원과 역량
(RESOURCES & COMPETENCIES)
혁신을 수행하는 직원이 필요하다. 또한 직원의 역량 강화를 위한 자금과 시간뿐 아니라 기술과 트레이닝도 고려해야 한다.

평가기준과 인센티브
(METRICS & INCENTIVES)
성과를 이끌기 위한 목표, 진척사항을 평가하기 위한 기준, 그리고 노력을 강화하기 위한 금전적이거나 비금전적인 인센티브를 의미한다.

혁신 역량:
4가지 요소에 대한 세부사항
INNOVATION CAPABILITY:
THE FOUR COMPONENTS IN GREATER DETAIL

대부분의 기업은 일반적으로 R&D, 마케팅, 제품 개발 부서 내에 단순한 혁신을 담당하는 기능을 이미 갖고 있다. 하지만 매우 정교한 혁신은 일반적인 조직 구조에서는 제대로 해낼 수 없다. 이러한 혁신은 엔지니어부터 마케터, 브랜드 전략가, 금융전문가까지 모든 분야의 사람들이 총망라된 전문가 팀에 달려 있다. 경영진들이 혁신 역량을 구축할 때 저지르는 가장 흔한 실수는 단순한 혁신과 정교하고 복잡한 혁신이 모두 같은 시스템에서 이루어질 수 있다고 생각하는 것이다. 하지만 그렇지 않다. '알려진 것을 개선하는 일'과 '새로운 것을 만드는 일'은 서로 다른 과정을 거쳐야 한다. 혁신 리더의 임무는 이러한 차이를 이해하고 각각에 맞는 올바른 시스템을 디자인하고 실행하는 것이다.

진입(APPROACH)

핵심의 혁신은 상당히 일차원적이며 예측가능한 경향이 있다. 핵심의 혁신은 일반적으로 기술과 실행에 기반을 두며 확고하고 정규화된 스테이지게이트 프로세스stagegate processes를 통해 관리된다. 첫 번째 단계에서 x개의 아이디어가 나왔으면 이는 두 번째 단계에서는 y개의 아이디어로 좁혀진다. 이 과정은 계속 반복된다. 하지만 더 야심찬 혁신을 하려면, 실험과 반복을 격려하고 직원이 다른 방향으로도 실험해 볼 기회를 줄 수 있는 다른 방법을 이용해야 한다. 그렇게 되면, 아주 놀라운 것들을 발명하고, 그리고 그 결과는 비선형 궤도를 따라 간다. 그렇다고 직원이 아무 기준도 없이 무작정 하고 싶은 대로 할 수 있는 것은 아니다. 뛰어난 기업들은 규칙을 통해 대담한 혁신을 추구하는 팀원들을 지원하기 위해 엄격한 행동규칙, 명확한 단계, 방법, 도구들을 활용한다.[1]

메이요 클리닉(MAYO CLINIC)의 혁신 진입

메이요 클리닉은 진료 혁신 프로젝트를 위해 5단계로 이루어진 프로세스를 사용한다. 5단계는 다음과 같다. 기회를 발견하기 위한 '관찰과 구성'Scannig and Framing 단계, 통찰력을 기르기 위한 '연구과 실험' Researching and Experimenting 단계, 통찰력을 구체적인 컨셉으로 발전하기 위한 '통합'Synthesizing 단계, 컨셉을 반복적으로 개선하기 위한 '프로토타이핑'Prototyping 단계, 그리고 마지막으로 세상에 내보이기 위한 '실행' Implementing 단계이다. 각각의 단계들은 기회, 개념, 그리고 프로토타입을 한군데로 모으기 전에 넓은 영역의 새로운 가능성들을 구분하여 탐구하기 위해서 디자인되어 있다. 아이디어가 진보될수록 불확실성은 제거되지만, 더 많은 돈이 필요하게 된다. 세계적인 명성을 가진 메이요 클리닉은 자신들만의 혁신 추진 방법을 활용하여 혁신에 대한 투자 위험을 낮출 수 있었다.

1 적은 개수의 커다란 아이디어를 만드는 방법은 Tentypesofinnovation.com에서 참조하라. 그리고 리스크를 줄여서 혁신의 성공 확률을 높이도록 하라.

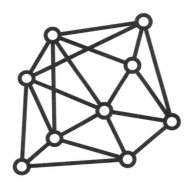

조직(ORGANIZATION)

대부분의 기업은 핵심의 혁신과 개발중인 제품을 조정할 약간의 조직을 가지고 있다. 경계의 혁신과 완전한 혁신을 하려면 새롭고 확실한 조직 구조와 인터페이스가 필요하다. 그러나 모든 기업이 새로운 시장을 개척하고 비즈니스를 발전시키기 위해 전담 조직을 운영하지는 않는다. 다양한 조직 구조들이 존재한다. 혁신 지식을 가지고 혁신을 하는 '그린하우스'Greenhouse, 다른 부서의 혁신을 지원하기 위해 특별한 전문가들을 활용하는 '서비스센터', 그리고 대부분의 직원들이 혁신에 대해 일부 책임을 지도록 하는 매우 분산된 시스템이 있다. 다양한 선택지 중에서도 변함없는 한 가지는, 혁신 조직은 내부의 관료주의나 사내 정치로 인한 업무 지연이 없어야 하고, 반드시 기능 간, 부서 간의 협력을 조성해야 한다는 것이다. 기존의 비즈니스 조직과의 상호작용이 매우 중요하다. 때때로 초기의 혁신 컨셉이나 새롭게 진행하는 사업은, 이러한 과도기를 극복하고 생존하기 위해서 기존 회사의 자회사나 협력사를 필요로 하는 경우도 있다.[2]

밸브(VALVE)의 혁신가를 위한 수평 조직

게임 회사인 밸브는 명확한 미션을 가지고 1996년에 비즈니스를 시작했다. 밸브의 미션은 게임 플레이어가 좋아할 만한 멋진 게임을 만드는 것이다. 그리고 남들이 모르는 밸브만의 서브미션sub-mission은 "직원들이 탁월한 작품을 만들 수 있는 내부환경을 조성하자"이다. 오늘날, 밸브는 완전히 수평적인 구조를 가지고 있다. 창립자라고 해서 다른 누구보다 주장을 더 관철할 수 있는 것은 아니다. 직원들은 작업할 프로젝트를 선택할 수 있을 뿐 아니라 이때, '20%만 참여' 같은 것은 없다. 100% 충실히 임해야 한다. 모든 책상에 바퀴가 달려 있어서 새로운 팀으로 쉽게 재배치될 수 있다. 물론, 팀이 형성되고 리더가 생기긴 하지만 이는 일시적인 현상이다. 업무가 잘 풀리지 않아 오랜 시간 잡고 있는 것은 문제가 발생했다는 신호로 보이긴 하지만, 어떤 직원도 사소한 실수를 했다고 해서 해고당하지 않는다. 또한, 직원 모두가 회사의 단기 목표뿐만 아니라 장기 목표에 대해 생각하면서 시간을 보낸다. 하프라이프Half-Life 같은 밸브 게임이 수백만 개가 팔린 것으로 봤을 때[3] 의도적인 공식 조직의 결여도 효과가 있는 것 같다.

2 이것이 바로 '스컹크워크' 즉, 비밀연구개발 조직을 지양해야 하는 이유이다. 사실 기업의 발전에 있어서비밀연구개발이필요할수 있지만, 좋은모델로오래남기는 힘들다. 트라이벌리즘과 불신이 자랄 수 있기 때문이다. 또한 혁신을 탄생시켜 더 성숙한 비즈니스 조직으로 변화를 도모할 시점에서 조직 거부 반응에 직면할 수도 있다.

3 비록 밸브의 사내규정집은 예술 작품이지만, 신입사원들에게 조직 내에 살아 있는 명쾌한 혁신과 실험 정신을 제공하기 위해서 디자인되었다.

자원과 역량(RESOURCES & COMPETENCIES)

경계의 혁신과 완전한 혁신은 다방면에서의 역량, 훈련, 그리고 기술을 보유한 다양한 인재들을 필요로 한다. 또한 분석, 결합, 그리고 사용자 공감력 등의 다양한 능력도 필요하다. 디자이너, 소비자 연구원, 그리고 비즈니스 전략가가 섞여 있는 조합을 추천한다. 여기에 시장전문가, 과학자, 그리고 엔지니어를 보완해야 한다. 이런 팀은 여러 분야를 포괄하며, 높은 잠재력을 가진 직원들로 이루어져야 한다. 이해관계자들과 조직이 관심사를 대표할 수 있어야 한다. 그들이 맡고 있는 업무는 일반적으로 고위직 임원들에 의해서 육성되고 관리된다. 그리고 벤처 펀드나 기업 혁신 예산과 같은 별도의 자원을 통해 자금이 마련된다. 이 팀은 미래의 시장의 수요를 이해하기에 충분한 시간과 장소를 지원받아야 하며 현재 비즈니스의 급하고 러나 때로는 별로 중요하지 않은 업무에 의해 방해 받지 않도록 지켜져야 한다는 의미이다.

직원들에게 자율권을 주는 하얏트(HYATT) 실험 호텔

"다음에 하얏트 호텔을 방문하는 고객은 스스로는 인지하지 못하더라도 고객 경험 개선을 위한 실험의 일부로 참여하게 될 것이다"라고 스테이시 콜레트 Stacy Collett는 말했다.[4] 하얏트는 전세계에 7개의 브랜드로 488개의 호텔을 운영하고 있다. 그리고 소위 '실험 호텔'laboratory hotels이라 불리는 호텔이 혁신의 도가니 역할을 하고 있다. 실험 호텔은 직원들이 혁신적인 아이디어를 빠르게 실험한 후 다른 호텔에 폭넓게 적용하기 위한 목적으로 운영된다. 콜레트는 실험 호텔에서 한 번에 7~9개의 특별한 프로젝트가 실험된다고 말했다. 직원들은 오래된 문제를 해결하기 위해 새로운 방법을 찾도록 격려 받고 세부사항을 미처 검토하지 않아도 어떤 방법이 효과가 있는지 없는지를 알 수 있다. 자금은 프로젝트의 규모와 범위에 따라 달라진다. 때로는 개별 호텔에서 실험 자금을 지원하기도 하고, 때로는 기업 차원에서 혁신 자금을 제공할 때도 있다. 날짜 기입을 위한 아이디어로는 직원들에게 모바일 체크인 기기를 제공하여 프론트 데스크를 완전히 없애는 아이디어도 테스트되고 있다.

4 2013년 1월 14일, 스테이시콜레트는 컴퓨터월드(Computerworld)에서 그녀의 저서 『Ready, Set, Compete: The Benefits of IT innovation』을 통해 "fail fast and move on" 트렌드를 다루었다. Http://tentyp.es/XHSveu를 참조하라. 또한 2012년 7월 14일에〈배런즈〉(Barron's)에 게시된 "Hyatt's Travelin' Man"을 통해 하얏트의 CEO인 마크 호플라마지안(Mark Hoplamazian)의 프로필도 살펴보길 바란다. 자세한 기사는 http://tentyp.es/VT3AHU를 참조하라.

평가기준과 인센티브(METRICS & INCENTIVES)

혁신 평가기준의 가치는 점점 커지고 있으며 신뢰성이 바탕이 되어야 한다. 프로젝트 과정은 파이프라인을 통하여 효율적으로 진행되고 사전에 예측된 실제 경제 수익에 의해 평가되어야 한다. 시장이나 세상에 완전히 새로운 것(제품이나 서비스 등)이 나타나고 이로부터 발생하는 불확실성을 고려한다면, 획기적인 혁신은 반드시 이전과는 다른 방식으로 평가되어야 한다. 투입과 산출 평가기준의 조합과 선행 및 후행 지표를 활용하라. 심지어 '프로토타입'을 구매할 의사가 있는 고객 비율' 혹은 '포트폴리오 내의 핵심의 혁신과 획기적인 혁신의 비율 조합'처럼 허술한 평가기준도 미래의 매출이나 수익을 측정하는 일보다 더 의미 있고 유용할 수 있다. 우선 평가기준을 올바르게 설정하라. 그리고 그 기준이 직원의 인센티브와 단단히 엮이도록 해야 한다. 금전적인 보상도 중요하긴 하지만, 대부분의 직원이 혁신을 하는 이유는 회사로부터의 인정, 개인적인 만족감, 그리고 새로운 것을 창조함으로써 얻는 의미까지 다양하다. 그러므로 금전적인 보상뿐 아니라 기업 표창, 개인적인 개발 시간, 그리고 경영진의 관심 같은 인센티브도 함께 고려해야 한다.[5]

프록터 & 겜블(PROCTER & GAMBLE)의 혁신 추진

1994년 P&G의 CEO인 에드윈 아트젯Edwin Artzt은 "기업에게 가장 힘든 일은 사고방식을 바꾸는 것이다"라고 말했다. "변화를 위한 지적 승인 intellectual permission을 제출해야 한다는 규정이 반드시 있어야 한다." 아트젯의 새로운 규정은 다음과 같다. 적정 가격 매기기, 불필요함을 제거한 관료주의, '글로벌 유효성 강화'SGE, Strengthening Global Effectiveness이다. SGE의 4가지 규칙으로는 업무 바꾸기, 더 적은 요소로 더 많이 작업하기, '재작업' 없애기, 그리고 비용 줄이기가 있다.

혁신이 과도하게 증가하고 있다는 것을 알아차린 P&G는 확장 제품의 25%를 제거했다. 동시에 브랜드 매니저들이 유망한 아이디어를 상사보통 각 프로젝트당 100만 달러 정도의 자금을 빠르게 투자할 권한을 가진 관리자들이다.에게 제안하는 새로운 관리 구조를 만들어냈다. 이후로도 아트젯의 후임자는 아트젯의 방향과 정책을 활용했다. "만약 작은 사안을 수정하는 데에 시간을 보낸다면 새로운 대형 사업을 위해 일할 시간이 없을 것이다"라고 1996년 존 페퍼John Pepper가 인정하기도 했다.[6]

5   애플(Apple)의 스티브 잡스는 매년 "Top 100"을 만났다. Top 100은 스티브 잡스가 애플의 미래 전략을 논의하기 위해 만든 모임이다.

6   〈포춘〉지는 오늘날의 P&G를 다룬 기사를 제공했다. 브라이언 두메인(Brian Duamine)의 "P&G Rewriters the Marketing Rules" (1989년 11월 6일) http://tentpy.es/TiEPID 빌 사포리토(Bil Saporito)의 "Behaind the Tumult at P&G" (1994년 5월 7일) http://tentpy.es/UTCVtm 호날드 헨코프(Ronald Henkoff)의 "P&G New and Improved!" (1996년 10월 14일) http://tentpy.es/Q2o6mi

모두 종합하라:
역량의 청사진을 그려라

PUTTING IT ALL TOGETHER:
DESIGNING YOUR CAPABILITY BLUEPRINT

역량 요소
(CAPABILITY COMPONENTS)

실제 사례
(ILLUSTRATIVE EXAMPLE)

진입
혁신 개발을 위해 필요한 방법과 업무

혁신적인 새로운 당뇨병 진단 사업을 주도적으로 추진하려면 인가를 받아야 한다. 그래야 내년까지 실험생산에 들어갈 수 있다.

4가지 요소들이 잘 디자인되고 시행된다면, 이들은 서로를 보완하고 강화한다. 각각의 요소는 혁신에 필요한 조직 행동을 추진할 때 중요하다. 각 요소를 실행하기 전에 이 요소들이 어떻게 작용할지 명확히 알고 있어야 한다. 그렇지 않으면 혁신 실행 단계의 문턱에서부터 발목이 잡혀, 혁신을 할 수 없다는 조직 전체의 두려움만 키우게 된다.

조직
업무가 진행되는 장소, 그리고 더 넓은 세상으로 연결하는 방법

혁신 센터가 실험생산에 대한 준비가 완료되기 전까지 업무를 이끌 것이다. 그리고 나서 기존의 진단 사업에 의해 관리쪽으로 천천히 전환할 것이다.

이 요소들은 기업의 새로운 행동을 지원하고 지지한다…

'역량의 청사진'The Capability Blueprint은 기업이 혁신 역량을 구축하고자 할 때 사려 깊고, 계획한 대로 추진할 수 있도록 도움을 주는 도구다. 다음 그림에서 간단한 예시를 확인할 수 있다. 결국, 한 가지 사이즈로 모두를 만족시킬 수는 없는 것이다. 어떤 조직은 중앙집권형의 혁신 기능을 통해 업무를 원활하게 수행하고, 다른 조직은 민첩성이 요구되며 자체적인 관리가 필요한 분산형 모델을 활용하고 있다. 모든 기업에 잘 맞는 한 가지 디자인은 존재하지 않는다. 어떤 형태가 우리의 혁신에 가장 적합한지 찾아 보라.

자원과 역량
업무에 필요한 사람, 기술, 자금, 그리고 기타 다른 자산

진단 비즈니스의 리더는 이 계획을 지원할 것이다. 혁신 센터의 전문가와 진단 비즈니스에 높은 잠재력을 가진 직원들로 팀을 꾸릴 것이다. 그리고 혁신 기금을 통해 자금을 제공할 것이다.

평가기준과 인센티브
업무 진행 과정과 성과에 대한 평가, 그리고 올바른 행동에 대한 보상

컨셉 단계에서는 질적 평가로, 프로토타입과 실험생산 단계에서는 예상 판매량과 고객 반응을 통해 평가할 것이다. 계획이 성공한다면 리더와 프로젝트 팀이 이익의 20%를 보상으로 얻을 수 있다.

…이 요소는 기업이 새로운 행동을 하도록 요구하고 이끌어낸다.

기업은 혁신을 개선하고자 역량의 청사진을 정기적으로 사용한다. 아래의 도표는 시스템 전체 과정을 나타낸다. 혁신할 기회를 포착하는 것부터 프로토타이핑을 통한 계획 승인, 파일럿, 그리고 혁신 개시까지 모든 과정을 보여주고 있다. 다음 페이지는 각기 다른 요소와 단계에 대해 상세히 설명한다.

진입
혁신을 어떻게 개발할 것인가?

기회를 찾고 우선순위 매기기
잠재적인 기회를 찾기 위해 변화하는 사용자의 니즈, 산업 구조, 그리고 정설을 고려하라.

컨셉 개발
혁신적인 비즈니스 모델, 플랫폼, 고객경험을 설계함으로써 새로운 비즈니스 컨셉을 만들어라.

프로토타입 설계와 시험
핵심 문제 확인과 고객과 사용자를 통해 시험될 모든 종류의 프로토타입을 만듦으로써 컨셉을 반복하고 개선하라.

파일럿
새로운 비즈니스를 만들고 시장에 내보이는 과정을 통해 아이디어를 입증하라. 그리고 고객들의 반응을 조심스레 살펴보라.

시작하기
비즈니스의 규모를 빠르게 키우고 고객을 끌어모으는 데에 집중하면서 비즈니스를 시작하라.

조직
혁신은 어디서 일어나는가? 책임자는 누구인가?

혁신 위원회

경영 리더와 포트폴리오 관리 그룹

혁신 최고 기관(Innovation Center of Excellence, COE)

개발팀   상품화팀

자원과 역량
혁신을 이루기 위해 누가, 그리고 무엇이 필요한가?

경쟁 분석
기술 전략
시나리오 플래닝

민족학
보조 연구
시각 디자인
비즈니스 전략

디자인 계획
사용자 연구 평가
경쟁 분석
시각 디자인
비즈니스 전략

파일럿 관리
비즈니스 개발
공급자 관리
UX 디자인과 관리

판매 전략
작동 범위

혁신 COE로부터 직원과 자금 지원받기   개별적 비즈니스 조직에서 직원과 자금 지원받기

평가기준과 인센티브
성공할 것을 어떻게 알 수 있는가?

단순한 혁신, 산업을 바꾸는 혁신, 그리고 게임을 완전히 바꾸는 혁신들로 균형을 이룬 포트폴리오를 구축하라.

현재 개발중인 컨셉과 프로토타입은 몇 개인가?
'균형을 이룬 혁신' 평가: 자사의 아이디어가 고객에게 얼마나 가치 있는가? 얼마나 실현가능한가? 비즈니스와 전략의 관점에서 얼마나 성공할 수 있는가?

얼마나 많은 고객이 파일럿에 관심을 보일까?

이익
영업 이입
투하자본수익률

평가기준은 큰 영향력을 가지고 있다

(단, 올바른 선택을 했을 때에 한해서 말이다)

METRICS MOVE MOUNTAINS (BUT ONLY IF YOU PICK THE RIGHT ONES)

'측정될 수 있어야 실행할 수 있다.'*What gets measured, gets done.* 이 케케묵은 문구는 수십 년간 경영학 이론에서 다뤄졌고, 목표관리(Management by objective, MBO)의 핵심으로 여겨지고 있다. 만약 목표를 세우고 과정을 평가한다면, 기업은 어떤 어려움이 닥치더라도 목표를 성취하기 위해 노력할 것이라는 의미이다.

평가한 것이 꽤 중요하게 여겨지는 것은 당연한 일이다. 3M은 혁신에 대해 오랜 기간 자부심을 가졌으며, 혁신적인 제품을 꾸준히 개발한 경력이 있다. 1988년, 3M의 경영진은 혁신을 추진하기 위해 인센티브 제도를 시행했다. 이 제도의 핵심 평가지표 중 한 가지는 '새로움 지수'Freshness Index이다. 새로움 지수는 신제품으로 벌어들인 수익의 비율로 정해진다. 3M의 목표는 4~5년 이상의 기간 동안 새로운 제품이나 서비스 도입을 통해 수익의 25%를 창출하는 것이다.

처음에는 혁신적인 제품을 지속적으로 개발한다는 목표가 합리적으로 보였다. 하지만 2012년의 수익 목표가 30%로 인상되었을 때, 제품 관리자는 수적인 증가에 초점을 두면서 목표를 채우기 시작했다. 많은 '신'제품들은 그저 포장의 크기나 색상만 서로 달랐을 뿐이었다.[7] 이런 방식의 제품 증가가 괜찮다고 생각할 수도 있다. 하지만 이로 인해 마케팅 비용이 늘어났고 채널 관리에 문제가 발생했으며, 결국 수익이 낮아졌다. 그때부터 3M은 신제품의 구성요소를 명확하게 정의하는 평가기준을 정리했다. 이 방법은 효과적이었다. 3M은 최고 혁신가 리스트에서 상위를 차지하는 기업이며, 지난 10년에 비해 매출도 2배가량 높아졌다.

대부분의 기업은 소규모의 점진적인 계획이나, 대변혁을 일으키기에는 뭔가 부족한 계획을 추구하는 경향이 있다. 3M의 새로움 지수는 이러한 문제를 일으킬 수 있었다. 새로움 지수는 단기간에 시장에 제품을 출시하도록 유도했다. 하지만 그렇게 하기에는 혁신은 더 위험하며 개발에 많은 시간이 소요된다. 이러한 이유로 새로움 지수 같은 평가기준은 지양되어야 한다.

리더의 목표는 대담한 혁신을 조성할 수 있는 균형 잡힌 평가기준 시스템을 개발하는 것이다. 이를 위해서는 과거와 미래에 관한 지표, 그리고 기업을 위한 가치와 고객을 위한 가치처럼 기업의 내부와 외부에 기반을 둔 지표를 섞어서 사용해야 한다. 반드시 개별 계획의 성공과 종합적인 포트폴리오에 끼치는 영향을 모두 평가해야 한다.

7 관련 이야기는 알란 로빈슨(Alan G. Robinson)과 샘 스턴(Sam Stern)의 『Corporate Creativity』에서 찾아볼 수 있으며, 로버트 터커(Robert B. Tucker)의 『Driving Growth Through Innovation』에서 심도 있게 다루어졌다.

조직에서 쓰일 평가지표를 개발할 때 전제조건이나 공식이
있는 것은 아니지만, 도움이 될 만한 몇 가지 원리가 있다.

균형을 이룬 평가항목을 개발하라.
평가항목은 아래의 사분면에서 적어도 하나씩은 있어
야 한다. 과거, 미래, 내부, 외부를 모두 살펴야 한다
는 의미이다.

평가기준에 너무 많은 정보를 담지 마라.
효과적인 혁신을 위해서라면 6개의 평가기준으로도 충
분하다.

평가기준은 반드시 의미가 있어야 한다.
어떤 기업에게는 구체적인 숫자가 없는 평가지표는 무
의미하다. 하지만 다른 기업에게는 질적 평가가 타당하
다. 조직 내에서 유효한 지표를 선택하라.

유용한 혁신 평가지표

	과거 돌아보기	미래 내다보기
외부	■ 전체 포트폴리오에서 초기 계획을 달성한 혁신 적중률 (자본비용을 회수한 혁신의 개수) ■ 혁신에 의해 창출된 경제적 가치 ■ 기업의 순 추천고객 지수(NPS, Net Promoter Score) ■ 고객 만족 ■ 개별 계획과 전반적인 포트폴리오에 드러난 브랜드 인식 ■ 혁신에 대해 긍정적인 반응을 보인 미디어와 분석가수	■ 개별 계획과 전반적인 포트폴리오의 경제적 가치 추정 (Economic Value Estimates, EVE) ■ 포트폴리오에서 중요 고객의 통찰력에 의해 시작된 계획의 비율 ■ 포트폴리오에서 공급자, 고객, 파트너의 합작품이 포함된 계획의 비율 ■ 개별 계획과 혁신 포트폴리오에 대해 자사와 공동제작사가 부담하는 비용의 비율
내부	■ 혁신에 의해 창출된 순현재가치(Net Present Value, NPV) ■ 혁신 포트폴리오의 NPV 증가량 ■ 시장에서 실제로 실현되는 혁신 계획의 비율 ■ 시장에서 3년 이상 지속되는 혁신과 포트폴리오의 전체 계획 간의 비율 ■ 혁신 계획에 의해 발생한 수익	■ 계획과 포트폴리오의 NPV 추정치 ■ 포트폴리오에 대한 프로젝트 NPV 추정치의 증가량 ■ 포트폴리오의 규모, 속도, 효율성 ■ 다른 전략적 성장 플랫폼과 혁신 포트폴리오와의 시너지 ■ 포트폴리오에서 게임의 판도를 뒤바꿀 혁신의 비율

CHAPTER 24

효과적으로 실행하라 EXECUTE EFFECTIVELY
혁신과 자원에 관련된 법칙들

혁신 계획을 감독할 때 어떤 상황에서든 마음속에 새겨 두어야 할 중요한 원리가 있다.

미션을 가지고 혁신하라. 마구잡이로 혁신하는 것은 금물이다.

많은 혁신 계획이 시작하기도 전에 실패한다. 실패하는 경우는 주로 다음과 같다. 혁신을 통해 얻고자 하는 결과가 너무 추상적이거나 애매모호하다. 기업의 목적과 전략과의 연결고리가 불분명하다. 그리고 잠재적인 기회가 모호하고 산만하다. 위대한 혁신가는 성취하고자 하는 바를 정확히 알고 있다. 그리고 보다 적은 수의, 대담한 아이디어에 집중하고 신중하게 실행한다. 혁신가는 혁신 계획의 목적과 이를 통해 얻고자 하는 결과를 명확하게 정의하며, 이를 이루기 위해 명확한 전략을 세워 추진한다.

올바르게 하기 위해서는 가장 어려운 부분에 집중하라.

어려운 문제를 단순화할 때 사람들이 선택하는 가장 어리석은 방법은 어려운 부분을 아예 배제해 버리는 것이다. 심지어 많은 리더들도 이 방법을 사용하고 있다. 실행가능한 업무 목록만 늘어놓고 뻔하고 상투적인 의견을 내놓는다. "다음주 월요일에 다르게 할 수 있는 일은 어떤 것이 있을까?" 혹은 "가장 쉽게 달성할 만한 목표는 무엇일까?"처럼 말이다. 혁신에 관한 중요한 원칙은 가장 어려운 부분이야말로 가장 중요한 문제라는 것이다. 만약 문제의 핵심을 해결하려 하지 않는다면 그저 평범하고 모방하기 쉬운 해결책만 제시하게 될 뿐이다. 혁신 컨셉에서 정말로 중요한 부분이 무엇인지 확인하라.[1] 그리고 이를 해결할 때까지 끊임없이 노력해야 한다.

업무를 제대로 진행하기 위해 가드레일을 설정하라.

앞서 언급되었듯 제약은 창의성을 증폭한다. 1969년 찰스 임스Charles Eames는 "디자인은 제약에 의해 대부분 결정된다"라고 말했다. 혁신 계획의 성공여부 또한 제약에 의해 결정되는 것은 마찬가지다. 기준이 없다면 방향을 잡지 못한 채 여러 대안을 검토하다가 시간을 다 써버리게 된다. 정확한 가이드라인이 없다면 모든 것을 스스로 선택해야 하며, 틀린 선택을 하더라도 잘못 짚었다고 말해줄 사람이 없기 때문이다.

딜레마는 대담하게 해결하고 해답을 위해서는 인내를 가져라.

혁신을 향한 모든 과정에서 트레이드 오프와 딜레마가 지속적으로 발생한다. 예를 들면, "우수한 서비스를 저렴한 비용에 제공할 방법은 없을까?" 혹은 "고객에게 선택과 융통성을 제공하는 동시에 품질을 보증할 방법은 없을까?" 등과 같은 문제들이 계속 발생하는 것이다. 이러한 도전점점 밀려드는 시간 압박과 줄어드는 자원 가운데서 나타난다.에 직면한 혁신가는 문제의 한 면만 선택하고 다른 면은 무시한다. 이는 불완전하고 부분적인 해결로 이어질 수밖에 없다. 위대한 혁신가는 문제를 완전히 해결하는 새로운 대안을 개발할 방법을 찾는다. 문제의 가장자리만 맴도는 아이디어 대신에 전체적인 해결책을 제시하라.

1 아이튠즈 스토어에서의 경험은 스토어에 방문해서 단 한 곡의 노래만 구매하는 것이 가능한지의 여부에 달려있다. 이렇게 하기 위해 필요한 권한을 협의하는 데에 200명의 변호사들이 애플을 위해 2년간 24시간 내내 일했다고 한다. 혁신을 할 때, 매우 중요한 부분을 올바르게 행하는 일에 대해 이야기하라. 이는 2012년 중반, 세계에서 가장 가치 있는 회사가 되기 위해 필요한 핵심 요인이기도 했다.

2 아툴 가완디(Atul Gawande)의 저서 『The Checklist Manifesto』는 프로토콜의 중요성을 설명한다. 『Betty Crocker Cookbook』도 살펴보라. 밀즈장군(General Mills)이 (실제로 책에 베티 크로커가 나오지는 않았다.) 사람들이 가정식을 준비하도록 돕는 이야기가 나온다.

3 《문앞의야만인들》(Barbarians at the Gate)이라는 영화에서 RJR 나비스코(RJR Nabisco)의 전 CEO는 연기가 나지 않는 담배 개발 계획을 언급했다. "우리는 3억 5,000만 달러를 사용했지만 이 계획은 수포로 돌아갔다. 담배를 달에 보내기 위해 시작된 이 프로젝트에 충분한 기술을 지원했지만 결국 개발된 담배 맛은 최악이었다." 이 대답을 통해 프로젝트가 잘 굴러가지 않았다는 것을 알 수 있다.

4 기밀 누출에 관한 법적보장이 잘 되어있는 다르파(DARPA)는 공급사, 고객, 협력사로 구성된 네트워크가 다르파의 신제품 개발에 참여하고 관여할 수 있도록 오픈 이노베이션을 광범위하게 사용해 왔다.

'하이 프로토콜'(High-Protocol) 혁신을 사용하고 어떤 방법이 효과적인지 알아라.

똑똑한 인재에게 할 수 있는 가장 잔인한 일은 그들을 작은 방에 가둬놓고 임무를 해낼 규칙도, 방법도, 도구도, 아무것도 없이 그냥 혁신하라고 시키는 것이다. 이것은 마치 일반인에게 뇌수술을 하라고 시키는 것과 같다. 합리적이지 않을뿐더러 잘 되는 경우도 거의 없다. '하이 프로토콜' 혁신은 조직으로 하여금 혁신의 10가지 유형을 포함한 똑똑한 도구를 제공하는 것을 뜻한다. 그리고 좋은 결과를 내기 위해 무엇을, 어떤 순서로 할지 단계별 방법을 알려주는 것이기도 하다.[2]

경험을 처음부터 끝까지 시각화하라.

혁신 컨셉을 마치 이미 실재하는 것처럼 최대한 구체적으로 만들어보라. 먼저 종이 프로토타입을 활용하라. 저렴하며 바꾸기 쉽기 때문이다. 핵심 도구나 몇몇 제품뿐 아니라 전체 비즈니스가 어떻게 작동할 것인지 밝히며 전체적인 컨셉을 명확히 이해하라. 이러한 수준까지 시각화한다면 다른 사람에게 컨셉에 대해 알릴 수 있고, 고객이 그 컨셉을 테스트해볼 수도 있다. 또한 조직원 모두가 같은 비전을 바라보게 된다. 시각화하는 방법은 시간적, 비용적 지체를 피하면서 궁극적으로 이루고자 하는 바가 무엇인지 명확하게 알 수 있도록 한다.

외부와 단절된 상태에서의 혁신은 금물이다.

어느 팀이든지 언젠가 사용하게 될 기술, 특성, 기능에 대해 논의하다 보면 무한 반복 상황 안에 갇힐 수 있다. 이러한 팀은 기발한 생각이나 통찰력으로부터 멀어지게 된다. 회의실을 벗어나라. 고객과 최종 소비자를 관찰하고 유사한 문제를 다뤘던 다른 계획에 대해 연구하라. 이러한 통찰력이 없다면 시간에 쫓기며 집단사고에 빠질 때까지 제자리걸음만 할 뿐이다. 그리고 결국 시장과 고객의 상황과는 동떨어진 컨셉을 실행하려고 할 것이다. 한두 푼도 아닌 천만 달러를 쏟아 부은 뒤에야 아이디어가 최악임을 깨달을 것이다. 결국 혁신 팀은 스스로 만든 아이디어를 거부하게 될지도 모른다.[3]

고객, 공급자, 심지어 경쟁자와 혁신을 함께 이루어라.

경영진은 내부적으로 모든 것이 해결되어야 한다는 착각에 자주 빠진다. 혁신할 만한 역량이 존재하지 않는 곳에서 프로젝트를 진행한다면, 결국 혁신 팀은 공급자를 믿으려 하거나 십중팔구로는 프로젝트를 완전히 포기한다. 이때 나오는 변명은 무수히 많다. "다른 사람들에게 우리의 아이디어를 알려줄 수 없어!" 혹은 "지적 재산이 침해 당할거야!" 등이 있다.[4] 오늘날처럼 초연결적인 세상에서 모든 것을 혼자 해낼 수 있는 기업은 없다. 오픈 이노베이션을 받아들여서 아이디어를 구상하고 함께 일할 지지자 혹은 경쟁자를 찾아야 한다.

효과적인 혁신을 하기 위해 필요한 도구:
프로토타입과 파일로트

TOOLS TO HELP YOU INNOVATE EFFECTIVELY:
PROTOTYPES AND PILOTS

컨셉을 신제품이나 비즈니스로 상용화하는 과정은 쉽지 않다. 신중한 작업에도 불구하고 혁신 컨셉의 첫 번째 버전은 최상의 제품과는 거리가 멀다. 만약 혁신에 관한 업무를 잘 수행해왔다면 명확한 시각화, 고객이 원하는 이유에 대한 이해, 수익을 창출할 방법, 혁신을 구현하기 위해 필요한 요소 등을 포함하여 아이디어를 명확하게 표현할 수 있을 것이다. 그러나 이렇게 알려져 있기 하지만 사실 아직 시도되지 않은 가설일 뿐이다. 이 가설이 사실이라고 믿고 있는 충분한 이유가 있다 하더라도, 고객과 다른 이해관계자들에게 아직 인정받지 못하고 있다. 불가피하게도, 이런 상황에서는 현실과의 격차나 불확실성이 존재할 수밖에 없다. 즉, 컨셉의 특정 부분은 다른 부분에 비해 덜 명확하다는 의미이다.

이 시점에서 할 수 있는 최악의 실수는 완전한 상업화로 뛰어드는 것이다. 새로운 디자인을 개발하고 생산하기까지 얼마나 많은 자동차 프로토타입이 생산되는지 생각해 보라. 일반적으로 스케치부터 시작해서 CAD로 드로잉된다. 그 다음에는 아마도 스티로폼이나 찰흙으로 만들어진 모형이 세워지거나, 모터쇼에 선보일 '컨셉 자동차'를 견본으로 만들 것이다. 고객의 반응을 유도하고 기획하려는 자동차 모델에 대해 더 연구하기 위해 프로토타입을 만든다. 그러나 가장 중요한 점은 연속적인 프로토타입 단계를 통해 개발의 위험 요소를 줄일 수 있다는 점이다. 완제품을 먼저 제조하는 것보다 찰흙으로 모델링을 한다면, 디자인이 매력적이지 않아 운전자들에게 어필하지 못한다는 점을 훨씬 빠르고 적은 비용으로 쉽게 알아낼 수 있을 것이다. 무엇보다도, 완전히 새로운 개념의 제품이나 비즈니스를 선보이려고 할 때에는, 위험이 기하급수적으로 증가한다. 과거 15개의 우주 로켓, 66개의 인공위성, 그리고 50억 달러 이상이 투자되기 전까지만 해도 위성 전화기는 아주 뛰어난 아이디어로 느껴졌다. 그러나 실내에서 잘 작동되지 않는 벽돌만 한 전화기를 원하는 사람은 아무도 없다는 것이 밝혀졌다.[5]

이때가 바로 프로토타입과 파일로트가 시행되어야 할 시점이다. 프로토타입과 파일로트의 차이점은 무엇일까? 컨셉 개발 단계와 어디에 어떻게 도입되는지의 차이가 있다. 프로토타입은 '실험실' 조건(인터뷰나 사용자 그룹을 포함한 다.) 하에서 테스트되고, 대개 제품이나 비즈니스에 대한 모형을 구현하는 방식으로 진행된다. 파일로트란 제품과 기업이 실제 고객과 만나는 시장 내에서의 실험이다. 프로토타입과 파일로트 모두 지속적인 반복과 가설에 대한 실험에 근거한다. 구축, 테스트, 배움 단계를 거치면서 혁신 컨셉의 가치와 실현성이 증가하고 위험과 불확실성은 감소한다. 유능한 혁신가들은 효과적으로 프로토타입과 파일로트를 활용하는 방법을 알고 있다.

5 이리듐(Iridium)에 관한 이야기이다. 1987년, 모토로라(Motorola)의 3명의 기술자들이 이리듐을 고안했고, 2002년까지 4,200만 명의 사용자가 생길 것이라고 예측했다. 1998년, 마침내 이리듐이 출시되었지만 2만 명의 사용자밖에 끌어오지 못했고, 9개월 뒤에 파산했다. 지구상 어디에서든 전화기가 작동되게 하겠다는 우주시대 기술은 결정적인 사항을 간과했다. 이는 바로 위성전화는 위성으로 송수신선이 연결되어야만 한다는 것이다. 즉, 위성 전화는 거대한 안테나가 있어야 하고 실내나 흐린 날씨에서는 잘 작동되지 않는다는 것을 의미했다.

혁신 프로토타입:
제품 모형
MORE THAN PRODUCT MOCK-UPS

전통적인 프로토타입은 제품의 외형을 보여주는 모형이다. 아이디어의 3차원 스케치인 셈이다. 혁신 프로토타이핑도 이 방법과 매우 유사하지만 큰 차이점이 한 가지 있다. 혁신 계획을 발전시킬 때 제품에 그치지 않고 그 이상을 고려해야 하는 것처럼, 프로토타이핑을 할 때에도 마찬가지이다. 제품과 서비스를 구현하고 고객에게 전달할 방법뿐 아니라 제품과 서비스에 관한 전반적인 시스템 개발 방법을 고려해야 한다. 즉, 전체 비즈니스를 프로토타이핑하고 테스트하라. 이 방법은 고객에게 전체의 가치제안을 하는 데 유용할 뿐만 아니라 혁신을 진행할 때 진정으로 무엇이 필요한지와, 회사의 다른 부서들과 연결되면서 발생할 수 있는 영향에 대해 확실하게 이해시킬 수 있다.

프로토타이핑을 하는 방법은 다양하다. 일반적으로 사용되는 방법을 적어보았다. 이 방법들은 10가지 프레임워크 내의 3가지 카테고리를 나타내기도 한다.

혁신 컨셉의 구성(CONFIGURATION)과 관련된 불확실성을 해결할 때 질문하라.

비즈니스 모델의 어떤 부분이 수익성에 가장 큰 영향을 미칠 것인가?

기업, 파트너, 공급자, 그리고 고객 간의 교환 가치(돈, 정보, 전문성)는 무엇인가?

필요로 하는 추가적인 역량이나 자산을 구매하거나, 만들거나, 파트너로부터 얻을 수 있는가?

프로토타이핑 예시

가치망
혁신의 생산, 전달, 구매 그리고 사용과 관련된 모든 것에 대한 도표를 그려라. 공급자, 협력자, 채널 파트너, 고객 그리고 최종 소비자를 모두 포함해야 한다. 그리고 시스템 전반에 걸친 가치 흐름을 시각화하라.[6]

프로세스 다이어그램과 시뮬레이션
혁신을 창조하는 데 있어서 직접적 혹은 간접적으로 관련된 프로세스에 집중하여 더 깊이 분석하라. 생산공정 알림표 형태로 분석할 수도 있다. 혁신의 과정을 테스트하기 위해 외부 파트너들과 협력하거나 혹은 내부적으로 사용하기 위해 쌍방향 시뮬레이션으로 개발될 수도 있다.

6 마이클포터(Michael E. Porter)의 『Competitive Strategy』(Free Press, 1998)를 참조하라. 가치망분석의시초로서가치사슬에 대한 설명이 나와있다.

혁신 컨셉의 제품과 서비스(OFFERING)와 관련된 불확실성을 해결할 때 질문하라.

어떻게 보이는가? 어떻게 느끼는가?

현재 시장에 있는 다른 제품과 서비스와는 어떻게 다르고, 어떻게 연결되는가?

반드시 포함해야 할 특징이나 서비스는 무엇인가? 어떤 것을 생략할 수 있는가?

혁신 컨셉의 경험(EXPERIENCE)과 관련된 불확실성을 해결할 때 질문하라.

타겟 고객을 사로잡을 수 있는 최선의 방법은?

고객에게 독특한 경험을 제공할 수 있는 채널과 접점은 어떤 것이 있는가?

혁신 아이디어의 핵심 약속은 무엇이며 어떻게 이를 전달해야 하는가?

프로토타이핑 예시

제품과 서비스 일러스트레이션
마케팅과 브랜드 이슈를 고려해 제품 자체를 시각화하라. 이는 고객이 제품의 개별 특징과 기능뿐 아니라 고객에게 전해지는 가치와 제품에 대한 평가와 이해를 하도록 돕는다.

실현가능성 분석
실현가능성 분석은 조직의 내부와 외부에 존재하는 전문가들과 밀접한 협업을 통해 이루어진다. 혁신을 시장에서 구현하기 위해 필요한 도구, 기술, 그리고 다른 요소의 기술적 평가를 종합하라.

프로토타이핑 예시

경험 비네트
고객이나 사용자가 혁신과 어떻게 상호작용할지, 그리고 신제품이 고객의 삶에 어떻게 광범위하게 적용될 수 있을지 그려보라. 이 프로토타입은 주로 맥락에 따른 행동 변화를 보여주는 일련의 일러스트레이션으로 구성되어 있다. 예를 들어 어디론가 이동하고 있거나 혹은 레스토랑에서 식사하고 있는 모습처럼 말이다.

가치 정보
서비스와 구매 경험에 관한 이야기와 함께 혁신의 브랜드, 메시지, 가치를 전달하는 책자, 판매 담보물, 홍보 웹 사이트, 광고를 적절히 배치하라.

혁신 프로토타입:
위험 요소를 제거하는 발전
DE-RISK DEVELOPMENT

프로토타입의 전형적인 과정은……

보다 큰 불확실성

올바른
아이디어를
가져라

보다 적은 투자

혁신 프로토타이핑을 해야 하는 중요한 이유가 2가지 있다. 첫째, 리스크와 불확실성을 줄이기 위해서이다. 이를 위해서는 반드시 올바로 해야 하는 것에 집중해야 한다. 쉬운 문제부터 시작하는 것은 혁신을 상업화하는 데 있어 재앙이 될 뿐이다. 비용과 고객에의 노출이 가장 클 때, 매우 중요한 작업이 가장 마지막 단계로 미뤄지게 하기 때문이다. 어떤 컨셉이 무용지물이 될 것인지에 대한 걱정은 일단 접어두고 혁신 아이디어에 있어서 가장 중요한 요소는 무엇인지 자문하라. 고객 행동 양상이 가장 중요한가? 제품의 실현가능성인가? 혹은 비즈니스 모델의 실행가능성인가? 프로토타이핑을 할 때는 이러한 핵심 요소에 초점을 맞춰야 한다.

프로토타이핑을 하는 두 번째 이유는 혁신을 반복적으로 개선하기 위해서이다. 이는 프로토타입은 근본적으로 변하며 수명이 짧다는 것을 의미한다. 마치 개발 과정에 쓰이고 폐기될 로스트 왁스lost wax 모형이나 미니어처 모델처럼 말이다. 저렴한 방식예를 들면, 종이, 디지털 시각화, 단순한 모델 등으로 시작하고, 불확실성이 줄어들고 컨셉에 대한 확신이 생길 때에만 더 좋은 품질과 더 높은 비용을 이용하는 방법으로 전환하라. 그렇지 않으면 언젠가 폐기될 프로토타입에 돈을 낭비할 것이다. 최악의 경우에는 잘못된 설계를 이행하는 데에 비용과 노력을 쏟을 수도 있다.

컨셉 시각화

안개 속에서 깍두기 썰기

컨셉을 시각화하는 것은 업무를 위한 첫 번째 유형의 프로토타입이며, 혁신의 본질을 전달하기 위해 사용하는 초기 방법 중 하나이다. 컨셉 시각화의 목적은 비즈니스 전반에 걸쳐서 컨셉을 비교적 낮은 수준의 정확도로 묘사하는 것이다. 이를 통해 이해관계자와 잠재 고객은 아이디어의 목적과 작용방식 등을 이해할 수 있다. 컨셉 시각화는 대부분 묘사적인 형식을 띠며 주로 종이나 비디오 혹은 디지털 애니메이션처럼 비교적 비용이 덜 드는 방법이 사용된다. 묘사의 세부사항은 내용에 따라 다를 수 있지만, 반드시 제품이나 사업을 현실에 이미 존재하는 것처럼 표현해야 한다. 더 큰 시스템을 고려하고 이 시스템을 극적으로 보이게 하는 것이 하나의 요령이다. 그리고 세부 구성요소에 대해 생각하라. 여기에 재무분석을 추가한다면 혁신의 전략적인 가치를 논리적으로 파악할 수 있을 뿐 아니라 감성적으로도 이해할 수 있다. 컨셉 시각화의 목적은 내부 의사 결정자가 행동을 취하고 다음 개발 단계에 전념할 수 있게 돕는 것이다. 또한 외부적으로는 공급자, 협력자, 그리고 고객의 피드백을 이끌어내고 모두가 관여하여 혁신에 대한 컨셉을 공동개발할 수 있도록 만드는 것이다.

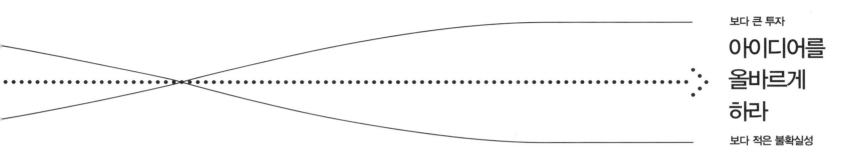

보다 큰 투자

아이디어를
올바르게
하라

보다 적은 불확실성

명확한 프로토타입

불확실성을 해결하고 디자인을 발전시켜라.

혁신 컨셉을 디자인하는 단계에서 시장에서 구현하는 단계로 방향을 틀게 되면 새로운 불확실성이 발생할 것이다. 온라인 포털을 개발하는 데 실질적으로 얼마의 비용이 필요한가? 지원하려면 어떤 유형의 상호작용과 거래가 필요한가? 구상 중인 제조 시스템과 물류 시스템과의 연결은 어떻게 이루어지는가? 이러한 궁금증에 대해 설계와 테스트에 집중된 프로토타입이 해답을 준다. 불확실성을 해결해야 한다면 고객이 어떻게 제품에 접근하고, 구매하고, 사용하는지에 대해 알아야 할 것이다. 혹은 기업이 제품을 생산하기 위해 다른 기업과 어떻게 상호작용할지 계획하는 가치 네트워크와 프로세스 다이어그램에 집중해야 할 것이다. 고객이 어떻게 상호작용하는지 알아보기 위해 제한된 기능만 따로 떼어서 제품의 일부분을 모형화할 것이다. 혹은 제품의 외형과 제품이 전달하는 메시지를 위해 디자인을 개발하고 브랜드 연구를 실행할 수도 있다. 이렇게 만들어진 프로토타입 중 상당수는 종이나 디지털 시각화 도구를 통해 빠르고 저렴하게 개발될 수 있다. 핵심 규칙은 다음과 같다. 혁신에 있어서 가장 중요하며 가장 불확실한 부분에 집중하고, 지속적으로 명확한 프로토타입을 개발하고, 테스트함으로써 품질을 개선하라.

기능적인 프로토타입

다양한 요소를 통합하고 품질에 투자하라.

프로토타이핑하는 과정의 어느 순간, 불확실성은 감소하고 혁신에 대한 확신이 생긴다. 그러나 시장이 혁신에 대해 어떻게 반응할지에 대한 불확실성과 혁신을 수행할 때 무엇이 필요한지에 대한 문제는 여전히 따라다닐 것이다. 하지만 시험 제품sucker을 만들고 이를 시장에 출시함으로써 이러한 문제를 해결할 수 있다. 이때가 바로 더 나은 품질과 기능을 위해 투자를 할 때이다. 파일로트를 통해 테스트할 수 있는 프로토타입을 구축하는 것이다. 여기에서, 세부사항을 올바르게 하는 데에 집중해야 한다. 그렇지만 아직 제품을 개시할 단계가 아니라는 점을 명심하라. 현재 구상중인 혁신은 더 이상 진행하면 안 된다고 깨달을 가능성이 여전히 남아 있기 때문이다. 이는 균형 잡힌 행동이다. 즉 시장을 뒤흔들기에 충분한 비즈니스 구성요소를 구축하되, 유연성과 융통성은 유지해야 한다. 이때에는 수작업이 종종 필요하다. 수작업이 필요한 경우는 완전히 기능적인 프론트엔드front-end, 사용자와 상호작용하는 프로그램와 조잡한 백엔드back-end. 프론트엔드와 연동하여 기술적인 기능을 하는 프로그램를 가진 웹사이트, 생산하는 데에 상당한 정지시간이 드는 제품, 고객을 훌륭하게 응대하는 직원과 고객과의 상호작용을 요구하는 서비스 경험의 구축들이다. 이것이야말로 이 단계에서 행해져야 할 트레이드 오프이다. 다시 말하자면 혁신을 위해 이미 오랜 시간을 투자했을지라도 여전히 통과해야 할 테스트가 남았다는 것이다.

혁신 파일로트 :
위험을 줄이는 출시
DE-RISK LAUNCH

보다 큰 불확실성

시장을
시험하라

보다 적은 투자

프로토타입을 이끄는 반복과 실험 정신은 파일로트 과정에서도 계속 되어야 한다. 혁신 파일로트를 한다는 말은 시장에 제품을 출시한다는 말이 아니다. 그 대신에 혁신을 둘러싼 불확실성을 해결하고 개발의 위험을 줄이는 목적으로 디자인된 시장 내에서의 테스트를 의미한다. 파일로트는 전형적으로 제한된 지역 혹은 세분 시장 내에서 수행된다. 사실, 기업은 배타적인 방식으로 최적의 고객을 사로잡기 위해 일찍이 파일로트를 활용한다. 무엇이 출시될지 고객에게 미리 들려주고, 보여주고, 가치를 느끼게 하기 위해서이다. 혁신을 시장에서 구현하기 위해 필요한 자산과 시스템을 준비할 때에는 확장성보다 유연성과 민첩성을 항상 우선시하라. 파일로트를 통해 비즈니스를 포기하는 것이 더 낫다는 결과를 얻을 수도 있다. 모든 가능성에 항상 열린 자세를 취해야 한다.

초기 단계 파일로트

초기 단계 파일로트는 종종 임시방편처럼 느껴진다. 혁신가의 입장에서는 그럴듯한 제품을 개발했다고 생각할 수 있지만, 비즈니스 시스템을 구성하는 다른 요소의 관점으로 보았을 때는 어설픈 미완성으로 보여질 수도 있다. 이는 당연한 결과이다. 이 단계에서는 그저 혁신의 가치 제안을 입증해야 한다. 입증해야 할 가치제안은 고객에게 적합함과 사업타당성이다. 작은 것부터 시작하라. 고객에게 약속한 것을 여전히 충실히 이행하면서도 혁신에서 가장 작은 부분을 설계하여 테스트하라. 이는 구상중인 혁신 유형을 모두 통합하는 것이 아니라 설계에 꼭 필요한 혁신 유형만 통합하는 것을 의미한다. 간소하게, 단기적으로, 혹은 어떻게든 학습을 최대화하는 제한된 파일로트로 시작해야 할지도 모른다. 단일 지역이나 시장을 선택하라. 상황에 따라서는 고객을 초대하는 방식만 고려해야 할 것이다. 만약 대기업에서 혁신을 하려고 한다면, 이러한 파일로트는 기존의 자산과 인프라를 사용해야 하는 혁신 요소들을 입증하고 알리는데, 그리고 분리하거나 새로 만들어야 할 때 필요한 혁신 요소가 무엇인지 파악하는 데 도움을 줄 것이다. 예를 들어, 기존의 판매 인력이 혁신을 확실히 추진할 수 있는가?

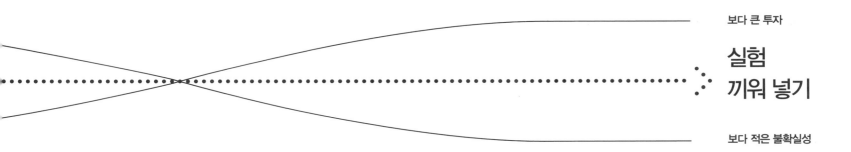

보다 큰 투자

실험
끼워 넣기

보다 적은 불확실성

후기 단계 파일로트

초기 단계 파일로트가 성공하고 아이디어에 대해 더 큰 확신이 생긴다면, 파일로트의 범위와 규모를 확장할 수 있다. 이때는 혁신 실행가능성에 집중해야 한다. 고객에게 혁신을 전달하기 위해 필요한 사항을 철저히 테스트하고 개선하라. 확장가능하고 자동화된 비즈니스 시스템 요소를 만들기 위해 투자하라. 예를 들어, 보다 더 견고한 서비스 인프라를 구축하고, 판매원을 추가하고, 부실한 데이터 구조를 기업 차원의 시스템으로 전환하는 것 등이 있다. 파일로트의 범위와 규모를 확장하고 더 많은 고객을 끌어들이고 추가적인 시장을 더함으로써 압력시험Pressure-test를 운영한다. 만약 대기업에서 혁신을 하려고 한다면 지금이 바로 기존의 시스템과 인프라를 활용할 혁신 요소를 연결하거나 변환해야 할 때이다.

출시

어느 순간부터 후기 단계 파일로트와 소프트 론치soft launch 사이의 경계가 모호해졌다. 만약 대기업에서 혁신을 하려고 한다면 지금이 바로 조직과 리더십으로부터 헌신을 약속을 받아야 할 때다. 혁신이 본 궤도에 올라 시장에서 성공할 것을 확신하라. 그리고 혁신이 사람, 자본, 리더십에 관한 지속적인 자원을 받을 자격이 있음을 인지하라. 만약 당신이 기업가이며 지금까지의 파일로트 과정이 성공적으로 진행되어 왔다면 그것은 축하할 일이다. 이전까지 해왔던 대로 계속 진행하면 된다. 하지만 명심할 것은 어떠한 가치제안도 영원하지는 않다는 것이다. 계속해서 혁신을 재정립하고 확장해야 한다. 이 시점에서 해야 할 일은 혁신으로부터 어떻게 배울 것인지, 그리고 고객과 파트너를 혁신에 어떻게 적응시킬지 생각하는 것이다. 오늘날 혁신은 응용 소셜미디어디지털 콘텐츠와 A/B 테스팅 등이 포함와 밀접한 관련이 있다. 그러므로 모든 세부사항을 지속적으로 개선해야 한다.

혁신을 위한 도구:
혁신을 위한 재무모델
FINANCIAL MODELS FOR INNOVATION

혁신 팀 내의 금융전문가는 혁신 컨셉의 사업타당성을 계산하여 적절한 사업 시기를 알아낸다 그리고 가능한 한 이 과정을 일찍 시작하기를 권한다. [7] 노트북을 열어서 스프레드 시트를 시작하고 견적 모델을 불러오면 본격적으로 회의를 진행하기 위한 준비를 마친 셈이다. 이때 MBA 학생 및 금융전문가는 "드디어 숫자를 쓸 때가 되었군. 사용법을 이미 알고 있지"라고 생각하며 미소를 지을 것이다.

이 작업에 있어서 금융전문가는 아주 중요하다. 하지만 비즈니스 개발과 관련된 그들의 사전 경험 혹은 억눌린 에너지가 일을 그릇된 방향으로 이끌지도 모른다. 금융전문가는 추가 작업, 부분 분석side-analyses, 정교한 마무리를 수행하면서, 마치 잡초같이 자라는 재무모델을 만든다. 또한 간접비 항목과 감가상각에 대해 고민한다. 5년 예상 데이터를 보면서 고민하여, 가정들을 바꿔가며 자료를 수정하고, 다시 7년 후를 예측하고 가정을 정리하고 숫자를 다듬어서 재무모델을 만들어 간다.

이 상세한 작업은 모두 필요하며 어떤 순간이 오면 반드시 사용될 것이다. 그러나 재무적인 상황을 고려하지 않고 너무 일찍 과도하게 투자하는 것은 아주 큰 실수이다. 프로토타이핑의 원칙을 기억하라. 불확실성을 해결하기 위해 프로토타입을 사용해야 하며 품질 개선을 위해 문자 그대로 반복적으로 투자해야 한다. 똑같은 원칙이 재무모델에도 적용되어야 한다. 따라서

혁신 컨셉의 사업타당성을 먼저 알고자 한다면 간단하고도 매우 중요한 질문을 던져보라. "혁신 컨셉으로 수익을 창출하기 위해서는 어떤 일을 해야 하는가?" [8] 만약 수익이 비용보다 낮다고 예상한다면 신규 기업을 위한 자본의 가중평균 비용을 정확하게 구하는 일은 전혀 쓸모 없는 일이다.

혁신 컨셉의 사업타당성을 알아보려고 할 때 명심해야 할 원칙이 있다.

재무 관점에서 필요한 요건을 역 설계하라.

전형적인 재무분석은 가정, 추정, 그리고 예상을 기준으로 이루어진다. 그럼에도 미래를 예측하는 것은 어려운 일이다. 게다가 아직 존재하지 않는 제품이나 서비스의 미래를 예측한다는 것은 더욱 힘들다. 그렇다면 분석을 완전히 뒤집어서 생각해보라. 3년차에 신규사업으로 얼마나 많은 수익을 창출할 것인지를 예측하기보다는 비즈니스가 지속되기 위해서는 3년차에 얼마의 수익을 반드시 창출해야 하는지를 자문하라. 이러한 접근은 불필요한 예측을 줄일 것이다. 또한 이후의 업무에 적용될 핵심 관련성key sensitivities 가설에 대해 알려줄 것이다.

표준 재무모델을 버리고 기본에 충실하라.

표준 프로젝트 투자 계약서와 양식은 지나치게 상세하다. 컨셉 시각화가 반

[7] 일반적으로는 혁신 계획이 대강 정해졌다면 바로 시작한다. 진출하고자하는 시장과사용자, 해결하고자 하는 문제가 정해졌다면 자금흐름에 대해서도 조사할 수 있다. 자금 흐름에는 기존 제품의 수익, 발생된 총 경제적 가치, 발생비용, 인접시장이포함되어있다. 잠재적수익을 가늠하는 것은 혁신을 참신한 방법으로 이끌기 때문에 일찍부터 생각하는 것이 좋다.

[8] 만약 비영리기관에서 일하고 있다면 "혁신을 지속하려면 어떤 일을 충실히 수행해야 하는가?"라고 자문하라.

9 디지털, 네트워크 경제에 의존하
는 구글이나 페이스북 같은 기업
도 해당된다. 네트워크 경제에서
는 1인당 변동비가 0에 근접하는
반면, 호스팅은 무료가 아니며 개
발 비용은 반드시 분할상환되어
야 한다. 마찬가지로 광고 수익,
소규모 거래, 그리고 보조 데이터
스트림도 사용자수에 따라 다르
다. 사용자를 많이 끌어들일수록
유리하다.

복을 통해 발전하는 것처럼 재무모델링도 그렇게 되어야 한다. 가장 먼저
기초적인 재무 스케치를 그리는 데 집중하라. 엑셀 대신 종이나 화이트보드
를 이용하라. 이 작업은 시간이 지날수록 상세해질 것이다.

단위경제부터 이해하라.

단위경제는 어느 비즈니스에서든 핵심적이다.[9] 단위경제는 제품 생산 비용,
이를 통한 수익, 비용과 수익으로 인한 물량 변화로 구성되어 있다. 초기 모
델링 작업의 규모에 집중하라. 단위경제가 수익성이 없다면 다른 것은 아무
의미도 없다. 단위가 커짐에 따라 단위경제가 어떻게 변화하는지 이해하라.
이는 성장 궤도의 핵심 변곡점을 찾는 데 도움이 될 것이다. 예를 들면, 손익분기
점을 넘기 위해서는 몇 단위를 팔아야 하는가?

모델은 수익원을 증가시킨다.

제품이나 비즈니스가 이익을 창출하는 모든 방법을 고려하라. 수익모델의
다양성뿐 아니라 수익원의 다양성도 생각해야 한다. 예를 들어 미국의 어떤
건강 관리 혁신 프로젝트에서는 환자, 의사, 민간 보험업자, 연방기관인 메
디케어메디케이드 센터the Center for Medicare and Medicaid Services, 다른 공
급자 모두를 어떻게 해서든 지불고객으로 만들기 위해 고민한다. 현대의 비

즈니스 모델은 다양한 수익원에 의존할 수밖에 없다. 고객에게 제품을 팔아
서 수익을 얻는 방법뿐 아니라 공급자에게 제공할 상호보완적인 서비스 등
을 추가함으로써 공급자의 마음을 사로잡을 방법도 고려해야 한다. 이 작업
은 초기 수익모델이 어떤 부분에서 미흡하게 작용할 경우, 미래 성장을 위
한 로드맵을 만드는 경우에 추가적인 옵션을 제공한다.

현금(CONVERSION)은 매우 중요하다.

대차대조표에서 유의해야 할 부분이 있다. 바로 운전자본이다. 운전자본이
란 당장 필요한 액수만큼 얼마나 빨리 현금으로 전환할 수 있는지를 나타낸
다. '현금 전환 주기'인 셈이다. 투자자들은 경영의 효율성을 판단하기 위해
운전자본을 활용하지만 새로운 비즈니스가 얼마나 빨리 규모를 늘릴 수 있
는지, 그러기 위해서는 얼마만큼의 자본이 필요한지 알아보기 위해서도 운
전자본을 사용할 수 있다. 주기가 짧을수록 사업에 필요한 자본이 적을 것
이다. 이는 특히 중공업같이 자산이 중요한 산업이나 의료기기 같이 재고가 중요한
산업에서 유념해야 할 사항이다. 현금 전환 주기가 짧다는 것은 매우 큰 장
점이 될 수 있다. 1995년 아마존은 온라인 사이트를 오픈한 이후 현금 전
환 주기를 효율적으로 관리했고 그 결과 다른 소매업체보다 저렴한 가격으
로 책을 판매할 수 있었다.

혁신을 하려고 할 때 기대하는 것

WHAT TO EXPECT WHEN YOU'RE EXPECTING INNOVATION

시장과 일상에서 혁신의 컨셉을 구현하려고 할 때 불확실성이 생긴다. 이 불확실성으로 인해 불안감을 느끼는 것은 당연한 일이다. 혁신을 향한 여정의 여러 순간마다 조직원 모두는 믿음의 도약이 필요할 것이다. 그리고 성공이 보장되어 있지 않은 무언가에 더욱 더 많은 돈을 투자할 것이다.

이런 여정을 '의문의 계곡'이라고 부른다. 의문의 계곡을 따라가다 보면 조직원들의 예측가능한 정서적인 반응을 조우할 가능성이 매우 높다. 예를 들면, 의문의 계곡 아래로 내려가 비생산적인 의문을 던지면서 새 프로젝트를 낮게 평가하는 것이다. 언제든지 이런 상황을 염두하고 다음의 대응을 통해 계곡 너무 깊숙한 아래로 내려가지 않도록 막아야 한다.

의문의 계곡을 건너는 방법

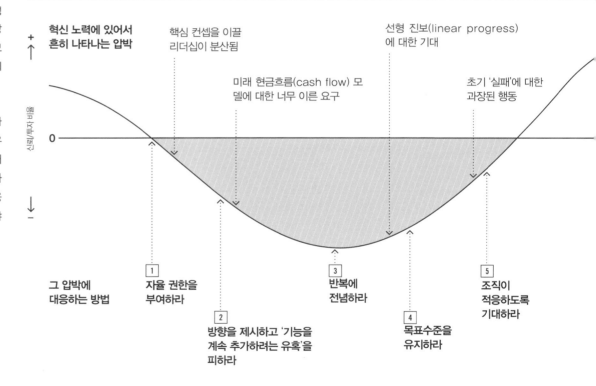

혁신 노력에 있어서 흔히 나타나는 압박

핵심 컨셉을 이끌 리더십이 분산됨

선형 진보(linear progress)에 대한 기대

미래 현금흐름(cash flow) 모델에 대한 너무 이른 요구

초기 '실패'에 대한 과장된 행동

그 압박에 대응하는 방법

1 자율 권한을 부여하라

2 방향을 제시하고 '기능을 계속 추가하려는 유혹'을 피하라

3 반복에 전념하라

4 목표수준을 유지하라

5 조직이 적응하도록 기대하라

시간 →

이 그래프를 포함하여 혁신 과정을 시각화한 자료 중 100% 정확한 것은 없다. 하지만 말하고자하는 바는 동일하다. 혁신을 발전시키는 것은 본질적으로 감정이다. 리더는 확실한 견해를 가지고 있어야 한다. 건전한 혁신 팀에서는 불화와 불명확함이 지속적으로 낮은 수준을 유지하며 공유된 열정은 꾸준히 증가한다. 만약 이 두 양상이 보이지 않는다면 무언가 문제가 있는 것이다. 초기에 의견충돌이 없다는 것은 아이디어가 혁신을 일으킬 만큼 대담하지 않다는 뜻이다. 혁신의 여정 끝 무렵에 아무런 열정이 없다는 것은 결과가 실패할 것을 모두가 알고 있다는 의미이다.

1. 자율 권한을 부여하라

완전히 새로운 아이디어에 대해 작업할 때 발생하는 혼란을 방지하기 위해, 각 계획마다 책임자를 반드시 지정해야 한다. 책임자는 조직적 신뢰를 가지고 내부적으로 지원해야 하며 다양한 기능에 걸친 업무를 수행해야 한다. 또한 책임자는 고위 관리자와 대담하게 소통할 수 있어야 하며 경우에 따라서는 외부 대표자처럼 행동할 수 있어야 한다.

2. 방향을 제시하고 '기능을 계속 추가하려는 유혹'(피쳐 크리프, feature creep)을 피하라

혁신 팀이 집중할 수 있도록 장려하고 처음에 너무 많은 혹은 너무 적은 특색을 추가하지 않도록 하라. 시스템 요소에 대한 상세한 분석을 하려면 몇 주는 걸릴 것이다. 새로운 특징을 추가하기 전에 기존의 특징을 충분히 평가하고 개선하라. 최소한의 실행가능한 버전으로 아이디어를 출시해보고 이를 발판 삼아 세련되게 개선하는 것이 좋다.

3. 반복에 전념하라

컨셉을 먼저 '증명'하려고 하는 덫에 빠지지 말아야 한다. 파일로트 결과를 종합하고 테스트를 반복적으로 실행한다면 컨셉은 자연스레 개선될 것이다. 이 방법은 전통적인 분석 기술보다 더 빠르고 더 효율적일 것이다.

4. 목표 수준을 유지하라

일이 명확하게 진행되지 않을 때 낙심하게 되는 것은 당연하다. 새로운 소비자를 위해 새로운 제품과 가치를 창조하는 일은 조직을 필연적으로 전체적, 개별적으로 확장할 것이다. 초기의 '실패'를 중요하고 의미 있는 교훈으로 바꿔 생각함으로써 실패하더라도 평상심을 유지할 방법을 숙지하라. 적절한 목표 수준을 유지하고 친숙함의 유혹에 저항하라.

5. 조직이 적응하도록 기대하라

현재 조직 구조는 새로운 컨셉에 적절하지 않을지도 모른다. 새로운 공식적인 조직을 즉시 만들어낼 필요는 없지만, 조직 구조를 정비할 준비는 해야 한다. 경영과 시스템을 유연하게 운영하라. 정기적으로 변화해가면서 융통성을 발휘해야 한다.

IN CLOSING

큰 변화와 빠른 움직임 BIG SHIFTS AND FAST MOVES

이 책의 전반에 걸쳐 혁신의 세부사항을 수행하도록 강조했다. **구전 지식을 뿌리 뽑고 논리로 대체하라. 근거 없는 믿음을 배제하고 방법을 도입하라. 혁신의 10가지 유형에 대해 파악하고 그중 많은 유형을 활용하라. 관행을 찾아 없애버려라. 사람들이 변명하기를 기다리고 어떻게든 그들이 혁신하도록 하라. 리더로 하여금 위에서부터의 혁신을 지지하도록 만들어라. 잠재력 있는 사람들이 아래로부터의 혁신을 구축하도록 하라. 세부사항을 올바르게 하라.** 근본적으로 이 책은 혁신을 실현할 수 있도록 실질적이고 현실적인 방법을 제시한다.

1 이것은 비유이다. 일반적인 사람들처럼 우리도 실제 해적을 좋아하지 않는다. 문자 그대로 읽지 마라. 무언가를 개발할 때, 파일럿을 계획하거나 혹은 대담한 혁신을 위해 노력할 때, 남과 다르게 생각하고 행동하는 데 필요한 아이디어를 얻길 바란다.

2 어쨌든 좋은 아이디어이다. 미량 영양소 음식은 생명을 살리고 건강을 증진한다. 실제로 게이츠재단(Gates Foundation)은 UN 세계식량계획(WFP, World Food Programme)과 몇몇의 식품 대기업과 함께 미량 영양소를 개발하고 있다. 전해지는 바에 따르면 지금까지 약 1억 달러가 투자되었다고 한다.

필자는 책에서 다룬 세부 내용에 대해 자랑스럽게 생각한다. 이 책에 기술한 지식은 수십 년 동안 고객과 함께한 작업을 통해 얻은 것이다. 지식은 고통스러운 실패, 투쟁에서의 단련, 촉박한 기한 등 어려운 상황을 거쳐 견고해졌고, 다양한 연령대의 사용자에게 테스트함으로써 탄생했다. 대부분의 사람들이 실패할 수밖에 없는 혁신을 한다. 사실상 한 권의 책으로는 효과적인 혁신 방법의 기본조차 깨닫기 어렵다.

그렇지만 중요한 점은 모든 지식을 훌륭히 수행하고서도 목표 달성에 실패할 수 있다는 것이다. 진정한 혁신은 과학과 예술을 혼합한다. 이 책을 지금까지 제대로 읽었다면 혁신이 그저 추상적인 이론이 아니라 새로운 과학의 한 분야임을 인지했을 것이다. 하지만 책 본문에서 혁신이 예술의 한 부분이라고 말하지 않은 것은 그 파트를 생략한 실수라는 것을 알아두었으면 한다.

결국 궁극적으로 말하고자 하는 바는, 마음가짐과 관련이 있다. 이 책을 통해 얻은 지식은 무엇을 해야 하는지 알려준다. 마음가짐은 어떻게 생각해야 하는지에 관한 것이다.

해적처럼 생각하라

해적처럼 생각하는 것이 모든 혁신 계획에 도움이 될 수 있다. 흔들림 없이, 무에서 유를 창조하며, 헌신적으로, 그리고 인습에 얽매이지 않게 혁신하라. 아마 우리보다 더 강한 경쟁자를 물리치기를 기대하고 있을 것이다. 만약 정해진 규칙이 있다면 그 규칙에 얽매이지 마라. 오히려 틀에 박힌 규칙에서 벗어남으로써 즐거움을 얻어야 한다. 이것이야말로 모든 혁신가가 지녀야 할 자질이다.

해적선을 만드는 것처럼 혁신 계획을 세워라. 남들이 알아차리지 못하고, 조종하기 쉽고, 번개처럼 빠른 무서운 해적선을 만들어라. 배를 출항할 때는 늦은 밤, 경쟁자가 지키고 있는 항구로 곧장 가라. 동이 트기 전까지 가장 효과적으로 적의 진영을 파괴할 수 있는 순간을 계획하고 맹렬한 전쟁을 벌여라. 필요한 전술이나 스킬은 무엇이든 사용하고, 타협하지 마라.[1]

우리가 무엇을 하든지 상관없이 이러한 마음가짐은 기본이다. 국제 기아 문제를 예로 들어보자. 모험적이며 치밀한 계획을 통해 기아 문제를 해결하려 하거나, 세상에서 가장 정교한 미량 영양소 강화 음식을 개발하거나, 혹은 방글라데시나 사하라 이남 아프리카의 농부가 이 음식을 재배하도록 할 수도 있다.[2] 해적처럼 생각할 때, 그 어떤 목표도 능숙하게 성취할 수 있을 것이다.

칸아카데미Khan Academy는 교육계의 변화를 일으킬 사명을 띠고 있다. 살만 칸Salman Khan의 접근법을 살펴보자. 칸은 비영리단체를 설립하여 누구나 무료로 온라인 강의를 들을 수 있게 한다. 첫 동영상이 유튜브에 업로드되고 나서 6년이 지난 후, 200만 명이 넘는 수강생이 매일 강의를 수강하고 있다. 현재 칸아카데미는 기존의 학교와 동영상 강의를 어떤 방법으로 활용하는 것이 최선일지 고민하고 있다. 그렇다고 해서 칸이 기존 커리큘럼을 동영상 강의와 통합하려는 것은 아니다. 요령 있는 학교는 동영상 강의를 전혀 다른 교육 유형을 개발하는 데 사용한다. 칸의 노력은 세상에 큰 영향을 끼치고 있다. 비디오는 인도, 에티오피아, 그리고 라틴 아메리카에 배포되고 있다. 그는 현대의 세계적인 해적이다.

딘 오니쉬 박사Dr. Dean Ornish는 한 가지 주제에 대해 30년 이상 연구에 매진하고 있다. "더 오래, 더 건강한 삶을 즐기려면 무엇이 필요한가?" 그는 예방 의학연구소Preventive Medicine Research Institute를 설립하고 라이프 스타일에 따른 영향과 임상적 증거를 개발해왔다. 만약 이 연구를 통해 실제 복용할 수 있는 약이 개발된다면, 그 약은 수십 억 달러의 가치가 있을 것이다. 그렇지만 약을 개발하는 대신에, 딘 오니쉬 박사는 시스템을 개발하는 데에 도움이 될 만한 몇 가지 원칙을 만들었다. 이 시스템은 세상에서 가장 비싼 4가지 건강 관리 조건을 바꾸는 시스템이다. 이 해적 의사의 완강한 마음가짐은 의료보험제도Medicare가 적용되는 최초의 라이프 스타일 프로그램의 개발로 이어졌다. 그 결과 다른 의사들도 이 프로그램을 사용할 수 있었다.

폴 파머Paul Farmer는 파트너스 인 헬스Partners in Health의 설립자이다. 파머는 가능한 모든 수단을 이용하여 사람들이 병을 회복하도록 돕고자 하는 단순한 목표가 있었다. 파트너스 인 헬스의 사명은 "무엇이 필요하든, 나 자신 혹은 가족이 병에 걸렸을 때처럼 돌보자"이다. 파트너스 인 헬스는 현지의 기본적인 건강수칙을 문화적으로 조정함으로써 레소토, 말라위, 아이티와 같은 국가에서 일할 수 있었다. 파머는 결국 12개 국가의 헬스 센터와 병원에서 11,000명 이상의 직원을 고용했다. 그의 열정적이며 단호한 해적 행위가 놀라운 결과를 낳은 것이다.[3]

3 트레이시 키더(Tracy Kidder)의 저서『Mountains Beyond Mountains』는 파머가 겪어온 여정의 초창기 시절의 이야기를 담고 있다. 최근에 파머와 파트너스 인 헬스는 미르발레스병원(Mirebalais Hospital)을 세웠다. 이 병원은 아이티에 세워진 의과대학 부속병원이다. 그리고 2010년에 아이티 지진이 발생한 이래로 가장 큰 재건 프로젝트를 진행하고 있다.

1993년, 밀위키의 농부인 윌 알렌Will Allen은 도시에서 실직한 청소년들에게 일자리를 제공하고자 지역 단체와 협업했다. 청소년들을 유기농 농사를 짓는 농부로 키우는 것이 목적이었다. 그때부터 그로잉파워Growing Power는 올트겔드 가드너Altgeld Gardners 같은 도시 농장을 세우기 위해 시카고로 확장되었다. 당시 올트겔드 가드너는 현지인 150명과 40명의 젊은이를 고용하고 있었다. 모든 그로잉파워는 젊은이에게 질 좋은 수확물과 더 나은 삶을 가져다주는 지속가능한 미래의 중요성을 강조했다. 이 아이디어는 매우 강력하고 확장이 가능하기 때문에 전세계의 모든 도시에서 이 아이디어를 따라 하려고 한다. 하지만 무엇보다도 이 일이 가능하게 만든 것은 알렌의 용감한 정신이었다.

지식(tradecraft)은 혁신을 올바르게 하도록 돕는다. 대담한 사고방식은 올바른 혁신을 하도록 돕는다.

용기 없이 행하기에는 혁신은 너무나도 중요하다. 지금까지 살펴보았던 방식에 따라 제대로 혁신한다면 굉장한 효과를 볼 것이다. 외부의 방해나 압력을 받기 전에 다수의 유능한 팀들과 문제를 해결할 수 있다. 경쟁에서 살아남고 고객을 만족시키며 관련된 모든 분야를 재창조할 것이다. 이 책을 통해 비즈니스에 필요한 지식을 파악하고 큰 도움을 얻길 바란다. 하지만 결국에는 스스로 행동해야 한다. 스스로를 해적으로 생각하고 가장 멋진 배를 만들기를 바란다. 그리고 출항하라.

이 여정을 통해 혁신이란 좋아하는 일 중에서 가장 어려운 일이라는 것을 발견하게 될지도 모른다.

PART SEVEN

부록 APPENDIX

이 원리들을 실천하라

PUTTING THESE PRINCIPLES INTO PRACTICE

혁신 혁명을 만들어내기 위해 이 책을 넘어서라

감사의 말 ACKNOWLEDGMENTS

도블린의 동료들은 30년 동안 혁신의 한계를 찾아내는 데 사로잡혀 있었다. 우리 10명은 시카고 디자인 교육기관Chicago's Institute of Design, 선두적인 글로벌 디자인 대학원의 외래교수다. 이곳에서 우리는 재능 있는 젊은 동료를 선발하고 교육하는 데 도움을 받았다. 몇 년 동안 400명 이상의 사람들이 도블린에서 일을 했고 그들 중 많은 동료들은 혁신의 유효성에 중요한 기여를 했다. 그들을 통해 많은 도움을 얻었고 그들의 업적에 대해 고마움을 표한다.

특히 이들 중 몇 명은 기존의 '혁신의 10가지 유형'이 발전하는 데 중요한 역할을 했다. 디자인 분야에서 세계 최고라 할 수 있는 방법론 학자, 비제이 쿠마르Vijay Kumar는 이 연구에 탄탄한 방법론을 사용했다.[1] 도움을 준 훌륭하고 재능 있는 다른 사람들로는 제프 바Jeff Barr, 이완 던컨Ewan Duncan, 존 피피노John Pipino, 토모코 이치카와Tomoko Ichikawa와 피터 라운디Peter Laundy가 있다. 토모코 이치카와와 피터 라운디는 아이디어를 흥미롭고, 이해하기 쉽도록 구성해 주는 디자인 작업을 했다.

우리는 혁신의 10가지 유형에 대한 분석론에 다방면으로 투자했다. 특히, 마릴린 블다Marilyn Brda, 트레이시 레몬Tracey Lemon과 매튜 로빈슨Matthew Robison을 포함한 뛰어난 도서관 과학자들은library scientists 탐색 알고리즘 발전에 도움을 줬다.

이 탐색 알고리즘을 이용해서 파트4의 혁신 지형도처럼 10가지 유형을 사용했다. 벤 제이콥슨Ben Jacobson, 킴 어윈Kim Erwin, 케이티 맥글랜Katie McGlenn, 톰 멀헨Tom Mulhern과 토드 맥컬러프Todd McCullough는 혁신의 10가지 유형을 고객 프로그램에 적용할 수 있도록 도왔다.

또한, 이 작업의 일환으로 이 책에서는 없지만 중요한 알고리즘을 발전시켰다. 헨리 킹Henry King과 매트 록신Matt Locsin에 의해 진행된 이 작업은 혁신 강도지수I3, Innovation Intensity Index를 만들었다. 혁신 강도지수는 산업과 재무분석가에게 굉장히 중요해질 것이라고 예상된다.

도블린이 모니터의 자회사였고 최근에는 딜로이트의 자회사가 되었기 때문에, 이 작업을 위한 21세기 분석론에 의미 있는 투자가 있었다. 모니터의 혁신 부서장인 반시 나기Bansi Nagji는 혁신의 10가지 유형 프레임의 가치를 보았고 더 깊은 분석과 개발을 북돋았다. 라이언 피켈Ryan Pikkel, 브라이언 퀸Brian Quinn, 그리고 헬렌 월터스Helen Walters는 2011년의 프레임워크를

1 『101 Design Methods』는 디자인 방법론에 대한 빈틈없고 정교한 편집본이다.

개선하여 전문화하고, 재디자인하기 위해 내부적인 디자인 경쟁을 이끌었다. 가장 최신 버전에 기여한 사람들은 스티븐 바비치Steven Babitch, 클린트 바스Clint Barth, 오드리 클라크Audrey Clarke, 콜린 드라일리Colin Drylie, 제시 가또Jessie Gatto, 일링 리YiLeng Lee, 톰 나심Tom Nassim, 사만다 루이즈Samantha Ruiz, 루스 슈미트Ruth Schmidt, 힐러리 슈스터Hillary Schuster와 에일 와인버그Eli Weinberg이다.

레저드 케이디Jarrod Cady, 아멜리아 던롭Amelia Dunlop, 안젤로 프리고Angelo Frigo, 대럴 헤이즈Darrel Hayes, 더스틴 크레스Dustin Kress와 에일 로빈슨Eli Robinson을 포함한 소수의 사람들은 무엇이 혁신을 성공적으로 이끄는지, 특히 조직 내부에서 혁신이 어떻게 작용하는지에 대한 분석을 했다.

제니 콜린스Jenny Collins, 조나단 코플스키Jonathan Copulsky, 쟌느 가또Jeanne Gatto, 제시 골드해머Jesse Goldhammer, 케이티 조이스Katie Joyce, 에이먼 켈리Eamonn Kelly, 에릭 키에르Erik Kiaer, 사라 킹Sarah King, 존 리치John Leach, 매트 로페즈Matt Lopez, 멜리사 퀸Melissa Quinn, 아마르 싱Amar Singh, 하프릿 싱Harpreet Singh, 제프 터프Geoff Tuff, 제프 툴Jeff Tull, 에릭 반 클림인Erik van Crimmin과 제프 워드햄Jeff Wordham을 포함한 다른 동료들 또한, 『비즈니스 모델의 혁신』의 탄생에 열정적인 노력을 보여주었다. 이미지와 이야기를 재현해 낼 수 있게 허락해준 모든 회사의 많은 관계자들에게도 고마움을 표한다. 이 책을 계획하고 출판하는 데 도움을 준 월리Wiley의 리차드 내레모아Richard Narramore와 그의 팀, 그리고 이 책을 미적으로 세련되고 이해하기 쉽게 만들어준 펜타그램Pentagram의 나타샤 젠Natasha Jen, 제프리 월드먼Jeffrey Waldman, 김진광Jin Kwang Kim과 재능 있는 디자

인 팀에게도 고마움을 표한다.

뛰어나고 헌신적인 동료들 덕분에 혁신의 비밀은 밝혀지고 강력한 과학으로 다시 태어났다. 선생님과 학생처럼 우리는 이상한 질문들을 던지고, 그 질문에 대해 사실, 방법론, 그리고 연구를 통해 답을 찾아낸다. 그러나 도블린을 특별한 실험실로 만드는 만드는 가장 큰 부분은 고객들이다.

우리가 학구적이기만 한 지식인academic eggheads이 되는 것을 막아주는 것은 바로 고객이다.

능력이 뛰어난 사람들뿐만 아니라 이 분야에는 확실한 패턴이 하나 더 있다. 이 책은 혁신이 깊은 학문이라는 것을 보여주는 하나의 신호다. 이 책이 유용하다고 생각한다면 우리와 함께하라. 우리는 혁신의 엄청난 변화의 시초에 있다. 효과적인 혁신이 발생하고 있는 많은 분야는 변화의 속도를 높이고 있다. 전세계에는 현실적인 문제가 있으며 이해관계는 복잡하고 시간은 부족하다. 따라서 추상적이고 학문적인 해결책은 유용하지 않다. 그렇게 때문에 …

혁신해야 한다.

참고문헌 INNOVATION BIBLIOGRAPHY

혁신에 관한 많은 책들이 해마다 출판된다. (아니면 그렇게 느껴지기만 하는 것인가?)
그중 몇몇 책은 읽을 가치가 있다. 여기에 수년간 우리가 좋아한 책들을 적어놓았다.

혁신 고전: 유용한 기초들

토마스 쿤 지음, 김명자, 홍성욱 옮김, 「과학혁명의 구조」,
(까치, 2013)

에버렛 M.로저스 지음, 김영석 옮김, 「개혁의 확산」(커뮤니
케이션북스, 2005)

Peter F. Drucker, Innovation and
Entrepreneurship(Harper&Row, 1985), http://
tentyp.es/Rgnfjx

클레이튼 크리스텐슨 지음, 이진원 옮김, 「혁신기업의 딜레
마」(세종서적, 2009)

Harvard Business Review on Innovation
(Harvard Business School Publishing, 2001),
http://tentyp.es/VBiYL6

클레이튼 M. 크리스텐슨, 마이클 E. 레이너, 딜로이트 컨
설팅 코리아 옮김, 「성장과 혁신」(세종서적, 2005)

헨리 체스브로 지음, 김기협 옮김, 「오픈 이노베이션」(은행
나무, 2009)

로저 마틴 지음, 김정혜 옮김, 「생각이 차이를 만든다」(지식
노마드, 2008)

Roger L. Martin, The Design of Business,
(Harvard Business School Press, 2009), http://
tentyp.es/RgnoTW

스티브 존슨 지음, 서영조 옮김, 「탁월한 아이디어는 어디
서 오는가」, (한국경제신문사, 2012)

혁신 전략: 구성, 양식, 그리고 선택

제임스 M. 어터백 지음, 김인수 옮김, 「기술변화와 혁신전
략」(경문사, 2007)

Andrew Hargadon, How Breakthroughs Happen
(Harvard Business School Press, 2003), http://
tentyp.es/SAss8E

잠쉬드 가라제다지 지음, 이진원 옮김, 「경영은 시스템이
다」(한스미디어, 2005)

마이클 모부신 지음, 김정주 옮김, 「왜 똑똑한 사람이 어리
석은 결정을 내릴까」(청림출판, 2010)

John Mullins, Randy Komisar, Getting to Plan B,
(Harvard Business Review Press, 2009), http://
tentyp.es/OG7K7Y

매트 리들리 지음, 조현욱 옮김, 「이성적 낙관주의자」(김영사, 2010)

비제이 로빈다라잔, 크리스 트림블 지음, 권영설, 신승미 옮김, 「퍼펙트 이노베이션」(케이디북스, 2011)

혁신 발견: 사회과학과 전산과학

Joshua M. Epstein, Robert L. Axtell, Growing Artificial Societies(The MIT Press, 1996), http://tentyp.es/REvLL8

Joshua M. Epstein, Generative Social Science(Princeton University Press, 2006), http://tentyp.es/QUMkTK

댄 애리얼리 지음, 장석훈 옮김, 「상식 밖의 경제학」(청림출판, 2008)

리처드 탈러, 캐스 선스타인 지음, 안진환 옮김, 「넛지: 똑똑한 선택을 이끄는 힘」(리더스북, 2009)

A.L. 바라바시 지음, 강병남, 김명남 옮김, 「버스트」(동아시아, 2010)

Michael Nielsen, Reinventing Discovery (Princeton University Press, 2011), http://tentyp.es/SLI1aW

마케팅의 혁신: 브랜드 구축과 시장

칩 히스, 댄 히스 지음, 안진환, 박슬라 옮김, 「스틱」(엘도라도, 2009)

케빈 매이니 지음, 김명철, 구본혁 옮김, 「트레이드 오프」(랜덤하우스코리아, 2010)

문영미 지음, 박세연 옮김, 「디퍼런트」(살림Biz, 2011)

혁신 네트워크: 플랫폼, 모델링, 그리고 연결성 효과

제임스 서로위키 지음, 홍대운, 이창근 옮김, 「대중의 지혜」(랜덤하우스코리아, 2005)

Henry Chesbrough, Wim Vanhaverbeke, Joel West, Open Innovation: Researching a new paradigm(Oxford University Press, 2006), http://tentyp.es/RgDzR2

제프 하우 지음, 박슬라 옮김, 「크라우드소싱」(리더스북, 2012)

렌 피셔 지음, 김명철 옮김, 「보이지 않는 지능」(위즈덤하우스, 2012)

클레이 셔키 지음, 송연석 옮김, 「끌리고 쏠리고 들끓다」(갤리온, 2008)

케빈 켈리 지음, 이한음 옮김, 「기술의 충격」(민음사, 2011)

클레이 셔키 지음, 이충호 옮김, 「많아지면 달라진다」(갤리온, 2011)

데이비드 와인버거 지음, 이진원 옮김, 「지식의 미래」(리더스북, 2014)

로런스 레식 지음, 이원기 옮김, 「아이디어의 미래」(민음사, 2012)

칼 프랭클린 지음, 고원용 옮김, 「세상을 바꾼 혁신 VS. 실패한 혁신」

(시그마북스, 2008)

C.K 프라할라드 지음, 유호현 옮김, 「저소득층 시장을 공략하라」(럭스미디어, 2006)

헬리 체스브로 지음, 서진영, 김병조 옮김, 「오픈 비즈니스 모델」(플래닛, 2009)

로렌스 레식 지음, 김정오 옮김, 「코드 2.0」(나남, 2009)

David Silverstein, Philip Samuel, Neil DeCario, The Innovator's Toolkit(Wiley, 2008), http://tentyp.es/Wr7OTH

아툴 가완디 지음, 박산호 옮김, 「체크 체크리스트: 완벽한 사람은 마지막 2분이 다르다」(21세기북스, 2010)

알렉산더 오스터왈더, 예스 피그누어 지음, 유효상 옮김, 「비즈니스 모델의 탄생: 상상과 혁신 가능성이 폭발하는 신개념 비즈니스 발상법」(타임비즈, 2011)

피터 심슨 지음, 안진환 옮김, 「리틀 벳: 세상을 바꾼 1천 번의 작은 실험」(에코의서재, 2011)

Vijay Kumar, 101 Design Methods(Wiley, 2012), http://tentyp.es/TndblH

자선 활동에서의 혁신: 사회 부문

Jim Collins, Good to Great and the Social Sectors (HarperCollins, 2005), http://tentyp.es/SGiXjO

폴 폴락 지음, 박슬기 옮김, 「적정기술 그리고 하루 1달러 생활에서 벗어나는 법」(새잎, 2012)

Katherine Fulton, Gabriel Kasper, and Barbara Kibbe, What's Next for Philanthropy(Monitor Group, 2010), http://tentyp,es/SGjxOq

아비지트 배너지, 에스테르 뒤플로 지음, 이순희 옮김, 「가난한 사람이 더 합리적이다」(생각연구소, 2012)

살만 칸 지음, 김희경, 김현경 옮김, 「나는 공짜로 공부한다」(알에이치코리아, 2013)

주석과 연구자료 NOTES AND RESEARCH DATA

이 책의 이야기들은 회사, 가끔은 대중매체와 보도자료, 그리고 국내 및 국제 대중매체의 현대 기사들을 통해서 직접적으로 얻어졌다. 이 주석들을 챕터 별로 정리해 놓았다. 이것은 이 책을 연구하는 동안 참고한 많은 출처들의 완전한지루한, exhaustive 목록이 아니다. 그보다는, 여러분에게 부가적인 흥미로운 자원과 참고문헌을 제공하기 위한 것이다. 여기에 접속이 가능한 링크들애석하게도 이 링크들 중에 많은 것들은 시간이 지나면서 사라질 테지만을 같이 적어놓았다. 우리의 바람은 당신의 책이 어디에서부터 시작했는지에 대한 강력한 출발점을 당신에게 제시하는 것이다. 이를 통해 독자들이 앞으로 나아가고, 자신만의 혁신 혁명을 창조할 수 있도록 말이다.

PREFACE

2012년 8월에 미국인의 10%가 의회에서 진행되고 있는 것에 동의하였다. 83%는 적극적으로 반대하였다: http://tentyp.es/WEj5rv.

미국당뇨병학회는 당신이 궁금해하는 질병에 대한 모든 통계량과 수치를 갖고 있다: http://tentyp.es/SenGgB.

에스터 두플로(Esther Duflo)는 J-PAL Global(Abdul Latif Jameel Poverty Action Lab)의 책임자이다. 그녀의 업적에 대해 더 읽어보아라: http://tentyp.es/Uzw4dC.

David Weinberger는 하버드대학의 인터넷과 사회를 위한 Berkman Center의 고위 연구자이다. 2012년에 Basic Books에 의해 Too Big to Know가 출판되었다: http://tentyp.es/T7f7R2.

우리 웹사이트에서 도블린에 관해 더 읽어보라ㅡ 무시무시

한 선견지명을 보이는 30년 전에 쓰여진 제이 도블린(Jay Doblin)의 글을 포함해서: http://tentyp.es/WElr9K.

PART ONE

CHAPTER 1: 혁신에 대해 다시 생각하라

클레이톤 크리스텐센(Clayton Christensen)은 매년 3만 개의 새로운 소비재가 출시된다고 언급하였다. 그중 95%가 실패한다. "Clay Christensen's Milkshake Marketing", Carmen Nobel, HBS Working Knowledge(Harvard Business School, February 14, 2011): http://tentyp.es/QjZd7x

잭 웰치(Jack Welch)는 Jack Welch & the G.E. Way:Management Insights and Leadership Secrets of the Legendary CEO, Robert Slater (New York; McGraw-Hill, 1998)에서 인용되었다: http://tentyp.es/Pdy2c3.

챕터 11의 사업재구성에 나와 있는 코닥에 대한 자세한 사

항들은 http://tentyp.es/SuOZn7에 있다.

빌 벅스턴(Bill Buxton)은 "향후 10년 동안 중요한 영향을 끼칠 기술은 이미 최소한 10년 전에 탄생하였다"라고 "The Long Nose of Innovation"(*BusinessWeek*, January 2, 2008)에서 기술하였다. http://tentyp.es/Syt3Tl.

주기율에 관한 드미트리 멘델레예프(Dmitri Mendeleev)를 포함한 여러 과학자들의 작업에 대한 아름다운 서술을 위해서는 Oliver Sacks의 기사 "Best Invention; Everything in Its Place" (*The New York Times*, April 18, 1999)를 보아라. http://tentyp.es/SyxbTG.

PART TWO

CHAPTER 2: 10가지 유형

10가지 프레임워크와 이것의 초기 개발 그리고 진화(또한 우리의 다른 작업과 생각들에 대한 정보들도 얻을 수 있다)에 대해서 우리 웹사이트에서 더 읽을 수 있다: http://tentyp.es/SBQrX1.

CHAPTER 3: 수익모델

"내 발명의 주목적은 날을 연마할 필요가 없는 안전한 면도기를 제공하는 것이다"라고 킹 C. 질레트(King C. Gillette)는 자신의 면도기 디자인 특허를 위한 응용에 적었다: http://tentyp.es/XgEiYE

"당신의 도구들을 제어하는 것은 당신 사업을 보이지 않는 비용으로부터 벗어나게 해준다"라고 힐티 툴 차량 관리 프로그램 온라인 광고문은 말한다: http://tentyp.es/Y3nce2.

"공연이 없는 날을 없애고, 선불을 요하고, 시간과 날짜에 따라 가격을 차별함으로써 우리는 예측가능하고 꾸준한 고객의 흐름을 만들어낼 수 있었다." 다음 웹사이트의 FAQ(Frequently Answered Question)를 읽어라: http://tentyp.es/PECnW6

"우리는 신상품 도입으로 인한 자사품의 매출감소를 두려워하지 않았다"라고 Rolv Erik Ryssdal, 쉽스테드 미디어 그룹의 CEO는 FINN.no.의 기업분리에 관한 의사결정에 대해 말했다. "Norway's Schibsted: No. 3 in Online Classifieds, "*Bloomberg BusinessWeek*, October 14, 2010. http://tentyp.es/SOWVvW.

CHAPTER 4: 네트워크

2004년 10월 4일에 1,000만 달러 안사리 X 프라이즈(Ansari X-Prize)는 스케일드 콤퍼지츠(Scaled Composites)에 수여되었다: http://tentyp.es/OtJAfy. 넷플릭스(Netflix)는 100만 달러를 2009년 9월 21일에 "BellKor's Pragmatic Chaos" 팀에게 주었다: http://tentyp.es/Wcfz5D.

타겟(Target)은 웹사이트에 상당히 훌륭하고, 상호작용을 하는 타임라인을 제공하는데, 1900년대 초반부터 현재까지 이 기업의 진화를 보여준다: http://tentyp.es/UykN8a.

GSK가 WIPO Re:Search를 선언하는 2011 대언론 공식 발표에 대해 보려면 http://tentyp.es/QkM4id.

나뚜라(Natura)가 세계의 대학교들과 협력네트워크(collaborative networks)를 성장시킨 계획에 대해 더 읽으려면 http://tentyp.es/Yu4Bba.

도시바와 UPS 공급사슬 솔루션의 파트너십에 관한 자세한 정보를 원한다면, Geoffrey James의 "The Next Delivery? Computer Repairs by UPS," *Business 2.0 Magazine*, July 1, 2004를 보라. http://tentyp.es/T5zzC8.

"Howard Johnson", *Nation's Restaurant News*, 1996에서 Theresa Howard는 하워드 존슨스(Howard Johnson's)의 프랜차이즈 성장에 대한 유용한 배경을 제공한다.

CHAPTER 5: 구조

존 맥키(John Mackey)는 블로그 포스트를 게재하였다. (*Creating the High Trust Organization*, March 9, 2010) http://tentyp.es/VF6z98. 홀푸드(Whole Foods)의 근본적인 구조에 대해 상세하게(다소 오래되긴 했지만) 보고 싶다면, Charles Fishman의 "Whole Foods Is All Teams,"*Fast Company*, April 30, 1996을 보아라.

W.L 고어(W.L. Gore)의 내부 조직에 대해 보려면, http://tentyp.es/SS1JoO.

사우스웨스트 에어라인(Southwest Airlines)은 2011년

5월, 에어트랜(AirTran) 인수와 함께 자신의 함대에 88대의 보잉 717 비행기를 추가하였다. 이 항공사에 대한 더 상세한 사항들과 수치들을 보려면 http://tentyp.es/OYAcCi.

"Unified Clinical Organization"이 이것의 기술과 서비스들을 통합하려고 노력하지만, 트리니티 헬스(Trinity Health)는 환자들의 입원 기간과 재입원의 감소를 발표하였다. 패혈증과 관련된 비용은 회계연도 2011년의 첫 8개월 동안에 300만 달러 이상이 절감되었다. 이 회사의 2011년 연차 보고서를 보려면 http://tentyp.es/WuSwCr.

팹인디아(Fabindia)의 구조에 관한 좋은 이야기는 우리 동료인 Nikhil Prasad Ojha, Parijat Ghosh, Sarah Stein Greenberg, 그리고 Anurag Mishra에 의해 쓰여졌다: "Weaving Scale into Handicrafts," *Business Today*, May 30, 2010. http://tentyp.es/UITDvD.

CHAPTER 6: 프로세스

"생산 프로세스는, 처음부터 끝까지, 2주에서 3주밖에 걸리지 않는다"라고 수지 한센(Suzy Hansen)은 자라(Zara)에 관한 그녀의 *New York Times Magazine* 기사에서 말했다. "How Zara Grew Into the World's Largest Fashion Retailer," November 9, 2012: http://tentyp.es/12bPkkU.

고 C.K. 프라할라드(C.K. Prahalad)는 *The Fortune at the Bottom of the Pyramid*(Wharton School Publishing, 2009)에 힌더스탄 유니레버(Hindustan Unilever)에 대해 아름답게 서술하였다: http://tentyp.es/Rioq1H. 또한, Sumantra Ghoshal, Gita Piramal과 Sudeep Budhiraja의 *World Class in India: A Casebook of Companies in Transformation*(Penguin Books Australia, 2001)도 볼 만한 가치가 있다: http://tentyp.es/QVZqjb.

집카(Zipcar)의 패스트플리(FastFleet)는 워싱턴 DC가 백만 달러를 절감하게 하였고, 경영자로 하여금 300대의 차들을 제거하게 하였다. 이에 대한 자세한 정보를 보기 위해선 http://tentyp.es/Riouia.

도요타와 린 생산 방식에 관한 대표적인 책은 James P. Womack, Daniel T. Jones와 Daniel Roos의 *The Machine that Changed the World* (Free Press, 2007)이다: http://tentyp.es/RSY3PU.

이케아(IKEA)는 1943년 스웨덴에서 Ingvar Kamprad에 의해 설립되었다. 이 회사의 발전에 대해 읽으려면 http://tentyp.es/VyZecz.

CHAPTER 7: 제품성능

샘 파커(Sam Farber)는 OXO라는 이름을 이것의 대칭 때문에 선택하였다: "가로로, 세로로, 위아래로, 거꾸로 읽든 상관없이, 이것은 언제나 'OXO'라고 읽힌다" http://tentyp.es/UITRTq.

"많은 사람들이 세상이 자신에게 반하는 것처럼 보일 때 포기를 한다. 하지만 그때는 당신이 좀 더 열심히 밀어붙여야 할 때이다"라고 제임스 다이슨(James Dyson)은 그의 진공청소기를 시장에 내놓기 위한 긴 세월의 몸부림에 대해 언급하였다: http://tentyp.es/PXhSVW.

당신은 커스터마이즈하기 위해 M&M's의 3가지 색을 고를 수 있다. 마즈(Mars)는 유익하게도 이미지를 고를 수 있는 클립아트 도서관을 제공한다: http://tentyp.es/R3uwCO.

툴보텍스(TurboTax)는 350개가 넘는 세금 공제에 대한 소득 신고서를 찾을 수 있게 하고, 당신이 제출하기 전에 수천 번의 오류 검사를 해준다. QuickBooks와 Quicken과 함께 툴보텍스는 이제 인튜이트(Intuit, 2011년에 39억 달러의 수익을 발표)의 주요 제품이다: http://tentyp.es/Q1lgjl.

Corning®Gorilla®Glass를 만드는 과정은 이온 교환과 400°C의 온도에 녹은 소금을 필요로 한다. 이 발전(그리고 이것이 아이폰에 포함되는 것에 관련된 애플의 스티브 잡스와의 대화)에 대한 매력적인 이야기는 Bryan Gardiner의 "Glass Works: How Corning Created the Ultrathin, Ultrastrong Material of the Future." *Wired*, September 24, 2012에 나와 있다. http://tentyp.es/SHPxBV.

CHAPTER 8: 제품시스템

"우리는 우리가 가장 큰 자동차 브랜드가 아니라는 것을 알고 원하지도 않는다. 우리가 원하는 것은 오늘날 차를 구입하는 사람들에게 적당한 특별하고 더 나은 대안을 제공하는 것이다"라고 2012년 9월 사이언(Scion)의 브랜드 캠페인

배후에 생각하였다. 온라인으로 자동차를 커스터마이즈하고 싶다면: http://tentyp.es/Q1ll6Z.

파이어폭스(Firefox)는, 약 40%의 코드가 자원봉사자로부터 쓰여진, 무료의 오픈 소스 소프트웨어: http://tentyp.es/Unw9S7.

런처블(Lunchables) 옵션은 치킨 스트립, 딥디쉬 피자, 샌드위치, 치킨 너겟, 그리고 크랙커 스택커스(cracker stackers)라고 알려진 것을 포함한다. 체다 서브(Cheddar subs)나 로스트비프와 허니잼과 크래커를 제공하는 성인 런치 콤보도 있다: http://tentyp.es/tentyp.es/PEE3yW.

엘파(Elfa)는 1970년대부터 컨테이너 스토어(The Container Store)에 제품을 공급하였다: 이 거대한 소매상은 공식적으로 1999년에 사업을 취득하였다. 이 시스템이 어떻게 작동되는지에 대한 자세한 정보는 http://tentyp.es/WcgMKg.

CHAPTER 9: 서비스

"HappyFeet"(Alexandra Jacobs, *The New Yorker*, September 14, 2009)은 자포스(Zappos) 문화의 매력적인 모습이다: http://tentyp.es/QP5dUy. 2010년 6월 1일, *Inc.*지는 "Why I Sold Zappos"를 게재하였다. 여기에는 회사의 창립자인 Tony Hsieh가 회사의 서비스에 대한 약속을 작성하였다. "자포스에서, 우리는 사람들이 우리에게 전화하기를 원한다. 우리는 고객들과의 개인적이고 감정적인 관계를 맺는 것이 좋은 서비스를 제공하기 위한 가장 좋은 방법이라고 믿는다.": http://tentyp.es/QA8QPI.

2011년 3월 30일 *CNN Money*에 실린 Peter Valdes-Dapena의 이야기에 의하면, 그 프로그램의 2년 동안의 재직기간 동안 현대 일자리 확약 계약을 이용하였다: http://tentyp.es/PeVFH4.

"당신은 당신의 모습을 좋아하게 될 것이다. 나는 확신한다." 맨즈 웨어하우스(Men's Warehouse) 설립자 George Zimmer. 매장과 서비스에 관한 자세한 사항은: http://tentyp.es/Oangrk.

일본에서의 세븐일레븐의 역사에 관해 더 찾아보려면 http://tentyp.es/RRnlNH.

시스코(Sysco)는 고객들에게 Sysco eNutrition이라 불리는 온라인 영양분석도구 등을 포함한 다른 서비스들도 제공한다: http://tentyp.es/SBVXqu.

CHAPTER 10: 채널

배우 조지 클루니(Georgy Clooney)는 네스프레소 클럽(Nespresso Club) 임원들에 의하여 2005년에 이 브랜드의 이상적인 홍보대사로 임명되었다. 이 기업의 홍보 활동에 대한 자세한 정보는 http://tentyp.es/T9Rddo.

2012년, 나이키는 시카고에 나이키 시카고(Nike Chicago)라는 이름으로 새단장하였다. 이에 대해 〈시카고 트리뷴〉의 Corlyn Shropshire은 "Nike Gives its 2-Decade-Old Shicago Flagship a Makeover and NewName" (September 27, 2012)이라는 기사를 썼다: http://tentyp.es/Trimga.

2012년에, 엠페사는 자산 이체 서비스에서 라이프스타일 선택으로 기업의 브랜드 이미지를 새롭게 하려고 하였다. "엠파사의 고객들은 ATM이나 결제를 하기 위해 줄을 서지 않아도 된다"라고 사파리컴 CEO Bob Collymore는 말했다. "우리는 당신이 버튼을 터치함으로써 당신의 집이나 사무실에서 편안하게 금융 서비스를 받을수 있도록 해주는 전략적 파트너십을 맺었다.": http://tentyp.es/PEErND.

아마존(Amazon)의 위스퍼넷(Whispernet)에 관한 가장 좋은 것 중 하나는? 이것은 와이파이에 독립적이다. 당신이 핫스팟을 찾지 않아도 된다는 것이다: http://tentyp.es/R3v1MZ.

다우 코닝(Dow Corning)의 자이아미터(Xiameter) 브랜드에 관해 더 알아보려면 http://tentyp.es/U70QEB.

CHAPTER 11: 브랜드

리처드 브랜슨(Richard Branson)은 다양한 재미있는, 그렇지만 통찰력이 있는, 읽을 가치가 있는 비즈니스 책들을 쓴, 다작가이다. *Like a Virgin: Secrets They Won't Teach You at Business School* (Portfolio Trade, 2012), http://tentyp.es/VKHU4n,과 *Screw Business As Usual*(Portfolio Hardcover, 2011): http://tentyp.es/RNlkoy가 있다.

트레이더 조스(Trader Joe's) 슈퍼마켓은 보통의 PA 시스템을 피한다. 대신 이는 아일랜드 스타일 경보("island-style" alerts) 시스템을 갖고 있다: 새로운 등록기 (register)를 열어야 할 필요가 있을 때는 한 번의 벨, 계산대에서 손님이 질문이 있을 때는 두 번의 벨, 매니저가 필요할 때는 세 번의 벨: http://tentyp.es/UnwPqx.

인텔(Intel) 마케팅 매니저 Dennis Carter는 1995년에 처음 등장한 5개의 톤 멜로디(five-tone melody)를 포함하여, '인텔 인사이드'("Intel Inside") 마케팅 전략을 개발한 주요 인물이었다. 자세한 이야기를 위해서는, http://tentyp.es/RGvHdK.

미국심장협회는 점포 매출액 데이터를 조사하였고 심장 체크 마크(Heart-Check mark)가 "보증된 제품들이 계산대에서의 메시지와 함께 선반의 행테크(hang-tag) 프로모션으로 강조되었을 경우 평균 5%의 큰 매출 증진을 일으켰다"는 것을 발견하였다: http://tentyp.es/QP5QNV.

메소드(Method)의 블로그는 규칙적으로 회사의 친화적이고 별난 태도를 반영하는 내용들로 업데이트된다. 한 작가가 말했듯이, 이 회사의 철학은 모두 "매주 적당량의 이상함(weird)을 제공하는 것"에 관한 것이다: http://tentyp.es/PXiDym.

CHAPTER 12: 고객참여

John Seely Brown은 2011년에 IIT 디자인 교육기관(IIT Institute of Design)에 의해 주최된 전략회의에서 워드오브워크레크프트(World of Warcraft)에 대한 그의 생각을 보여주는 멋진 프레젠테이션을 하였다: http://tentyp.es/PXiHyb.

회사를 시작하는 큰 이유 중 하나는 아무도 시도하지 않으려는 것을 하기 위해서이다. 그것이 바로 2005년에 Aaron Patzer가 한 것이다, 지겨운 회계를 하며 점심을 보낸 것을 깨달았을 때. 2년 후, 그는 민트닷컴(mint.com)을 만들었다; 그로부터 2년 후, 인튜이트(Intuit)는 이 서비스를 17,000만 달러에 인수하였다. Patzer의 여정에 관한 이야기는 여기서 찾을 수 있다: http://tentyp.es/SyDj4M.

2013년으로서는, 펩(Fab)은 26개국에 1,100만 명이 넘는 멤버를 갖고 있고 1만 명이 넘는 디자인 파트너들과 일을 하였다. 2012년에, 이 회사는 430만 개의 제품을 판매했다. (1분당 5.4개의 제품을 판 꼴이다.) 펩에 대한 더 자세한 사실들과 수치들을 원한다면 이 회사의 기자 회견 자료집을 참고하면 된다: http://tentyp.es/PEEI3I.

포스퀘어(Foursquare)에 관한 구전지식에 의하면, 메이어스십(mayorships)은 한 친구가 이 회사의 공동 창립자가 맨하튼에 있는 Think Coffee shop에서 캠핑을 한 것을 놀린 직후에 생겨났다: http://tentyp.es/VF8E4R.

애플 WWDC 티켓의 빠른 판매는 많은 사람으로 하여금 이베이(eBay)나 크레이그스리스트(Craigslist)에서 암표를 팔게 하였다. 2011년에 컴퓨터월드(Computerworld)는 몇몇 티켓은 4,599달러의 가격이 책정되었다고 전했다—표시가격의 거의 3배: http://tentyp.es/SOZM81.

PART THREE
CHAPTER 13: 제품을 넘어서
"계속적으로 제품을 신선하고 새롭게 만드는 역할이 있지

만, 브랜드 매니저들은 진정으로 새로운 것을 시도하는 것을 주저하는 것처럼 보인다. 그리고 그들이 새로운 것을 시도할 때, 그들은 종종 수익 증가를 가져오는 데 실패한다. 왜냐하면 그 제품은 재정립되지 않았거나(redefined) 새로운 가치 제안(value proposition)을 하지 못했기 때문이다"라고 Pat Conroy, Anupam Narula 그리고 Siddharth Ramalingham은 *A Crisis of the Similar: Consumer Products*(Deloitte, 2011)의 the failure of Product Performance-focused innovation 에서 하였다. 리포트를 신청하려면 http://tentyp.es/OzGE7I.

Benjamin Klein과 Joshua D. Wright는 "The Economics of Slotting Contracts,"(*The Journal of Law & Economics*, August 2007)에서 슈퍼마켓 일정 요금(slot fees)에 대해 굉장히 이상한 태도를 취하였다: http://tentyp.es/Q1Ciy3.

인터내셔널 CES는 글로벌 소비자 기술 산업(global consumer technology industry)의 요구에 발맞춰 매년 라스베가스에서 열린다. 2013년에, 미국에서만 2,090억 달러를 달성한 것으로 측정되었다: http://tentyp.es/117LB89.

애플의 CEO가 되기 전에, 팀 쿡(Tim Cook)은 이 회사의 COO(Chief operating officer)였고 "회사의 세계적인 매출과 영업(모든 시장과 국가에서의 애플의 공급사슬, 세일즈 활동 그리고 서비스와 지원 활동에 대한 모든 경영 활동을 포함하여)에 대한 책임을 갖고 있었다"라고 그의 기업 전기에 나와 있다: http://tentyp.es/PFaAVv.

"수만 개의 아이패드를 판매한 애플의 포지션은 많은 경쟁자들이 맞출 수 없는 가격에 부품들을 선별할 수 있는 능력을 주었다. 애플은 지난 몇 분기 동안 유리한 부품 가격 책정은 회사 수익성의 중요한 요소였다고 꼽았다." Prince McLean, "Apple Buying up Available Flash RAM Supplied for Next iPhone,"*Apple Insider*, February 18, 2009: http://tentyp.es/PFaEVI.

애플의 아이튠즈 스토어에서 구매된 250억 번째 곡은 Chase Buch의 "Monkey Drums"(Goksel Vancin Remix)였다. 이는 독일의 Phillip Lüpke가 구매하였다: http://tentyp.es/11RksqC.

표절 방지를 위한 행동 단체(Aktion Plagiarius)는 전 세계 상업의 10%는 가짜라고 추정하였다(매년 2,000억~3,000억 유로의 세계적 손실). Jessi Scanlon은 이 이슈에 대한 굉장한 이야기를 썼다: "And The Best Knockoff Is…: *BusinessWeek*, February 8, 2009. http://tentyp.es/RtL3QN. 과거 우승자를 보고 연례 플라기아리우스 상(the annual Plagiarius award)을 등록하려면 http://tentyp.es/QYhWaT.

사업의 첫 30일 동안, 아마존닷컴(Amazon.com)은 50개 주와 45개국의 고객들에 대한 주문을 달성하였다—모두 창립자인 제프 베조스(Jeff Bezos)의 차고에서부터 발송되었다. 아마존의 개요는 여기서 볼 수 있다: http://tentyp.es/OaGUnb.

리처드 브랜슨의 책 *Screw it, Let's Do It*에서 그는 사람들에게 no라고 하지 못하는 그의 불능함 때문에 그의 별명

이 내부적으로 'Yes 박사'였다는 것을 밝혔다. "나는 어떤 일이 하지 않는 것보다 하는 게 좋아 보였을 때, 언제나 그것을 하기 위한 이유를 찾으려고 노력했다"라고 그는 적었다: http://tentyp.es/VFLlm7.

"우리는 고객과 함께 시작하고, 디자인을 하며 일을 하고 최종적으로 제조하는 것에 도착한다. 제조하는 것이 바로 서비스의 최종단계가 된다"라고 헨드 포드(Henry Ford)는 Steven Watts의 *The People's Tycoon: Henry Ford and the American Century*(Vintage, 2006)에서 하였다: http://tentyp.es/SPwy9i.

"레이 크록(Ray Kroc)이 맥도날드 햄버거를 팔기 약 반세기 전, 포드(Ford)는 자동차를 팔고 서비스하기 위한 딜러 프랜차이즈 시스템(dealer franchise system)을 개발하였다. 정치가 지역적인 것처럼, 그는 사업 또한 지역적이어야 하는 줄 알았다. 포드의 '로드맨'(road men)은 미국 풍경의 익숙한 부분이 되었다. 1912년, 미국 전역에 7,000명의 포드 딜러들이 있었다"라고 Lee lacocca는 그의 이전 상사인 헨리 포드에 관해 적었다. 물론 lacocca는 유명하게도 크라이슬러(Chrysler)를 살리기 위해 갔다. "Driving Force: Henry Ford," *Time* magazine, December 7, 1998. http://tentyp.es/QYijSP.

구글의 경영철학 "우리가 진실이라고 알고 있는 10가지" (Ten Things We Know to Be True)는 여기서 가능하다: http://tentyp.es/S5YgDQ.

구글의 20% 시간 정책(time policy)에 관한 Julie Bick에 의거하여 쓴 Bharat Mediratta의 이야기는 읽을 만

한 가치가 있다: "The Google Way: Give Engineers Room," *the New York Times*, October 21, 2007: http://tentyp.es/VFMYFD.

1990년대에 온라인 검색 공간에 얼마나 많은 사람들이 실험을 하고 있었는지에 대한 유익한 모습을 보기 위해서는 검색 엔진 묘지(Search Engine Graveyard)를 방문하면 된다: http://tentyp.es/ShjhG2.

"나는 구글 검색과 구글맵스의 힘을 그들의 제품과 사용자들에게 전달하고, 그들의 혁신, 신뢰받는 명성과 풍부한 경험을 우리 사용자들에게 전달하기 위해 자갓(Zagat)과 함께 일하는 것에 매우 들떠 있다"라고 구글의 부회장(vice presiden)인 Marissa Mayer가 2011년에 적었다: http://tentyp.es/PXLBy8.

첫 번째 구글 두들스(Google Doodle)는 방문자들이 경영자들이 버닝맨 페스티벌(Burning Man Festival)에 갔다는 사실을 알게 하기 위하여 검색 엔진 홈페이지에 1998년에 등장하였다. 이 회사는 지금 뉴스 이벤트나 기념일 등에 대응하기 위한 두들러스(doodlers) 팀을 갖고 있다: http://tentyp.es/RiMpxO.

소프트웨어 애호가에게 보내는 빌 게이츠(Bill Gates)의 1976년 편지는 이렇게 결론을 내린다, "돈을 갖고 싶은 어떤 사람의 편지든지 모두 환영한다.": http://tentyp.es/RGPudd.

맥도날드 웹사이트에는 다양한 메뉴 아이템, 캐릭터 그리고 광고 캠페인의 출간을 설명하는 번드르르한, 상호작용을 하

는 연대표가 있다: http://tentyp.es/Pfbo93.
렉서스(Lexus) 역사의 공식적으로 허가된 버전을 위해서는 Jonathan Mahler와 Maximilian Potter의 The Lexus Story(Melcher, 2004)를 보면 된다: http://tentyp.es/ShvwCw. 이지 도요타(Eiji Toyoda)는 저널리스트 Chester Dawson이 쓴 Lexus: The Relentless Pursuit(Wiley, updated version published in 2011)에 인용되어 있다: http://tentyp.es/V5S51E.

CHAPTER 14: 숫자의 힘

알려진 것(the known)을 지속적으로 끈질기게 개선하는 일에 실패하는 것은 실패로 가는 확실한 방법이다. 이 주제에 대한 찾기 어려운 자원 중 하나는 Carl Franklin의 Why Innovation Fails: Hard Won Lessons for Business(Spiro Press, 2003)이다: http://tentyp.es/UT8VIM.

고 C.K. 프라할라드(C.K. Prahalad)의 The Fortune at the Bottom of the Pyramid 5주년 에디션은 2009년에 출간되었다(Wharton School Publishing): http://tentyp.es/TaCTvx. 프라할라드의 책(M.S. Krishnan과 함께 한) The New Age of Innovation(McGraw-Hill, 2008) 또한 볼 만한 가치가 있는 책이다: http://tentyp.es/RkazJ7.

Jonathan Byrnes는 "Dell Manages Profitability, Not Inventory", (Harvard Business School Working Knowledge, June 2003)에서 델(Dell)이 어떻게 적시생산방식(just-in-time)의 비밀을 배울 수 있었

는지에 대해 살펴보았다: http://tentyp.es/QYjyRY.

페덱스(FedEx)의 다른 기술적인 혁신은 "상업 세계에서 일어나고 있는 가장 큰 유닉스(UNIX)라고 묘사되는", Command and Control satellite to ground operations system(Memphis에 기반을 둔)을 포함한다: http://tentyp.es/QL8Mhu.

레고 그룹(LEGO Group)은 1946년에 그들의 첫 플라스틱 사출 성형기를 구입하였다. 이는 3만 덴마크 크로네(현재의 약 5,000달러)였다. 그 해 회사의 수익은 45만 덴마크 크로네(거의 78,000달러)였다. 이 회사의 역사와 진화에 대한 자세한 설명을 위해서는: http://tentyp.es/PD59Mh.

더 많은 메소드(Method)에 관한 이야기는 Steve Diller, Nathan Shedroff와 Darrel Rhea의 Making Meaning: How Successful Business Deliver Meaningful Customer Experiences(New Riders, 2006)에 포함되어 있다: http://tentyp.es/QvBPGj. 메소드는 또한 이들의 과정과 제품에 대한 방대한 세부사항을 자신들의 회사 웹페이지에 포함시켜 놓았다: http://tentyp.es/QL8PKs.

PART FOUR

CHAPTER 15: 놓치고 있는 것에 주목하라

우리는 우리 고객들의 내부 분석을 하기 위해 꾸준히 10가지 프레임워크를 사용한다. 우리는 고객의 비밀사항을 매우 진지하게 다루고, 예시된 분석이 실제 현장에서부터 도출되었지만 우리는 회사 이름(initiatives)을 새로 지어서 사용하였다. 지속적인(enduring) LOLcat web meme의 경

우(in a nod toward), 우리는 그들을 여러 종류의 고양이(various breeds of cat)로 다시 명명하였다. 눈치 챘는가?

CHAPTER 16: 관습에 맞서라

블록버스터(Blockbuster) CEO 짐 키이스(Jim Keyes)는 아리스토틀 무나리즈(Rick Aristotle Munarriz)와의 인터뷰에서 "주주들의 자금을 상업화되기 5년 전에 해당하는 위험이 있는 시장에 투자해야 합니까?"라는 질문을 받았다. "그렇게 생각하지 않아요"라고 대답하였다. Motley Fool, December 10, 2008: http://tentyp.es/135t08i.

"블록버스터의 사업이 커다란 도전에 직면했지만, 우리는 블록버스터 브랜드를 비디오 엔터테인먼트 분야에서의 리더로 다시 일으키기 위해 그들과 일하는 것이 매우 기대된다"라고 DISH Network EVP Tom Cullen이 파산한 미디어 회사를 DISH가 인수한다는 것을 발표하는 자리에서 말하였다: http://tentyp.es/XJxpdP.

1992년에 설립된 팜(Palm)은 되풀이하여 인수되고, 팔리고, 여러 조각으로 나누어지며 변형되었다. 2010년, HP는 이 회사를 12억 달러에 샀으나 (http://tentyp.es/UDSvyI) 팜의 웹OS 운영체계를 관리하는 하드웨어 생산 부서를 폐쇄하였다. 현재로서는 그램(Gram)이라고 불리는 HP 내의 자회사로 존재하고 있는 것 같다. 이 회사의 역사에 대해 간결하게 정리한 것을 위해서는 Arik Hesseldahl의 "Meet Gram, HP's New Name for the Company Formerly Known as Palm," All Thing D, August 15, 2012를 보면 된다: http://

tentyp.es/QdeYfV
블루투스는 스웨덴의 룬드(Lund)에 위치한 에릭슨 연구소(Ericsson lab)에서 탄생되었다. 이것이 소개되고 10년 동안, 20억 개의 기계에 포함되었다. 2012년에 창안자 Dr. Jaap Haartsen은 유럽특허청에 의해 올해의 발명가(Inventor of the Year)로 지명되었다: http://tentyp.es/Pb72AO.

모토로라의 스타택(StarTAC)은 1996년에 존재한 가장 작고 가벼운 핸드폰이었다. 2010년, 〈타임〉지는 이 핸드폰을 1923년부터 지금까지 중에서 가장 굉장하고 영향력 있는 도구 리스트에 포함시켰다: http://tentyp.es/QQX9pk.

Philippe Kahn(1997년에 갓난 딸의 첫 핸드폰사진을 보냈고, 라이트서프 네트워크 인프라스트럭처를 개발하였다.)에 대한 Bob Parks의 이야기는 읽을 만한 가치가 충분하다: "The Big Picture," Wired, October, 2000: http://tentyp.es/PTu20G.

IT의 "소비화"(consumerization)와 이것이 통신 산업에 미치는 영향은, 특히 RIM(Research in Motion)사에 대한, James Surowiecki의 기사, "Blackberry Season", The New Yorker, February 13, 2012에 기억에 남을 만하게 상세하게 적혀 있다: http://tentyp.es/UDT3ok.

미국 질병통제예방센터는 2010년에 출간된 리포트에 EMR(electronic medical record) 데이터를 포함시켰다 (http://tentyp.es/V5Xm9w). 이 섹션의 다른 데이터 포인트(data points)는 IMS Institute for Health Informatics에서 출판한 두 리포트로부터 발췌되었다: "The Use of Medicines in the United States: Review of 2010", http://tentyp.es/NVmgHw 와 "Searching for Global Launch Excellence", http://tentyp.es/PKNa3h.

우리 동료들(Jeff Wordham과 Sheryl L. Jacobson)이 쓴 백서, "Transforming Commercial Models to Address New Health Care Realities"를 보아라. 이는 헬스 케어 시스템에서 본질적인 변화가 어떻게 제약회사들의 업무 진행 방식을 변화시키는지에 대해 관찰한 것이다. Monitor Perspectives, November 2011: http://tentyp.es/WMTJVQ.

Anne D'Alleva는 How to Write Art History(London; Laurence King, 2010)에서, 많은 사람들 중, 엘리엘 사리넨(Eliel Saarinen)을 언급하였다: http://tentyp.es/RiMWQk.

"아름다운 실내 공간의 모습은 전통적인 병원의 모습처럼 보이지 않는다." 빌 테일러(Bill Taylor)는 Management Innovation eXchange에서 헨리 포드 웨스트 블룸필드 병원(Henry Ford West Bloomfield Hospital)에 관하여 말하였다. "2,000여 개의 살아 있는 식물과 나무들이 굽은 도로를 따라 심어져 있고, 숙면, 좋은 식이요법 등을 위한 제품들을 판매하는 가게들로 대로변이 이어져 있어 세상에서 가장 건강한 휴양지같이 느껴진다.": http://tentyp.es/VSJGNi.

CHAPTER 17: 패턴을 인식하라

이노베이션 책이 "고전"(classic)이라는 명칭으로 상을 받을 자격이 만약 주어진다면, 그 책은 Clayton Christensen의 The Innovator's Delemma이다. 새로운 에디션이 2011년에 HarperBusiness에 의해 출판되었다: http://tentyp.es/QZnCPB.

아메리칸 걸(American Girl)의 기업 웹사이트는 많은 유용한 사실들과 수치들을 갖고 있다: http://tentyp.es/PTuzjg. Doris Hajewski는 아메리칸 걸로부터 얻은 신남에 대한 멋진 이야기를 적었다: "Middleton, Wis., Doll-Maker Gets Makeover but Keeps Historical Roots,"Knight Ridder Tribune Business News, January, 2004. http://tentyp.es/SJVHWv. 플래잔트 T. 로우랜드(Pleasant T. Rowland)는 그녀의 이야기를 Success에 게재된 Tony Zhou의 에세이 "A New Twist on Timeless Toys"(2004)에서 말했다: http://tentyp.es/ScGFby.

우리 중 하나인 래리 킬리는 나이키의 매장 전략을 보고 긴 에세이(They Say They Want a Revolution: What Marketers Need to Know as Consumers Take Control(compiled by Paul Matthaeus, iUniverse, 2003)를 썼다: http://tentyp.es/U72llr.

세 개의 Harvard Business School 기사/케이스 스터디는 나이키에 관한 매우 유용한 정보를 준다: "Nike, Inc. in the 1990s: New Direction"(April 25, 1995): http://tentyp.es/RF3Wjt; "Nike, Inc.-Entering the Millennium"(March 16, 2001):http://tentyp.

es/S4NKL1, 그리고 "Knight the King: The Founding of Nike"(June 24, 2010): http://tentyp.es/T1SKRp.

필 나이트(Phil Knight)는 "High Performance Marketing: An Interview with Nike's Phil Knight", *Harvard Business Review*, July-August, 1992에서 나이키에서의 일들에 대한 그의 느낌을 공유하였다: http://tentyp.es/Qdgfn3.

Just Do It 캠페인의 미니 케이스 스터디는 응용연구센터(Center for Applied Research)에 의해 게재되었다: http://tentyp.es/RfVNSs. 경영자들의 인용구들과 함께 회사의 역사와 진화에 대한 많은 정보를 포함하고 있는 회사 웹사이트 또한 보아라: http://tentyp.es/RcSGuL.

PART FIVE
CHAPTER 18: 혁신 의도를 명확히 하라
JEK의 연설은 이어졌다: "사실은, 달에 가는 사람이 한 명은 아닐 것이다—우리가 이 판단을 확실하게 한다면, 이것은 전체 국가일 것이다. 우리는 모두 그를 달로 데려가기 위해 열심히 일해야 한다." http://tentyp.es/RcT103. 당신이 상상하듯이, NASA는 대통령이 그의 도전을 내려놓고 나서 뒤따른 극적인 10년에 대한 매우 많은 자료, 인터뷰 그리고 정보를 갖고 있다: http://tentyp.es/RaBFT4.

집카(Zipcar)의 미션은 꽤 간단하다: "우리는 삶을 좀 더 보람 있고, 지속가능하고 알맞게 만든다. 우리는 우리 멤버의 가장 소중한 자원인 시간을 최대화할 수 있게 함으로

써 도시의 라이프 스타일을 증진한다." 이 회사의 철학에 관해 더 보려면 http://tentyp.es/Wqr37u. 에비스 버젯 그룹(Avis Budget Group)의 회사 인수에 관한 자세한 상황을 보려면 2013년 1월 2일의 공식 발표를 보아라: http://tentyp.es/Y31Ak6.

"아마존 웹 서비스는 세계의 190개국의 기업, 정부, 그리고 스타트업 고객 비즈니스를 작동시키는 클라우드(cloud)에서 매우 신뢰할 만한, 난조가 생기지 않는, 그리고 저비용의 인프라스트럭쳐 플랫폼을 제공한다"라고 이 회사의 온라인 개요는 뽐낸다: http://tentyp.es/OaGUnb.

"The HBR Interview: 'We Had to Own the Mistakes'"에서 스타벅스 CEO Howard Schultz는 2008년에 커피회사로 돌아온 것은, 작가인 Adi Ignatius가 서술하기로, "위기 상황에서 지배권을 되찾기 위해서였다"라고 하였다. *Harvard Business Review*, July 2010, http://tentyp.es/YkCOYN.

우리 동료들의 포부 수준을 통한 혁신 계획의 포트폴리오 관련 연구인 Bansi Nagji와 Geoff Tuff는 2012년 5월에 *Harvard Business Review*에 발표되었다. "Managing Your Innovation Portfolio," http://tentyp.es/PwOg3o.

Matthew E. May는 *The Elegant Solution*(Free Press, 2006)에 도요타의 지속적인 혁신을 위한 탐구와 과시된 생산체계 등을 포함한 행위에 대하여 강력하게 적었다: http://tentyp.es/TmKgat.

앨런 케이(Alan Kay)는 1967년에 'object-oriented programming'이라는 구절을 제시하였다. 그가 차후에 설명한 바와 같이, 이를 '프로그래밍을 위한 컴퓨터 시스템의 구성'이라 생각하였다: http://tentyp.es/TdvtaP.

Lieutenant Grace Murray Hopper는 1947에 Mark II Aiken Relay Calculator에 갇힌 나방을 발견하였는데, 이는 현재 컴퓨터 과학자들이 자신들의 프로그램에서 오류를 찾아내어 수정하는 작업을 디버깅(Debugging)이라고 우습게 표현하게 된 유래가 되었다. 현재 버지니아주의 댈그런에 위치한 박물관인 Naval Surface Warface Center Computer Museum에 공개된 그녀의 log entry(당시 문제가 되었던 나방이 부착된)를 보려면 다음을 참고하라: http://tentyp.es/SKOV2e.

CHAPTER 19: 혁신 전략
이 글이 집필되었던 시점에 밝혀진 112가지 별개의 전략과 라이언 피켈(Ryan Pikkel)이 디자인한 혁신 전략 카드의 패키지들의 구매를 원하면 다음의 이메일 주소로 연락 가능하다: tentypes@doblin.com

CHAPTER 20: 혁신 플레이북 사용하기
Rachel Botsman과 Roo Rogers's의 *What's Mine is Yours:The Rise of Collaboratinve Consumption*, Harper Business, 2010 (http:tentyp.es/TeBwvL)과 이 책의 웹사이트(http://tentyp.es/Tvo7Sq)에서는 이 플레이에 관한 다양한 예시들을 보여주고 있다.

"An Expert Perspective on Open Innovation"은 Wyatt Nordstrom이 글락소스미스클라인(GlaxoSmith

Kline) 소비자 건강관리센터의 헬렌 러틀리지(Helene Rutledge), 마븐 리서치(Maven Research) 오픈 이노베이션 전 책임자와 함께한 인터뷰이다: http://tentyp.es/QZSGOK.

GSK의 로버트 울프(Robert Wolf)는 *HQ* 매거진에 실린 "A prescription for Profit"기사에 언급되었다. 또한 GSK의 오픈 이노베이션 사이트에 공개되어 있는 현재 문제들에 대하여 검색해 볼 수도 있다. 노인들의 통증관리와 산성식품으로부터의 치아 보호를 위한 제품들 등을 포함한 2012년의 관심 주제를 보려면 http://tentyp.es/SqJTnA.

제나 맥그리거(Jena McGregor)의 작품인 "P&G Asks: What's the Big Idea?"는 일명 P&G의 기술 사업가라 불리는 것에 대한 세부 사항들을 적은 "the more than 75 innovation scouts it has stationed in far corners of the globe"를 포함하고 있다, *BusinessWeek*, May 4, 2007: http://tentyp.es/XcReMZ.

인터넷 공동구매(collaborative consumption)에 대한 더 자세한 사항들을 보려면 *American Behavioral Scientist* by Marcus Felson and Joe L. Spaeth의 "Community Structure and Collaborative Consumption: A Routine Activity Approach" March 1978 참조하라: http://tentyp.es/PVOlSw.

집카(Zipcar)의 철학과 원칙들에 관해 더 알고 싶으면 회사 웹사이트를 살펴보아라: http://tentyp.es/QvogGM 이 회사의 2011년 연차보고서에도 회사의 내부 접근법과

경영구조에 대한 유용한 정보들이 있다: http://tentyp.es/QKtDPd.

2013년 초기에 1,000만 건의 예약이 에어비앤비(Airbnb)를 통해 이루어졌다. 이 회사의 전략과 접근에 대한 자세한 정보를 위해서는 "Airbnb at a Glance," http://tentyp.es/WMVD90를 보고 회사의 온라인 "Trust & Safety Center"를 보면 된다: http://tentyp.es/QaWBJv.

Chris Anderson의 책 *Free*는 무료 기반 플레이(free-based play)의 토대가 되는 책이다. 이 책은 2010년에 Hyperion에 의해 출판되었다: http://tentyp.es/TtLtWb.

"링크드인(LinkedIn)은 무료 서비스이지만 사람들은 전문적인 정보를 이용하기 위해서 프리미엄을 지불한다; 이러한 프리미엄 사용료가 2011년에 2390만 달러에 달했다"라고 퀜틴 하디(Quentin Hardy)는 "LinkedIn Wants to Make More Money From Job Recruiters," *the New York Times*, October 18, 2011에서 말했다: http://tentyp.es/WZGphb.

2013년의 3분기에, 징가(Zynga)는 31,100만의 활동하는 사용자(monthly active user)가 있었다. CEO와 창립자 Mark Pincus의 인정(admission)("우리는 짧은 역사와 새로운 비즈니스 모델-우리의 미래 전망을 가늠하게 힘들게 하는-을 갖고 있다. 우리의 비즈니스 모델은 무료 게임 제공을 제공하는 것을 기반으로 한다. 오늘에 이르기까지, 우리 게임 사용자들 중 적은 부분만이 가상 상품에 대

해 값을 지불하였다.")을 포함해서 온라인 게임 세계에 대한 많은 다양한 통찰력을 갖고 있는 징가의 2011년 연차보고서를 다운받아라: http://tentyp.es/ShlyBc.

리처드 파스칼(Richard Pascale)의 책 *Surfing on the Edge of Chaos*는 2011년에 Crown Business에 의해 출판되었다: http://tentyp.es/RI9lnK. 시멕스(Cemex)의 영리한 새로운 시스템에 관한 토마스 펫징어 주니어(Thomas Petzinger)의 이야기는 1999년 3월에 *Fast Company*에 게재되었다: "In Search of the New World (of Work)," http://tentyp.es/RnV2cm. 또한, Peter Katel의 *Wired* 잡지에 실린 "Bordering on Chaos" 또한 시멕스 경영에서의 "액션 복잡도 이론(complexity theory in action)을 볼 수 있는" 좋은 읽을거리이다: http://tentyp.es/SUp0le.

아라빈드 안과(Aravind Eye Hospital)의 웹사이트는 조직에서 행해지고 있는 일들에 대한 설명이 괜찮게 되어 있다: http://tentyp.es/UPAo3A. 또한, Angel Diaz Matalobos, Juan Pons와 Stephan Pahls의 백서: "The McDonald's of Health Organizations: Lean Practices at Aravind," (June 2010)를 보아라: http://tentyp.es/VKO7NH.

이 회사 광고문은 GE 항공(GE Aviation)의 온포인트 솔루션(OnPoint Solutions)을 "경영상의 요구와 목표 비용(cost of ownership objectives)을 맞추기 위한 좀 더 개개인의 요구에 맞추고, 포괄적이고 장기적인 해결책을 선호하는 고객들을 위한" 것으로 서술하였다: http://tentyp.es/NVgh5t.

존슨 컨트롤(Johnson Control)의 스마트 시스템에 관한 자세한 사항을 위해서, 성과계약(Performance Contracting) 서비스에 관한 디테일들을 보아라: http://tentyp.es/VUls6u, 그리고 잠재적인 절약금을 가늠할 수 있게 에너지 효율 계산기를 갖고 있는 이들의 웹사이트, Make Your Buildings Work(http://tentyp.es/UDVnMd) 또한 참고하라.

J. K. 롤링(J. K. Rowling)은 Scholastic에 의해 실린 2011년 인터뷰에서 그녀의 집필 프로세스에 대해 자세히 말하였다. 특히, 그녀는 마법사 해리포터와 론 위즐리에 관한 이야기를 다룬 '이야기 속'(in-story) 책의 디자인에 대해 설명하였다. "난 항상 내 것만을 썼어요"(I always wrote all over mine)라고 그녀는 말했다. "내가 이야기하는 것을 당신도 이야기한다면 이걸 읽는 선생님들은 행복하지 않을 거에요, 그렇죠?": http://tentyp.es/OtDEEl. 2008년에 롤링은 포브스의 '세계 억만장자'(The World's Billionaires) 리스트에 올랐다: http://tentyp.es/Sh91lF.

당신이 구입할 수 있는 해리포터 용품 가격을 보려면, Universal Orlando's store를 참고하라: http://tentyp.es/TemO8t. 해리포터 영화 총수입에 대해 보고 싶다면, Box Office Mojo를 보면 된다: http://tentyp.es/PKGDp9.

P&G의 "Uncomplexed Cyclodextrin Solutions for odor control on inanimate surfaces"(페브리즈의 기술)특허는 1994년에 처리되었고, 1998년 2월 3일에 승인되었다: http://tentyp.es/OtDL36. 또한 The Wall Street Journal은 2011년 3월에 cross-branding entity로서의 제품의 인기를 보여주기 위해 "Febreze Joins P&G's $1 Billion Club"을 게재하였다: http://tentyp.es/TMxP7j.

펀딩 사이트(Funding site)의 13개의 다른 프로젝트 카테고리에 대한 통계자료를 포함한, 킥스타터(Kickstarter)를 후원하는 원 데이터를 위해서는 http://tentyp.es/V5HJyP를 보아라. 이 회사의 개방성 정신에 따라, 이 페이지는 매일 업데이트된다.

Craig Newmark는 그의 개인적인 블로그에 크레이그스리스트(Craigslist)를 시작하는 것에 대해 적었다: "우리는 10개의 세상에서 가장 많이 방문되는 영어로 된 웹 플랫폼(web platform) 중 하나이다. 나 때문이 아니라, 나는 경영에 관해 정말 잘 모른다. 이것은 내가 이 경영을 운영하기 위해 Jim Buckmaster를 고용하고 나는 경영하는 것으로부터 멀리 떨어져 있었기 때문이다.": http://tentyp.es/SMlRda

넷크레프트(Netcraft)는 2012년 7월에 세계에서 가장 뛰어난 웹 서버들을 뽑기 위해 거의 66,600만 개의 웹사이트를 조사하였다. 아파치(Apache)는 61.45%, 마이크로소프트는 14.62%, 그리고 구글은 3.44%의 시장 점유율을 보였다: http://tentyp.es/QZUK9x.

트레드리스(Threadless)의 이야기는 2008년 6월에 Inc.지에 실린 Max Chafkin의 "The Customer is the Company"에서 잘 다뤄져 있다, http://tentyp.es/T24fZ5. 트레드리스 통계량 또한 William C. Taylor의 케이스 스터디 Practically Radical: Not-So Crazy Ways to Transform Your Company, Shake Up Your Industry, and Challenge Yourself, HarperCollins, 2011에서 볼 수 있다: http://tentyp.es/SprVpR. 이 회사는 또한 Karim R. Lakhani와 Zahra Kanji에 의한 Harvard Business Review 멀티미디어 케이스 스터디의 중심이었다: "Threadless: The Business of Community," June 30, 2008. http://tentyp.es/RNnkgz.

Jim Giles는 위키피디아(Wikipedia)와 브리테니카 백과사전을 "Internet Encyclopedias Go Head to Head," Nature, December 15, 2005, http://tentyp.es/VUneoi 네이처는 흥미로운 자료: http://tentyp.es/RbbEVs에서 브리테니카의 불평에 반박하였다)에서 자세히 분석하였다. 위키피디아의 강령에 대해 보아라: "교육적 자료를 모으고 발전시키기 위해, 자유사용권과 공동 도메인 하에서, 전세계 사람들에게 권한을 주고 끌어들이는 것, 그리고 이것을 효과적으로 그리고 전세계적으로 전파하는 것.": http://tentyp.es/RnWg7t.

아마존 웹 서비스를 사용하는 회사들(NASA, 넷플렉스와 뉴스 인터내셔널을 포함한)의 예를 보려면 http://tentyp.es/WMWO8q. AWS에 관한 일반적인 정보는 http://tentyp.es/S631NU에서 볼 수 있고 아마존의 전략적 파트너들은 http://tentyp.es/TMzoC8에서 볼 수 있다. 서비스가 되는 특허들 중 하나, "웹 서비스를 위한 마켓플레이스를 제공하기 위한"에 대한 정보는, 2008년 eventual patent awarded와 함께 (http://tentyp.es/Qvsoqd), http://tentyp.es/UyiwtE에서 가능하다.

지금 네오비아(Neovia)로 알려진 CAT 로지스틱스(CAT Logistics)에 관한 자세한 사항과 케이스 스터디를 위해서는 http://tentyp.es/QjTY6m와 Jeneanne Rae, Carl Fudge와 Colin Hudson의 "Growing B2B Services: Three Trends to Act Upon Now," *Innovation Management*, March 5, 2012, http://tentyp.es/PKHKFp를 보아라.

애플이 세계적으로 가장 가치 있는 회사가 된 것에 관한 한 리포트를 보려면 David Goldman의 *CNN Money*에 실린 글을 보아라: http://tentyp.es/OlqKaF. 애플의 혁신과 일자리 창출에 대한 통계를 보려면 http://tentyp.es/S63NKE.

2008년 Nick Wingfield가 *Wall Street Journal*과 한 인터뷰에서, 고 스티브 잡스는 애플의 폰 전략을 이렇게 서술하였다: "폰 차별화는 무선 통신(radio)이나 안테나 같은 것들로 이루어져왔다… 우리는, 장차, 미래의 폰은 소프트웨어로 차별화될 것이라고 생각한다." ("iPhone Software Sales Take Off," http://tentyp.es/PIL1yf.) Washington Post의 Rob Pegoraro는 "Apple's Taking 30 percent of App Store Subscriptions Is an Unkind Cut," February 20, 2011, http://tentyp.es/SIIwHQ. 이라고 적었다.

애플은 2012년 9월에 새로운 아이튠즈를 설명하였다: http://tentyp.es/RnXnnF. 오랫동안 애플의 디자이너인 Chris Stringer는 2012년에 애플과 삼성의 재판에서 증인으로 나타나서 팀의 작업 습관을 설명하였다는 것을 Ina Fried는 "Apple Literally Designs Its Products Around a Kitchen Table," *All Things D*, July 31, 2012: http://tentyp.es/UT25wF.에서 밝혔다.

미국에서의 안드로이드 우세(dominance)를 포함한 핸드폰의 설치 기반에 대한 통계량을 보고 싶다면, Charles Arthur의 분석 "Android is Winning–if You're Writing Apps for China. Elsewhere, Though…," August 16, 2012, http://tentyp.es/QKw98i을 보면 된다.

포스퀘어(Foursquare)의 모든 자료들은 회사 자체에서부터 나온다. 웹사이트의 "About" 페이지부터 살펴보기 시작하면 좋다: http://tentyp.es/UDWv2j.

디스커버리(Discovery)와 이것의 바이탈리티 프로그램(Vitality program)에 대한 FAQ(Frequently asked questions)에 대한 답변들은 http://tentyp.es/XFmTod에서 바이탈리티에 대한 기본적인 사실들에 대한 디테일과 함께 (http://tentyp.es/RNnJzA) 볼 수 있다.

자넷 무어(Janet Moore)는 Woodbury, Minn.의 85,000평방피트 크기의 카벨라스(Cabela's) 매장 개방에 대해 알렸다: "Cabela's, Other Outdoor Retailers Take Aim at Twin Cities," *Star Tribune*, February 9, 2013: http://tentyp.es/12ucBdi.

2012년 10월, 알리니아(Alinea)의 210달러 메뉴는 "scallop acting like agedashi tofu", "squab inspired by Miro"와 "black truffle explosion" 등을 특징으로 한다: http://tentyp.es/SPBIkN. 애

킷츠 셰프는 또한 그의 협력자들에게(기구를 공급해준 CookTek과 식당의 "디자이너이자 조각가"인 크루셜 디테일(Crucial Detail)의 마틴 케스트너(Martin Kastner)를 포함하여) 감사를 표하는 데 세심하다: http://tentyp.es/VKQ78X.

할리데이비슨(Harley-Davidson)의 웹사이트는 회사의 성장에 대한 많은 정보를 갖고 있다: http://tentyp.es/UDWNGs. 할리는 2008년에 Michael Zweck-Bronner와 제휴하여 펜타그램(Pentagram)의 James Biber에 의해 설계된, 7,500만 달러 박물관 쇼케이스를 뽐낸다: http://tentyp.es/TrrrkT.

웨이트 워처스(Weight Watchers)에 대한 더 자세한 정보, 배경, 역사, 그리고 사람들의 체중 감량을 돕기 위한 계속된 탐구는 회사 웹사이트에서 찾을 수 있다: http://tentyp.es/RNnO6m. 2011년 initiative targeting men에 관한 특정한 정보는 http://tentyp.es/R4ecl1에서 볼 수 있다.

파타고니아(Patagonia)의 강령은 이렇게 말한다: "최고의 제품을 만들어라, 필요하지 않은 피해는 야기하지 말아라, 환경 위기의 해결책에 영감을 주고 실행할 수 있게 하기 위해 일을 하라": http://tentyp.es/QaXMbQ. 이 회사의 창립 이야기는 http://tentyp.es/UPBn3H에서 볼 수 있고, 환경 및 사회적 책임(Common Threads initiative)에 관한 자세한 사항은 http://tentyp.es/WMY37p에서 볼 수 있다. 또한, 회사 블로그, *The Cleanest Line*은 http://tentyp.es/R4eo3x 이다.

홀푸드마켓(Whole Foods Market)의 로칼소싱(local sourcing)에 대해 알고 싶다면, 온라인 선언문을 보아라: http://tentyp.es/SJXdrN. 회사의 중요 사건에 대한 꽤 자세한 역사는 http://tentyp.es/TrrT2q에서 볼 수 있다. 홀푸드는 또한 "5단계 동물복지평가제"을 어떻게 고기가 생산되는지에 대해 소비자들을 교육시키기 위해 출판하였다: http://tentyp.es/WMYjDC.

"우리는 사용자들이 조작해야 하는 버튼들의 수를 증가시키지 않기 위해 노력합니다"라고 닌텐도(Nintendo) 회장 Satoru Iwata가 2006년의 회사 브리핑에서 말했다. "우리는 전통적인 규칙에 따라 제약되지 않기 위해 노력한다. 우리는 게임을 만들어서 누구나 쉽게 즐길 수 있도록 하기 위해 노력한다.": http://tentyp.es/PTxJ6F.

민트닷컴(mint.com)에 대한 유용한 정보들을 위해 12장의 주석을 보아라. 또한, 회사의 CEO Aaron Patzer의 J.D. Lasica와의 인터뷰를 보아라: http://tentyp.es/WMYmz8. Belinda Luscombe는 이 웹사이트의 인튜이트(Intuit)으로의 인수를 〈타임〉지 기사에서 분석하였다, "Intuit Buys Mint.com: The Future of Personal Finance?" September 15, 2009. http://tentyp.es/UDXpvF.

PART SIX

CHAPTER 21: 지금 당장 시작하라

John Garreau는 *Skeptic* 잡지 창립자 마이클 셔머(Michael Shermer)를 그의 글 *Washington Post*: "Science's Mything Links," July 23, 2001, http://tentyp.es/Spt7tt 에서 언급하였다.

포춘은 미국 큰 기업들의 50년(50 years of America's largest corporations)의 기록을 보관한다: http://tentyp.es/QRhk51.

작가 Jim Collins는 책 *Built to Last*(HarperBusiness, 2004): http://tentyp.es/T1R46L와 Good to Great(HarperBusiness, 2001): http://tentyp.es/QRhv0a 같은 책에서 무엇이 좋은 회사들을 지속하게 하는가에 관해 광범위하고 유쾌하게 쓴다.

마크 주커버그(Mark Zuckerberg)는 2008년에 포브즈 '세계 억만장자'(The World's Billionaires)에 처음 등장(그 해의 11,250억 달러를 가진 가장 어린 사람)하였다. Ryan Mac의 이야기 *The Evolution of Mark Zuckerberg's Wealth*, May 17, 2011: http://tentyp.es/RaA7qc를 보아라.

CHAPTER 22: 후원자와 전략가

제프 베조스(Jeff Bezos)의 혁신과 투자 철학에 관해 더 알고 싶으면, 주주에게 향한 그의 성명서를 보는 것이 유용하다. 여기에 아마존의 수익(earnings calls)과 연차보고서를 볼 수 있는 링크가 있다: http://tentyp.es/S65B6w. 또한 베조스는 2011년 웹캐스트의 기록에 언급되었다: http://tentyp.es/Qvwcrm.

하이엔드 패션으로의 아마존의 행보에 대한 설명을 위해서는 Stephanie Clifford의 "Amazon Leaps Into High End of the Fashion Pool," *The New York Times*, May 7, 2012, http://tentyp.es/OZQFWA를 참고하라.

"Growth as a Process"(General Electric CEO, 제프리 R. 이멜트(Jeffrey R. Immelt)와 함께, *Harvard Business Review*, June 2006: http://tentyp.es/SptWCy)는 혁신과 "Imagination Breakthroughs"에 대한 폭넓은 토론을 특징으로 한다.

IBM은 회사 웹사이트에 회사의 진화에 관한 많은 이야기들을 갖고 있다: http://tentyp.es/UQOYgQ. 또한, 많은 사실들과 수치들은 연차보고서에서 볼 수 있다. 2011년 버전은 여기에 있다: http://tentyp.es/RTMhqA. IBM 특허 정보는 http://tentyp.es/QW1VIz에서 볼 수 있다.

IBM의 혁신 투자(innovation investments)에 관한 정보는 *Fortune* magazine의 Jeffrey M. O'Brien의 간결한 글 "IBM's Grand Plan to Save the Planet," April 21, 2009, http://tentyp.es/QvxF0Q에서 볼 수 있다. "몇 년 전만 해도, IBM은 PC, 디스크 드라이브와 컴퓨터의 기본적인 구성 요소들을 팔러 다녔다. 지금은 세상의 분석용 소프트웨어와 똑똑한 컨설턴트들을 통해 도시를 다시 만들 수 있는 technology visionary의 한 종류로서 팔리고 있다"라고 Ashlee Vance는 "How IBM Wooed Wall Street," *Bloomberg Businessweek*, March 6, 2012, http://tentyp.es/QKxZG7에 썼다. "당신은 왜 이걸로 아무것도 하지 않고 있는가? 이건 굉장한 것이다. 매우 혁명적이다!"라고 스티브 잡스가 1979년에 Xerox PARC를 방문하고 나서 말했다고, Malcolm Gladwell의 "Creation Myth," *The New Yorker*, May 16, 2011: http://tentyp.es/Y6CL6l 에서 전해진다.

블록버스터(Blockbuster)의 쇠퇴와 망함을 보여주는 차트를 보려면 http://tentyp.es/PTyDjr.

CHAPTER 23: 혁신 정착시키기

"우리는 헬스 케어 딜리버리의 현재 방법론을 간단하게 미세조정할 수 없다"라고 메이요 클리닉 혁신센터(Mayo Clinic Center for Innovation)의 메디컬 감독인 니콜라스 라루소 박사(Dr. Nicholas LaRusso)가 썼다(http://tentyp.es/OR0YfQ). "이것은 사실상 우리가 하는 모든 것에서의 완전한 혁신(innovation)을 요한다." 메이요는 또한 매년 헬스 케어 이노베이션 관련 컨퍼런스인 *Transform*—당신이 관심 있다면 살펴볼 가치가 있는—을 개최한다. (완전 공개성(Full disclosure): 래리 킬리는 혁신센터에서 외부 자문 위원회의 일원이다.)

밸브(Valve)의 새로운 종업원에 관한 안내서는 흥미롭게 읽을 만하다: http://tentyp.es/QQYOvc.

"시카고의 하얏트 리젠시 오헤이(Hyatt Regency O'Hare)에서, 모바일 호스트(mobile hosts)는 지금 공항 셔틀 센터—손님들을 맞이하고, 체크인하고, 방 키를 나누어주는 장소—에 위치해 있다"라고 Stacy Collett는 "Ready, Set, Complete: The Benefits of IT Innovation," *Computerworld*, January 14, 2013: http://tentyp.es/XHSveu에 기술하였다.

Adam Lashinsky는 애플의 작업 방식(적어도 스티브 잡스 시대의)에 대한 것을 "How Apple Works: Inside the World's Biggest Startup," *Fortune* magazine, August 25, 2011, http://tentyp.es/UDYvHS에 상세히 적었다.

"이 회사는 크고 관료주의적인 조직이 그 조직을 좋게 만들었던 문화를 완전히 파괴하지 않고, 내부적으로 어떻게 변화할 수 있는지에 대한 케이스 스터디를 갖고 아메리칸 비즈니스를 제공한다"라고 P&G의 Brian Dumaine이 "P&G Rewrites the Marketing Rules," *Fortune* magazine, November 6, 1989, http://tentyp.es/TjEPID에서 서술하였다.

3M, 이 회사의 신선도지표(Freshness Index)와 그들의 이노베이션에 대한 접근에 관한 이야기는 책 *Corporate Creativity*, by Alan G. Robinson과 sam Stern (Berrett-Koehler Publishers, 1998): http://tentyp.es/T1e8BQ와 *Driving Growth Through Innovation* by Robert B. Tucker(Berrett-Koehler Publishers, 2002): http://tentyp.es/RbdWE4에 잘 서술되어 있다. 3M의 과거와 현재 재무 성과에 대한 정보는 SEC: http://tentyp.es/RVMO9U에 정리되어 있다.

CHAPTER 24: 효과적으로 실행하라

찰스 임스(Charles Eames)와 파리 장식미술관(Musée des Arts Decoratifs)의 Madame L'Amic의 인터뷰는 *Eames Design*(Abrams, 1989), http://tentyp.es/TeoM8O에 있다.

아툴 가완디(Atul Gawande)의 *The Checklist Manifesto*(Picardor reprint, 2011)는 매력적이고 읽을 가치가 있다(그의 많은 작품들이 그렇듯이): http://

tentyp.es/PDundv. 그의 최신 기사들의 업데이트된 목록을 위해서는 이 의사의 웹사이트를 보아라: http://tentyp.es/Y6Mo5g.

2013년의 "innovative nultidisciplinary research proposals to rapidly develop and demonstrate non-contact methods to detect explosives embedded or packaged in opaque media with high water content (e.g., water, mud, meat/animal carcasses) at standoff,"를 포함하여 DARPA가 적극적으로 대외기여를 하려고 하는 프로젝트의 목록을 보려면, http://tentyp.es/Y9qEUz를 보라.

David Barboza의 글 "Planet Earth Calling Iridium: Can the Satellite Phone Service Achieve a Soft Landing?"은 이리듐(Iridium)의 고민들을 다루고 1999년 9월 7일에 *New York Times*에 게재되었다(http://tentyp.es/TXqxgN). Steve Blank의 블로그 포스트, "No Business Plan Survives First Contact With A Customer,", http://tentyp.es/RslKjD 또한 참고하라.

모니터(Monitor)의 공동창립자인 마이클 E. 포터(Michael E. Porter)는 전략에 관한 많은 책을 썼다. *Competitive Strategy*(Free Press, 1998)은 그의 유명한 책이며, 현재 영어로 거의 60쇄 인쇄되었고 19개의 다른 언어로 번역되었으며 계속 증가 중이다: http://tentyp.es/PbDHWf.

IN CLOSING…

UN세계식량계획과 전세계적의 굶주림과 싸우는, 현재 진행 중인 임무(mission)에 대해 http://tentyp.es/WQOAi6에서 더 읽어보아라. 그리고 Bill과 Melinda Gate 그리고 그들의 재단의 박애주의적 계획(philanthropic initiatives)에 대해 더 알아보아라: http://tentyp.es/U5BUhl.

칸아카데미(Khan Academy)와 "어디서나 누구나를 위한 무료 월드 클래스 교육"을 제공하는 이들의 약속에 대해 더 알아보려면 http://tentyp.es/PDuZ2T를 보아라. 또한 이 아카데미의 창립자인 살만 칸(Salman Khan)의 *The One World Schoolhouse*(Twelve, 2012)도 보아라: http://tentyp.es/TkhnnX.

예방의학연구소(The Preventive Medicine Research Institute)는 "식습관과 라이프스타일 선택이 건강과 질병에 미치는 영향을 조사하는 과학적 연구를 하는 비영리 연구 기관"이다. 이 조직과 창립자, 딘 오니쉬 박사(Dr. Dean Ornish)에 대해 더 알고 싶으면 http://tentyp.es/PIMnsE를 참고하라.

폴 파머(Paul Farmer)는 1993년에 MacArthur Fellowship("Genius Grant"라고 알려진)을 받았다. 그는 수상금을 Partners In Health's research and advocacy arm, the Institute for Health and Social Justice를 설립하는 데 사용하였다. Partners in Health는 현재 240만 명을 직접 관리한다.

"그로잉 파워(Growing Power)는 국가 비영리조직이고, 건강한, 고급의, 안전하고 알맞은 음식을 모든 커뮤니티의 사람들에게 제공하는 것을 도움으로써, 다양한 배경과 환경(그들이 살아가는)의 사람들을 지지하는 위탁 사업체이다." 이 조직과 창립자, 윌 알렌(Will Allen), 그리고 다른 MacArthur Genius에 대해 알고 싶다면 http://tentyp.es/RtPv1Z를 보면 된다.

이미지 저작권 IMAGE CREDITS

이 책에 사용된 이미지들은 작가들의 개인적인 콜렉션이거나 사용 승인을 받은, iStockPhoto와 Shutterstock의 저작권이 있는 이미지들이다. 아래에는 그 예외에 해당하는 것들이다.

PART ONE

"페트리 접시에 밝은 초록색 한천 위에서 증식하고 있는 프로테우스균" by Fancy Photography/Veer.

PART THREE

"제품들이 쌓인 슈퍼마켓 복도" by Chuck Keeler/Stone/Getty Images.

"플라기아리우스 상 트로피" Aktion Plagiarius e.v. 제공

"1914년 검정색 포드 모델 T (USA), 측면" by Dave King/Dorling Kindersley/Getty Images.

"포드 모델 컴퍼니 오클라호마 씨티 플랜트의 포드 모델 T 조립 라인", "포드 모터 딜러십"과 5달러 데이 발표 후 하이랜드 파크 공장 밖의 구직자 무리"는 모두 헨리 포드(The Henry Ford)의 콜렉션으로부터 제공받았다.

구글 검색창과 구글 두들스: 구글.

마이크로소프트 오피스 패키징 마이크로소프트 공문서 제공.

맥도날드 매장과 햄버거 대학교(Hamburger University) 이미지 (맥도날드 제공)

"맥도날드 트럭 DSC00519" by Willian O. Slone.

짐 허슨 렉서스 딜러십 외부와 라운지: Clear Sky Images.

"렉서스 엘리트 트로피" (렉서스 제공)

"오프로드 렉서스 까페" (Kasian Architecture Interior Design and Planning Ltd. 제공)

진저 호텔 로고와 까페 (진저 호텔 제공)

델 노트북과 박스들(델 제공 © 2012 Dell Inc. All Rights Reserved.)

페덱스 트럭(페덱스 제공. 페덱스 서비스 마크는 허가 하에 사용되었다.) 레고 마인크래프트 세트(레고 그룹 제공. 레고, 레고랜드 그리고 마인드스톰은 레고 그룹의 트레이드 마크이며, 허가 하에 사용되었다. © 2012 The LEGO Group, CUUSOO System and Mojang AB. All rights reserved.)

메소드 손 세정제 (메소드 제공)

PART FOUR

"전선 위의 새들과 한 마리뿐인 새" by Dusty Pixel Photography/Flickr/Getty Images.

Henry Ford West Bloomfield Hospital Atrium and Demonstration Kitchen (Henry Ford Health System 제공)

"내가 나의 카메라를 분해했다." by Kelly Hofer.

"딸아이에게 키스하는 엄마" by Photography by Bobi/Flickr/Getty Images.

"자고 있는 아기" by Floresco Productions/OJO Images/Getty Images.

"엄마와 그녀의 딸의 귀여운 초상화" by Philippe Regard/The Image Bank/Getty Images.
Niketown NYC와 Nike+: Nike Inc.

PART FIVE

"보름달" by NASA/nasaimages.org 제공

Innovation Tactics Cards와 Innovation Play Book by Amar Singh.

PART SIX

"Iron Composition" by Yagi Studios/Digital Vision/Getty Images.

"첫 비행, 12초에 120 피트, 10:35 a.m.; Kitty Hawk, North Carolina" (미국의회도서관 제공)

저자 소개 ABOUT THE AUTHORS

래리 킬리는 혁신 실효성 분야에서 세계적으로 알려진 선구자이다. 그는 디자인과 경영대학원의 교수로서, 연설자로서, 작가로서, 그리고 연구자로서, 혁신실효성과 씨름하고 있다. 왜 혁신이 주로 실패하는지에 대한 이해에 사로잡혀, 그는 이 분야를 응용된 창조(applied creativity)의 한 분야라기보다는 하나의 학문으로 성장시키기 위해 노력하고 있다. 그는 그의 멘토인 제이 도블린(Jay Doblin)과 함께, 1981년에 도블린(Doblin)을 공동 창립하였고, 2013년부터 모니터 딜로이트(Monitor Deloitte)에서 책임자로 활동하고 있다. 그는 모니터 딜로이트에서 회사의 글로벌한 혁신 실천을 위한 유능한 지도자로 일하고 있다.

래리는 55개의 다른 산업 분야, 세계의 많은 선두적인 회사들, 그리고 자선 활동의 혁신 도전에 대해 연구하였다. 그는 시카고 디자인 교육기관(Chicago's Institute of Design, 미국에서 박사학위를 준 최초의 디자인 스쿨)의 이사이자 외래교수이다. 켈로그 경영대학원(Kellogg Graduate School of Management)의 경영자 교육 프로그램에서 강의를 하고, MBA 프로그램과 생산관리 프로그램(Masters of Manufacturing Management program)을 가르치는 노스웨스턴대학 공과대학(Northwestern University's McCormick School of Engineering)의 외래 교수회 회원(adjunct faculty member)이다. 래리는 보스턴에 있는 비즈니스 혁신센터(Center for Business Innovation)의 선임연구원이었으며, 메이요 클리닉(Mayo Clinic)의 사외 자문위원회로 활동 중이고, 또한 디스 아메리칸 라이프(This American Life)와 다른 혁신적인 프로그램을 개발하는 데 그가 도움을 준 시카고 공영라디오(Chicago Public Radio)의 이사이다.

라이언 피켈(Ryan Pikkel)은 도블린의 디자인 전략가(design strategist)이다. 그는 고객들과, 최종적으로는 사용자 모두에게 유용하게 쓰일 수 있는 솔루션을 표현하고 개발할 수 있도록 혁신 프로그램을 통해 고객들과 팀들을 안내하는 역할을 한다. 또한, 라이언은 도블린의 자체 도구들과 과정-10가지 혁신 프레임워크, 혁신 전략(the Innovation Tactics)과 관련된 전략 카드(associated Tactics cards)를 포함한-을 개발하는 데 중요한 기여를 하였다. 서울과 뭄바이의 고객들을 위해 혁신 역량 수립을 돕는 동안, 그의 작업은 여러 산업에 걸쳐져 있다. 라이언은 그가 혁신 도구와 기술에 대한 강의를 하는 IIT의 디자인 교육기관(Institute of Design)의 외래 교수회 회원이기도 하다.

브라이언 퀸(Brain Quinn)은 도블린의 리더이다. 그는 가장 큰 고객들 중 몇몇의 대규모의(scaled) 혁신 프로그램을 설계하고 감독한다. 그는 혁신하기 위하여, 그리고 더 효과적인 혁신자가 되기 위하여 그들과 일한다. 그는 혁신 역량을 쌓고 고객들을 위한 혁신을 시행하는 데 필요한 회사의 리더십을 증진시키는 데 도움을 준다. 또한 그는 10가지 혁신 프레임워크를 계속 진화시키는 팀의 주요 멤버이다. 그의 작업은 많은 산업들에 걸쳐 있는데, 특히 그는 의료 서비스 분야에 경험이 있다. 브라이언은 또한 영화산업에서 시나리오작가로도 활동하고, 묘사하는 힘에 매료되어 있다.

헬렌 월터스(Helen Walters)는 작가, 편집자, 그리고 도블린의 연구자이다. 〈비즈니스위크〉의(나중에는 〈블룸버그 비즈니스위크〉) 혁신과 디자인의 편집자로 활동하기 전에, 그녀는, 이 책에서의 작업처럼, 회사에서 편집 전략을 개발시키는 역할을 하였다. 또한 그녀는 10가지 혁신 프레임워크를 계속 작업하고 있는 팀 멤버이다. 내부적으로는 행복하게 혁신 과정을 관찰하지만, 그녀는 그녀의 저널리즘 중독을 정기적으로 블로그(Thought You Should See This)에 적고 게재하고, 또한 끊임없이 트위팅(@helenwalters)을 하며 자신의 욕구를 채운다. 그녀는 또한 TED 컨퍼런스의 실시간 블로거이다.

도블린과 모니터 딜로이트 소개 ABOUT DOBLIN AND MONITOR DELOITTE

도블린(Doblin)은 1981년에 설립되었고, 시카고에 본부를 둔 세계적인 디자인 중심 혁신 회사이다. 2013년 도블린은 글로벌 전략 자문회사인 모니터 딜로이트(Monitor Deloitte)에서 혁신 제공을 담당하는 핵심적인 회사가 되었다. 폭넓은 전략 역량과 정교한 혁신 방법론의 결합은 고객들에게 탁월한 가치를 제공한다.

세계 각국의 지사와 전세계 고객들에게 혁신 서비스를 제공하는 뛰어난 모니터 딜로이트의 핵심인력들은 리더들이 요즘과 같은 다이나믹한 세상에서 의사결정을 할 때 혁신적이고 독특한 통찰력을 발휘할 수 있도록 도와준다. 시기에 맞는 적절하고 효과적인 행동을 자문하고 강력한 내부 역량을 창출하여 지속가능한 경영을 가능토록 한다.

도블린과 모니터 딜로이트는 새로운 시장을 계속해서 개척해나가고 있고, 기업들과 자선 단체들이 새로운 성장을 촉진시키고 대담한 돌파구를 만들어낼 수 있도록 돕는다. 동시에 그들은 과감한 혁신을 만드는 데 헌신적인 조직, 그리고 리더와의 장기적인 콜라보레이션을 통해 더 나은 세계를 만들어나가는 것을 목표로 하고 있다.

Ten Types of Innovation: The Discipline of Building Breakthrough
by Larry Keeley, Helen Walters, Ryan Pikkel and Brain Quinn

비즈니스 모델의 혁신
성공 기업을 위한 10가지 혁신 전략

초판 1쇄 발행일   2015년 5월 18일
초판 2쇄 발행일   2016년 12월 5일

지은이   래리 킬리
          라이언 피켈, 브라이언 퀸, 헬렌 월터스

옮긴이   유효상

발행인   이상만

발행처   마로니에북스
등록   2003년 4월 14일 제 2003-71호
주소   (03086) 서울특별시 종로구 대학로 12길 38
대표   02-741-9191
편집부   02-744-9191
팩스   02-3673-0260
홈페이지 www.maroniebooks.com

ISBN   978-89-6053-369-1